KB112350

료칸에서

　바닷소리 들으며

시나리오를 씁니다

EIGANI MATSUWARU X NI TSUITE 2
by MIWA NISHIKAWA

ⓒ MIWA NISHIKAWA 2017, Printed in Japan
Korean translation copyright ⓒ 2019 by Maumsanchaek
First published in Japan by Jitsugyo no Nihon Sha, Ltd.
Korean translation rights arranged with Jitsugyo no Nihon Sha, Ltd.
through Imprima Korea Agency.

이 책의 한국어판 저작권은 Imprima Korea Agency를 통해
Jitsugyo no Nihon Sha, Ltd.와 독점 계약한 마음산책에 있습니다.
저작권법에 의해 한국 내에서 보호를 받는 저작물이므로
무단 전재와 무단 복제를 금합니다.

■ 이 도서의 국립중앙도서관 출판예정도서목록(CIP)은
서지정보유통지원시스템 홈페이지(http://seoji.nl.go.kr)와
국가자료공동목록시스템(http://www.nl.go.kr/kolisnet)에서 이용하실 수 있습니다.
(CIP제어번호: CIP2019022502)

료칸에서 바닷소리 들으며 시나리오를 씁니다

니시카와 미와

이지수 옮김

마음산책

옮긴이 **이지수**

고려대학교와 사이타마대학교에서 일본어와 일본문학을 공부했다. 텍스트를 성실하고 정확하게 옮기는 번역가가 되기를 꿈꾼다. 옮긴 책으로 『사는 게 뭐라고』『죽는 게 뭐라고』『영화를 찍으며 생각한 것』『홍차와 장미의 나날』『고독한 직업』 등이 있다.

료 칸 에 서
    바 닷 소 리 들 으 며
시 나 리 오 를 씁 니 다

1판 1쇄 인쇄 2019년 7월 10일
1판 1쇄 발행 2019년 7월 15일

지은이 | 니시카와 미와
옮긴이 | 이지수
펴낸이 | 정은숙
펴낸곳 | 마음산책

편집 | 최해경·최지연·이복규   디자인 | 이혜진·최정윤
마케팅 | 권혁준·김종민   경영지원 | 박지혜

등록 | 2000년 7월 28일(제13-653호)
주소 | (우 04043) 서울시 마포구 잔다리로3안길 20
전화 | 대표 362-1452 편집 362-1451   팩스 | 362-1455
홈페이지 | http://www.maumsan.com
블로그 | maumsanchaek.blog.me
트위터 | http://twitter.com/maumsanchaek
페이스북 | http://www.facebook.com/maumsanchaek
전자우편 | maum@maumsan.com

ISBN 978-89-6090-585-6 03300

* 책값은 뒤표지에 있습니다.

자신에 대해서도, 타인에 대해서도,

포기만 하지 않으면 우리는 또 어디까지든 갈 수 있을지도 모른다.

차 례

영 화 에	얽 힌
x 에	대 해

누 군 가 가
만 들 어 주 는   식 사

― 산문

죽은 이를 그리워하지 말고
살아 있는 사람을 살아 있는 동안에 그리워하고 싶다.

■ 일러두기

1. 이 책은 니시카와 미와의 『映画にまつわるXについて 2』(実業之日本社, 2017)를 우리말로 옮긴 것이다.

2. 외국 인명, 지명, 작품명 및 독음은 외래어 표기법을 따르되 관용적인 표기와 동떨어진 경우 절충해서 실용적 표기를 따랐다.

3. 국내에 소개된 작품명은 번역된 제목을 따랐고, 국내에 소개되지 않은 작품명은 원어 제목을 독음대로 적거나 우리말로 옮겼다.

4. 원문에서 저자 주를 표시하는 기호는 '저자 주'로, 방점으로 강조한 부분은 고딕 볼드체로, 가타카나로 강조한 부분은 고딕체로, 옮긴이 주는 글줄 상단에 표기했다.

5. 영화, 잡지, 문예지, 매체, 공연, 텔레비전 프로그램 등은 〈 〉로, 편명, 단편은 「 」로, 책 제목은 『 』로 묶었다.

영화에 얽힌

x에 대해

x = 성원

　나카무라 간자부로가부키 명문가 출신의 배우 씨가 돌아가신 것은 사건이었다. 내 영화에는 딱 한 번 나와주신 적이 있는데 부음은 뉴스로 접했다. 엄밀히 말하자면 이른 아침 뉴스를 본 어머니가 "소식 들었어?" 하고 전화를 해서 알게 되었다. 이부자리에서 일어나 텔레비전을 틀자 각 방송국마다 특집을 꾸리고 있었는데, 그 내용과 그야말로 안 어울리게 하늘은 청명하게 개어 있었다.

　그날은 사람을 만날 일이 있어서 회사의 창구 업무를 맡아주는 A 여사와 에비스역 개찰구에서 합류했는데, 올라탄 택시 뒷좌석에서 둘이 동시에 "왜 이런 일이 벌어지는 걸까요" 하고 말을 꺼냈다. 2012년 봄 벚꽃이 핀 무렵, 스미다강 가에 지어진 극장 무대 위에서는 그 단단한 팔다리와 몸이 분명히 종횡무진 뛰어다니고 있었다. 나는 보았다.

　"저도 봤어요."

　"분장실에서 본, 뜨거운 물에서 갓 건져낸 깐 달걀 같던 그 반짝이는 피부 말예요!"

"기억하고말고요."

그러자 느릿느릿 앞좌석에서, "정말 슬플 따름입니다" 하며 기사 님도 견딜 수 없었던지 대화에 동참했다. 좋은 사람도, 뛰어난 사람 도, 훌륭한 사람도, 둘도 없이 소중한 사람도 모두 죽는다. 언젠가 죽는다. 젊어도 죽을 때는 죽는다. 알고 있다, 그런 건. 그래도 이가 갈릴 정도의 분함이 열도 전체를 덮쳤다.

많은 이들이 이야기한 대로 누구나 만난 순간, 아니 무대에 나타 난 모습을 한번 본 순간 '예전부터 이 사람을 좋아해왔어'라고 믿어 버리게 만드는 분이었다.

내 영화에서 간자부로 씨가 출연한 신영화를 구성하는 극적 단위의 하나. 같 은 장소, 같은 시간 내에서 이루어지는 일련의 행동이나 대사가 이루어지는 부분은 단 한 군 데였지만, 그 장면을 위해 무대 연습 도중 짬을 내어 현지 촬영지인 이바라키현의 병원까지 직접 차를 몰고 와주셨다.

'간자부로가 온다.' 이미 몇 번인가 뵈어 너그러운 성품은 알고 있 었다 해도, 당일 아침부터 내 겨드랑이에서는 연신 땀이 흘러내렸 다. 한편 현장 스태프들은 매우 침착했다. 딱히 가부키 팬인 사람도 없었던 데다 그들은 무대 뒤가 일터라지만 평소에도 스타를 코앞에 서 보면서 살아간다. 가부키계의 대스타와 일을 한 경험이 있는 사 람도 없지는 않다. 줏대 없이 스타만 보면 환호하는 성향은 이 일을 하다보면 반드시 잃어버리는 것 중 하나로, 어떤 톱 아이돌을 맞이 하든 현장의 젊은 남자 스태프는 그 옆에서 코끼리 같은 표정으로 하던 일을 이어나간다. 나는 신부 아버지처럼 침착성을 잃어버리지 만 코끼리 눈동자를 한 그들은 낯빛 하나 안 바꾸고 평소처럼 조용

조용 준비하는 손을 움직여, 조명은 세팅되고 카메라는 자리를 잡아 시간에 맞춰 현장이 정돈되는 것이다.

그러나 우리가 있던 층의 엘리베이터가 딩동 소리를 내며 멈춰 서고 열린 문 안에서 의사 수술복을 입은 간자부로 씨가 나타나 첫 발걸음을 내딛자마자 현장의 기온은 확연히 올라갔다. 스태프의 시선은 고정되고 저절로 길이 열리며 그 순간 병원의 어둑어둑한 복도는 가부키 무대의 통로처럼 눈부시게 빛나서, 그곳을 성큼성큼 걸어가는 18대 나카무라 간자부로가부키 가문에서는 배우의 이름을 대물림한다의 등 뒤로 관객의 함성이 메아리치는 듯한 착각조차 들었다. 간자부로 씨가 웃으면 그 자리에 있는 모든 사람의 뺨에 긴장이 풀렸고, 집중하면 같이 마른침을 삼켰다. 그저 거물 배우를 현장에서 맞이할 때의 딱딱한 긴장감과는 다르다. 그곳에 함께 있던 사람은 뜻밖에도 틀림없이 '좋은 시간'을 보냈을 것이다(엄밀히 말하자면 '좋은 장면을 찍었다'라는 감개무량과도 다른 느낌인데, 이에 대해서는 또 다른 기회에). 어쨌거나 산전수전 다 겪은 스태프들을 그야말로 관객으로 만들었던 것이다. 이것이 360도 어디서든 봐라, 하는 살아 있는 몸의 매력인가. 우리처럼 자르거나 붙이는 것이 통용되지 않는, 라이브의 세계를 만들어온 사람이 할 수 있는 일이라고 생각했다.

매우 급한 성격이라고 그와 친교가 깊은 사람에게 들었다. 내가 신세를 졌을 때나 간자부로 씨가 병에 걸려 자리에 누웠을 때 몇 번인가 편지를 쓴 적이 있는데, 그때마다 일부러 전화를 걸어 인사해주셨다. 늘 기관총처럼 말을 쏟아내서 그 틈새로 파고들기란 몹시 빠르게 휘두르는 긴 줄넘기 속으로 뛰어드는 것만큼 어려웠지만, 간 자부로 씨는 하고 싶은 이야기를 얼추 끝마치면 "고마워, 고마워, 고마워" 하며 전화를 끊으셨다. 간자부로 씨의 발성으로 듣는 "고 마워"는 독특해서 "요"가 붙지 않는 만큼 불가사의한 기품과 친밀 감을 귓가에 남겼다. 주행 중에는 엄청나게 흥분되지만 일단 끝나 면 눈 깜짝할 사이인 롤러코스터를 타고 난 기분이었다. 마지막으 로 이야기를 나눈 것은 병을 한번 극복하고 재출발하려는 시기였 다. 오랫동안 앓고 난 다음이라고는 여겨지지 않는 기세로 또다시 기관총처럼 앞으로의 일에 대한 의욕을 쏟아낸 뒤 한층 강한 어조 로 말했다.

"감독, 나도 아직은 당분간 죽지 않을 테니까요."

간자부로 선생님도 참, 하고 내가 떫은 목소리를 내는 것도 기다 리지 않고 그 탁한 너털웃음이 수화기에서 흩날렸다. 평소처럼 "고 마워"로 전화를 끊으셨고, 중병이 드러났다는 보도가 나온 것은 그 직후였다. 하지만 그런 식으로 말할 정도이니 중병도 중병일 리 없 다고 나는 얕보고 있었다. 이번에는 편지도 쓰지 않았다. 훨씬 더 좋아진 다음에, 슬슬 누구에게서도 편지와 꽃이 오지 않게 될 무렵 에 또 쓰면 된다고 생각했다.

당연한 이야기지만 내가 편지를 쓰지 않아서 나카무라 간자부로 가 세상을 떠난 것이 아니다. 하지만 나는 분명 편지를 한 통 더 쓸 것을, 하며 평생 남몰래 홀로 후회할 터다. 이렇게 세상을 떠난 사람 을 그리워하기란 쉬운 일인데 어째서 살아서 건강할 때 그리하지 않 는 것일까, 언제나 생각한다. 그리워하는 것은 죽은 사람을 위한다기보다 남겨진 자의 후회를 진정하기 위한 일이다. 죽은 뒤 허겁지겁 주위에서 늘어놓는 미사여구를 고인은 과연 듣고 있을까. 듣는지 마는지조차 영원히 확인하지 못한 채 우리는 중얼중얼 내내 그리워한다. 회한의 자리를 메우듯, 죽은 이에게 용서를 구하듯. 그리워하는 것이 무언가를 낳는다면, 남겨져서 후회나 상실로 마음이 으스러질 듯한 사람끼리 부드럽게 이어주는 일 정도다.

간자부로 씨는 살아 있을 때부터 전설이 된 듯한 사람이었으니 (죽을 필요 따위 없었다. 죽지 않으면 전설이 되지 못하는 사람이 아니었으니까. 그런데도 죽었다) 분명 앞으로도 잘 아는 사람들이 그 생을 이야기하고 그 연기를 입에서 입으로 전할 것이다. 그러니 나는 이제 되도록 그리워하기를 멈추려 한다. 간자부로 씨뿐만 아니다. 죽은 이를 그리워하지 말고 살아 있는 사람을 살아 있는 동안에 그리워하고 싶다. 살아 있는 동 세대 사람들이 살아서 힘을 낼 수 있는 동안 그들에게 가닿는 말로 성원을 보내는 것. 그것이 올해부터의 내 포부다.

$x=$찍다

나는 직종으로는 '찍는' 인간이지만 동시에 여러 차례 '찍혀'오기도 했다. 주로 영화 홍보 기간에 한정되지만, 신문, 잡지, 텔레비전 프로그램에 등장하기 위해 아마도 이미 수백 명에 달하는 각지의 카메라맨에게 사진이나 영상을 찍혀왔을 터다.

카메라맨들은 나를 찍으며 마치 인사 대신인 양 "긴장되네요"라고 말한다. '찍는 사람'을 찍는 것은 긴장된다고. "그 기분 알아요. 저도 연출가를 연출할 때는 정말 긴장하니까요." 찍히면서 그렇게 대답하는 나는 이미 격렬하게 긴장하고 있다.

서로의 긴장을 풀기 위해 카메라맨은 다시 말을 건넨다. "찍히는 건 이제 익숙해지셨어요?" 제법 괜찮은 수手다. 그런 말을 듣고 수줍게 표정을 누그러트리지 않는 일본인은 거의 없다.

"글쎄요." 찰칵. "전혀 익숙해지지 않네요." 찰칵.

그러나 의도했던 웃는 얼굴을 좀처럼 이끌어내지 못해 초초한 기색을 슬슬 내비치는 카메라맨을 위해 나도 이렇게 물어본다.

"어떠세요. 찍히는 거 좋아하세요?"

"아니, 전혀요. 영 못하겠더라고요."

"거봐, 그렇죠?" 찰칵.

"찍는 사람은 찍히기 싫어하는 법이죠."

"정말 그래요. 어째서일까요, 이건." 찰칵. 찰칵찰칵.

"그래도 썩 괜찮네요. 자연스러워요."

"이래 보여도 애쓰고 있답니다. 굳어 있으면 찍는 사람이 곤란하다는 걸 아니까요." 찰칵찰칵찰칵찰칵찰칵찰칵.

기분 좋게 종료. 웃는 얼굴로 악수. 그러나 고작 5분 만에 내 어깨는 딱딱하게 뭉쳤다. 이건 역시 찍는 자들의 직업병일까. "저는 찍히는 것도 좋아해요"라고 대답하는 카메라맨이 만약 있다면 나는 렌즈 앞에서 조금 더 신선한 표정을 지어 보이겠지. 하지만 찍는 자는 결코 그렇게 말하지 않는다. 마치 금기처럼. 가장 부끄러운 비밀을 그저 숨기기만 하는 것처럼.

어쩌면 우리는 찍히는 사람들을 마음속 어딘가에서 경멸하는 걸까? 잘도 이런 일을 할 수 있네, 하며. 마치 창부를 안으며 창부를 우롱하는 남자처럼. 자신은 그런 여자에게 안겨서 삶을 이어나가는 주제에.

그러나 '찍힌다'는 것은 그런 생각이 절로 들 만큼 가혹한 일이다. 찍는 자는 파인더를 들여다보며 대상을 언제나 심판한다. 좋아요, 좋네요, 예뻐요, 방금 것 좋았어, 엑설런트. 그렇게 말하면서 동시에 같은 수만큼 안 되겠어, 이쪽 얼굴은 안 좋아, 패기가 없어, 감정이 죽어 있어, 진부해 등등 마음속으로 비난한다. 그야말로 미주알고주알 결점을 캐내는 시누이나 다름없다. 내가 찍을 때 그런 식이니

찍힐 때는 찍는 사람에게 마찬가지로 심판당할 것이 틀림없다고 생각한다. 심지어 노련한 배우들조차 그렇게 심판받는다. 하물며, 하물며, 하물며, 이런 나야!! 영화 완성 뒤 홍보 여행길에 올라 수많은 카메라로 찍힐 때는 언제나 단죄받는 느낌이다. 이런 일을 당하는 이유는 그렇게 남을 찍어댔기 때문이다. 인과응보를 맛보고 있다.

아마도 내게는 '찍는다'는 것 자체가 이미 영원히 꺼림칙함이 따라붙는 행위라고 생각한다. 그저 막연히 존재할 따름인 현실을 삭위적인 프레임으로 잘라냄으로써 우리는 그곳에 어떤 의미를 만든다. 그리고 그것을 도구 삼아 남에게 무언가를 '생각하게' 만들거나 '감동하게' 만들려 한다.

손목시계를 깜빡하고 온 샐러리맨 아버지가 외근 도중 문득 빌딩 위의 전자시계를 올려다본다고 하자. '뭐야, 거래처로 가기에는 좀 빠르군. 근처 찻집에서 차나 한잔 마실까.'

어떤 정서도 없는 일상의 한 조각이다. 그러나 아버지가 시계를 올려다본 그 순간 우뚝 솟은 회색 빌딩 숲이라도 등지게 하고 로^{low} 앵글로 올려다보며 한 장의 사진으로 찰칵 찍자마자 '차가운 도시 한복판에서 불안하게 하늘을 올려다보는 장년의 적막함이 부각된' 듯이 보이기도 한다. 그 점에 감동을 느끼는 사람이 나오기도 한다.

이것이 허구를 만드는 일이다. 말하자면 모든 것이 '날조'다. 세계는 프레임으로 잘리자마자 이미 있는 그대로의 세계가 아니기 때문이다. 나는 몰래 엿본 세계의 무방비한 모습으로부터 온갖 조각을 훔쳐내어 다른 가치를 만들고 생계 수단으로 꾸며나가는 부류의 인종이다. 우리에게 카메라라는 기재는 무기나 다름없다. '찍기^{shoot}'

는 '쏘기shoot'에 가까운 폭력성을 지니고 있으며, 카메라를 든 자와 들지 않은 자가 있다면 그 자리를 지배하는 우위성을 가지는 이는 언제나 카메라를 든 쪽이다. 그러므로 우리가 카메라 렌즈를 남에게 겨누는 것은 도둑이 눈앞의 사람에게 대놓고 총부리를 겨누는 행동과 비슷하다. 그것은 "이제부터 나는 당신을 훔칠(=찍을) 겁니다"라는 선언과도 같아 보인다. 하지만 나는 이 일이 거북하다. 상대가 확연히 긴장하기 때문이다. 그래서 글을 쓰기 위해 사람을 취재할 때도 되도록 카메라를 준비하지 않고 무방비를 가장해 상대가 경계하지 않을 때 눈과 귀만으로 필사적으로 훔친다. 같은 도둑이라도 되도록 상대에게 들키지 않는 사이에 물건을 훔치고 싶은 소매치기 같은 타입이다.

그런 내가 영화 현장에서 거대한 카메라를 태연하게 배우들에게 들이댈 수 있는 이유는 그들이 "얼마든지 찍으세요" 하는 사람들이기 때문이다. 그들은 호방하게 우리가 훔쳐보는 방으로 들어와준다. "당신의 모든 것을 가져가겠습니다" "부디 좋을 대로"라는 계약이 성립되어야 비로소 나는 안심하고 폭군이 될 수 있다. 말하자면 직업여성과만 잠자리를 할 수 있는, 다른 여자와는 잘 용기도 없는 슬픈 홀아비랄까.

이처럼 찍는 일에도 찍히는 일에도 갈등을 계속하는 나지만, 그런 갈등과는 동떨어진 곳에 있는 카메라맨이 최근 사진을 찍어준 적이 있다.

카메라맨 와카기 신고 씨. 중학교 시절부터 계속 찍어온 할아버지 다쿠지 씨의 사진집 『Takuji』를 출판하고 얼마 뒤 고레에다 히로카즈 감독의 〈디스턴스〉라는 작품에 스틸 카메라맨으로 참여해서 현장 조감독이었던 나와 그 이후 가늘고 긴 인연을 이어나가고 있다. 요즘은 사진 일뿐만 아니라 영화를 찍거나 책과 잡지를 펴내거나 살고 있는 하마마쓰에서 사진집 중심의 책방을 만들거나 젊은이들과 함께 지역과 지역을 잇는 프로젝트를 고안하고 있는 모양이다. 와카기 씨는 맑은 날 덴류강의 물살처럼 부드럽고 느긋하게 넘실거리는 품이 넓은 사람. 나의 예전 남자 동료는 와카기 씨를 보고 언제나 질투의 불꽃을 불태웠다. 저렇게 세련되고 성공했고 멋있는 데다 그걸 자랑하지도 않다니, 용서할 수 없어. 그 말을 와카기 씨에게 전하자 그저 느긋하고 조용히 웃었다. 요컨대 그런 사람.

와카기 씨가 사진을 찍어준 것이 처음은 아닌데, 찍히고 있어도 나는 딱히 목에 힘을 주지 않는다. 아니, 그렇다기보다 힘이 들어가지 않는다. 힙색에 검은 테이프이며 목장갑을 처넣고 짤깍짤깍 현장을 뛰어다니던 시절부터 알고 있으니 힘줘봤자 부질없다고 생각하고 만다. 대신 친척 오빠가 찍어주기라도 하는 양 겸연쩍다.

또 이런 말은 사진가에게 칭찬이 아닐 수도 있지만 와카기 씨가 찍은 내 사진은 특별히 예쁘지 않다. 다시 말해 딱히 과장되어 있지 않다. 아, 이건 나네, 하는 느낌이다. 많은 카메라맨이 실물의 몇 배나 예쁘게 찍으려고 이 방법 저 방법 써가며 노력한다. 찍히는 쪽도 그들의 지시대로 이제까지 인생에서 한 번도 취한 적 없는 포즈를 취하기도 한다. 완성된 사진은 그저 눈부시기만 한 흰 피부, 우아하고 아름다운 미소, 우수 어린 아련한 시선…… 고마워라. 그런데 제가 이런 얼굴을 하고 있나요?

 '찍는 사람' 대부분은 자신이 '이렇게 보고 싶다'고 생각하는 곳으로 사물을 끌고 가기 위해 대상의 궤도를 수정하고자 한다. 나 역시 본 것을 본 그대로 남에게 전달하지 못한다. 사진으로 말하자면 초점이 한 곳에만 맞아서 '여기를 봐라'는 주장이 강하다. 와카기 씨의 시점은 같은 예로 말하자면 피사계심도[피사체를 중심으로 앞뒤로 초점이 맞는 거리의 정도]가 깊어서 모든 곳에 넉넉하고 공평하게 초점이 맞아 있다. 어디를 어떻게 보든 당신 자유다, 라는 느낌이다. 그것은 이정표 없는 숲속과 같아서 때로는 보는 자를 의지할 데 없는 기분으로 만들지만 억지로 조급하게 어딘가로 끌고 가려 들지 않으니 당분간 여기서 느긋하게 머물러도 되는구나, 생각하게 하는 품이 있다.

 어색한 모습은 어떤 것보다도 가장 그림이 되지 않는다. 연기 기교도 여러 가지지만, 어쨌거나 금기 사항은 '부끄러워하는 것'이 아닐까 싶다. 연기자가 부끄러워하는 순간 '이야기'의 베일이 잡아 뜯겨 '거짓말'이 모조리 드러나기 때문이다. 자아는 필름에 금방 찍힌다. 설령 본심은 부끄러울지언정(본심으로 부끄러워하지 않는 배우를 나는 신용하지 않는다) 필름이 돌기 시작하면 어쨌거나 맡은 역할로 완전히 변하는 것이 중요하며, 완전히 변해주기만 하면 서투르든 어떻든 사랑스러움이 묻어난다. 반대로 자의식에 매달려 어색하게 구는 연기만큼 볼썽사나운 것은 없어서 찍는 사람도 관객도 흥이 깨지고 만다. 와카기 씨가 찍어준 사진을 보면 '누군가'를 연기할 수도 없어서 찍히는 것에 대한 어색함을 완전히 숨기지 못하는 내가 볼

썽사나운 모습 그대로 찍힌 느낌이다. 와카기 씨는 그런 볼썽사나움을 배제하지도 않고, 또 그렇다고 그 부분을 부각해서 왈가왈부하지도 않는 채 그대로 받아들이며 "이것도 좋네"라고 말하는 보기드문 사진가다. '찍는' 것도 여러 가지다. 이렇게 인과응보를 이어나가며 자신의 일을 다시 알게 된다.

x = 기원

　내 영화 데뷔작은 '탕아의 귀환' 같은 모티프였다. 단 무대는 성서에 나오는 것처럼 풍요로운 농장이 아니라 산더미 같은 문제를 껴안은 가정이다. 정리 해고로 회사에서 잘렸다는 사실을 비밀로 한 채 막대한 빚을 진 아버지, 치매가 진행된 시아버지 간호로 궁지에 내몰리면서도 밝은 현모양처를 가장하는 어머니, 그리고 동료와의 결혼을 기다리며 아무런 그늘도 켕기는 곳도 없어 보이는 아침 드라마 주인공 같은 초등학교 선생님 딸. 그러나 그 딸조차 남에게 말하기 꺼리는 가족의 오점이 있었으니 바로 어린 시절부터 거짓말과 도둑질을 일삼다 집을 나가버린 말재간과 손재간이 좋은 오빠의 존재다. 지금은 부조금 도둑질로 생계를 유지하는 이 돼먹지 못한 녀석이 할아버지의 장례식장에서 가족과 우연히 재회해 어쩔 수 없이 집으로 돌아옴으로써, 일가에 가득 차 있던 모든 고름이 둑이 터진 듯 넘쳐흘러 비밀은 폭로되고 '평범한 가족'을 지탱해온 양식良識이나 선악에 대한 가치관마저 엉망진창이 되어가는 이야기다. 〈뱀딸기〉라는 제목으로 2003년에 개봉했는데, 제재를 생각해낸 것은

1999년 무렵이었다. 스물다섯 살이었던 나는 현장 조감독이었고 카메라 앞에서 슬레이트를 잘 칠 수 있을지가 가장 큰 고민이었다. 영화의 세계에서 살아가기로 결심하긴 했지만 나에게 딱 맞는 자리가 어디인지는 전혀 알 수 없었다.

자식들이 둘 다 도쿄에서 자리를 잡아 부모님만 남은 본가에서는 그 1년 전쯤부터 먼 친척에게 받은 개를 한 마리 키우고 있었다. 암컷 래브라도레트리버 강아지. 기르기 시작한 계기가 무엇이었는지 나중에 어머니에게 물어봤더니, 내가 "개라도 있으면 집에 올 맛이 날 텐데"라고 말한 적이 있다고 한다. 그런 말을 했는지 안 했는지 이제는 기억도 분명치 않다. 하지만 실제로 그 말대로 되었다. 뒤늦게 태어난 막냇동생 같은 강아지는 순식간에 집채만큼 자랐지만 그저 순진, 그저 무구, 오랜만에 본가에 가도 눈곱만큼의 서먹함도 없이 꼬리를 흔들며 기뻐해주는 존재가 있는 즐거움. 집안사람들은 나를 포함해서 밖에서 돌아오면 가족에게 인사는 거르더라도 개가 있는 곳으로 혀 짧은 소리를 내며 직행하는 습관이 들었다. 인간은 다소 마음이 가라앉거나 언짢을 때도 혀 짧은 소리만 내보면 신기하게도 기분이 좋아지는 법이다. 이건 사실이다. 인간이 상대라면 곧바로 스스로가 우습게 느껴지지만 말 없는 동물이 상대라면 그 우스움을 언제까지나 알아차리지 못한다. 대형견이라서 얼굴 크기도 사람과 비슷하고 존재감도 인간에 뒤지지 않았던 터라 걸핏하면 화제의 중심에 올라 가정에 이야깃거리가 늘었다. 개 이야기를 하다 보면 말다툼도 시끄러운 소리도 잦아들어 만사가 평온했다. 자식은 부부의 꺾쇠라는 속담이 있는데, 나는 그 역할을 잘 완수하지도 못한 채 나중에 들어온 천진난만한 강아지에게 통째 내맡겼다.

그리고 어느 날 꿈을 꿨다. '들개 한 마리가 집으로 훌쩍 들어와 가족 관계를 바꾸어놓는다'는 꿈을. 그런데 가족의 일원이 된 그 들개는 사실 과거에 사람을 몇이나 물어 죽인 살인견이라서 경찰에서도 보건소에서도 필사적으로 행방을 찾는 중이라는 사실이 드러난다. 나는 남몰래 결심한다. '가족은 덕분에 원만하고 개는 귀엽지만 이대로 숨겨두면 우리 집이 침몰한다.' 그리하여 천진하게 나를 따라다니는 개를 보건소 사람에게 보내는 것이었다. 끝.

"발상이 좀 심하네." 어머니는 말했다.

"최악이지." 나도 대답했다.

하지만 이것은 영화의 스토리라인이 될 수 있다고 생각했다.

개로는 영화로 만들기 어려우니 처음에는 살인을 저지른 소년을 숨겨주는 가족 이야기로 각본을 써봤다. 당시는 10대 소년이 저지르는 흉악 범죄가 거듭 일어나던 세상이기도 했다. 한데 아무리 소년이라지만 일면식도 없는 인간을 평범한 가족이 집에 들인다는 리얼리티를 설계하기란 몹시 어렵다. 게다가 이 이야기의 핵심은 개가 저지른 죄의 옳고 그름이 아니라 얼핏 죄가 없다고 여겨지는, 그저 남과 같은 평온무사를 바랄 뿐인 일개 시민(=나)의 냉혹함과 잔인함에 있다. 그러므로 영화로 만든다면 이분자異分子(=개)의 죄는 최대한 가엾다는 생각이 안 들고 보는 사람이 통쾌함조차 느낄 수 있는 교묘한 악행으로 바꿀 필요가 있었다. 이런 이유로 부유층을 노리는 부조금 도둑 오빠가 등장했다. 영화에서는 코미디언 콤비 '아메아가리 결사대'의 미야사코 히로유키 씨가 연기했다. 미야사코 씨의 역할은 따지고 보면 원래는 개였던 셈이다.

나는 이 작품을 데뷔작으로 삼아 그 뒤로도 영화를 만들게 되었다. 꿈에 나온 살인견은 들개였지만 그 아이디어를 내게 준 것은 틀림없이 우리 집 반려견이라고 어머니는 단언했다. 그야말로 개 님이다. 그 개 님이 15년 살다가 얼마 전에 죽었다.

이름은 네루일본어로 '자다'라는 뜻였다. 우리 집에 데려오고 얼마 되지 않아서부터 그저 툭하면 잠을 잤기 때문이다. 나는 각본을 쓸 때마다 도쿄 집을 떠나 몇 개월 동안 본가에 틀어박히기 때문에 그때마다 네루의 성장을 지켜봤다. 침착한 견종인 만큼 장난꾸러기 시절은 처음 2, 3년뿐이었고 나머지 십수 년은 집 안에서는 언제나 따분한 듯 한숨을 쉬며 가족과 조금 떨어진 곳에서 엎드려 있었다. 개라는 건 보다 발랄하고 "주인님이 내 생명!" 하는 생물이었던 것 같은데, 하며 어린 시절 길렀던 시바견과 비교하기도 했지만 듣자 하니 어린아이가 있거나 가족이 많은 환경에서 자라는 개는 성격도 활기차고 기세가 좋다고 한다.

네루의 열정은 모조리 식욕을 향해 있었다. 포만감을 느끼는 중추가 태어날 때부터 망가진 양 무엇을 주든지 전부 통째로 삼켰다. 우리 집의 모든 음식 쓰레기와 잔반 처리를 담당했지만 그래도 부모님은 현대의 올바른 반려견 양육법에 따라 파, 오징어, 초콜릿 등 개에게 금기시되는 음식에는 나름대로 주의를 기울였다. 그러나 네루 자신의 머릿속에는 동네의 모든 쓰레기장이 완벽하게 들어 있어서 틈만 나면 달아나 쓰레기 속에 코를 처박고 온갖 것을 뒤져 먹고는 또 다른 보물산을 찾아 모험을 반복하기를 삶의 낙으로 삼았다. 파도 오징어도 초콜릿도 있었던 걸까. 하천 부지에 생식하는 대형 외래종 쥐인 뉴트리아의 새끼나 사람 똥 같은 것도 즐겨 통째 삼켰다고 한다…… 무섭다! 일흔이 넘은 아버지가 거대한 쓰레기 봉지를 입에 물고 질질 끌며 어디까지나 달아나는 반려견을 향해 "잠깐, 기다려!" 외치며 몇 번이고 울면서 뒤쫓았다고 한다. 네루에게 늙은 견주들의 애정은 있는 게 당연한 것이었다. 반면 맛있는 간식을 들고 나타나는 친척이나 산책 동료들은 신처럼 우러렀고, 얼굴을 보자마자 흥분이 절정에 이르러 쏜살같이 달려가서 가족을 섭섭하게 만들었다. 그들이 돌아가고 가족만 남으면 또다시 중학교 3학년 남자애처럼 무뚝뚝하게 침묵했다.

본가에서 래브라도를 기르고부터 도쿄 거리에서 가끔 맹도견을 보면 나는 그 강한 자제심에 눈물이 치밀어 오르게 되었다. 전철을 함께 탄 승객이 레트리버종의 가공할 만한 식욕 사정도 모른 채 냄새가 피어오르는 맥도날드 봉투를 손에 들고 있기도 한다. 훈련이 잘 된 맹도견은 개줄을 쥔 주인 곁에 딱 붙어 엎드린 채 눈길조차 움직이지 않는다. 그래도 자세히 살펴보면 코끝이 미세하게 실룩거릴 때도 있다. 나는 "멍청아!" 하며 맥도날드 승객을 후려갈긴 뒤 개의 목을 부둥켜안고 울면서 용서를 빌고 싶은 기분에 휩싸인다.

이것저것을 통째 삼켜왔지만 네루는 잘 살았다. 도주 끝에 어딘가에서 차에 부딪혀 상처를 입고 터덜터덜 돌아온 적도 있었다고 한다. 하천 부지의 낚시인이 낚싯바늘을 넣어둔 떡밥을 몇 개나 훔쳐 먹어서 의사가 배를 가른 적도 있었다. "어렵지만 이해하자. 저 애는 좋을 대로 살고 있어." 부모님은 몇 번이고 스스로를 납득시키는 상황에 부닥쳤다고 한다. 어머니 말로는 "결국 몇 명을 길러 봤자 부모가 같으면 자식은 마찬가지로 자란다"고 한다. 그리고 "지독히 손이 가게 만들어놓고 엄마에게 감사하지 않는다"고도. 죄송합니다.

대형견의 수명은 비교적 짧아서 열 살이 넘으면 감지덕지라고들 하니, 5년쯤 전부터 가족 모두가 각오를 하고 있었다. 나도 부모님의 펫로스 증후군반려동물이 죽은 뒤에 경험하는 상실감과 우울 증상만 신경 쓰여서 죽은 뒤에는 어떤 대체물이 필요한 게 아닐까 고민했지만 등을 베개 삼아 낮잠을 잘 수 있는 대형견과의 생활에 익숙해지면 작은 개는 귀여워도 장난감처럼만 느껴진다며 어머니는 말을 듣지 않았다. 그렇다고 늙어갈 뿐인 부부에게 젊은 대형견을 다시 한 번 산책시킬 체력은 기대할 수 없을 것이다. 하물며 자꾸만 달아나는 개를 뒤쫓는 일이야. 그러면 고양이는 어떤가. 산책이 필요 없고 손이 가지 않으며 스스로 몸을 깨끗이 하니까 시종일관 욕실에서 커다란 몸을 껴안고 닦아줄 필요도 없다. 하지만 시골 농가 구조여서 외풍도 끊임없이 들어오는 우리 집에서는 대형견조차 탈주가 가능하다. 당연히 고양이는 금세 바깥 도로로 뛰어나가 쥐포처럼 납작해질 것이다. "토끼는 어때, 햄스터, 잉꼬, 금붕어, 거북이, 돼지는……."

"이제 됐어. 네루로 끝이야." 어머니가 말했다.

8월 백중날 전에 본가로 돌아가 긴 집필에 들어갔다. 새로운 이야기를 쓰는 것이다. 언제나 영화가 먼저고 소설은 그 뒤 남은 것에서 재미있는 부분을 모아 써왔지만 이번에는 순서를 반대로 해보기로 했다. 지겹게 들리겠지만 영화는 지문 한 줄이 돈으로 계산된다.

가게에는 롤링 스톤스의 〈점핑 잭 플래시〉가 흐르고 있었다.

소설로 쓰면 0엔. 영화로 하면 수백만 엔. 쓰고 싶은 대로 쓰는 것 같지만 의외로 돈 계산과 시간 계산 속에서 이야기를 꾸려나간다. 내게 영화는 평생을 약속한 아내 같은 존재지만, 아내를 상대로 판타지를 자제하지 않는 남자는 없듯 나도 온갖 욕망을 억누르며 결혼 10주년을 맞이했다. 내내 참기만 하는 남편이었다. 한 번만이라도 좋다. 아내한테는 청할 수 없는 일을 전부 하게 해줘, 하고 나는 소설이라는 여자에게 부탁해봤던 것이다. 익숙지 않은 일이니만큼 기나긴 싸움이 되리라는 것은 뻔했다. 막상 맞붙어보니 아내의 상냥함이 가슴에 사무칠 때도 허다했다.

네루는 7월에 열다섯 살 생일을 맞이했고, 인간 나이로 환산하면 이미 백 살이 넘었다고도 했다. 지방 덩어리나 양성 종양이 온몸 여기저기서 부풀어 올라 몸의 형태는 울퉁불퉁하게 무너졌고 걸음걸이도 불안했다. 이제는 높낮이 차이가 나면 뛰어오르지 못해서 잘 아는 목수에게 부탁하여 현관 끄트머리에 합판으로 경사로를 만들었다. 내가 집필차 머무를 때 네루는 대체로 내 옆 소파 위에 있었다. 주정뱅이처럼 코를 요란하게 골며 자다가 문득 눈을 떠 나를 바라고는 '아직 하고 있어?'라는 듯한 시선을 던지고는 했다. 내가 혀 짧은 소리로 얼러도 지겹다는 듯 한숨을 내쉬고 몸을 뒤척이며 다시 잠들었다. 그 소파에도 이제 올라가지 못하게 되었다. 견생을 바쳐온 탈주도 이래서야 더 이상 불가능하다. 하지만 식욕만은 한여름 더위에도 아랑곳없이 여전히 왕성 그 자체였다. 어느 틈에 이빨도 거의 빠져버려서 더더욱 본격적으로 통째 삼켰다.

9월에 들어서자 갑자기 시원해졌다. '털가죽으로 뒤덮인 몸은 젊은 개라도 괴로울 텐데 이 녀석 올해노 여름을 무사히 넘겼구나.' 이렇게 생각한 직후의 어느 밤, 평소처럼 저녁을 우적우적 먹은 뒤 갑자기 실이 끊어진 꼭두각시처럼 사지에 힘이 빠지며 쓰러지더니 거실에서 그대로 오줌을 쌌다. 딱히 엄하게 버릇을 가르치지 않아도 살짝 말하면 알아듣는 편한 개였다. 그런 일은 처음이었다. 쓰러져서 몇 시간이나 눈을 빠끔히 뜬 채 헉헉 거친 숨을 내쉬었다. 코앞에 음식 부스러기를 내밀어도 입을 굳게 다물고 있었다. 마침내 때가 왔다고 생각했다.

올해 초쯤 신문 연재에서 각본가 겸 연출가인 미타니 고키 씨의 반려견 래브라도가 죽은 경위를 읽었다. 우리 집 개보다 훨씬 젊었지만 간이 안 좋았던 것으로 기억한다. 그 바쁜 미타니 씨가 몇 날 밤이나 반려견을 끌어안고 간호했고 그 개도 마치 미타니 씨의 앞날을 근심하듯 물끄러미 그의 눈을 바라봤다는 이야기가 쓰여 있었다. 미타니 씨와 반려견이 나눈 마음의 대화는 눈물 없이는 다 읽을 수 없었고 머지않아 우리 집에도 그런 이별의 나날이 찾아오리라고 각오했다. 개는 죽을 때가 가까워지면 어쨌거나 사람 가까이에 있고 싶어 한다고들 한다. 나도 마지막까지 곁에 붙어 있어주마 결심했다. 하지만 우리 집 네루는 그 결심이 허사가 될 정도로 태도가 건조했다. 눈을 뜨고는 있지만 상관 마, 라는 듯 우리와 시선을 마주하지 않았다. 옆에 붙어 있어도 그것은 본인의 사지가 움직이지 않으니 달아나지 못해서 우리에게 곁을 내어줄 뿐이라는 분위기였다. 쓰러지고 나서 하루하고도 한나절을 누워 있었는데, 스포이트로 입에 물을 넣어주자 할짝할짝 핥게 되었고 대체 무엇이 좋았는지 신기하게도 불쑥 일어섰다. 기적의 부활, 감동의 생환, 네로와 파트라슈가 부둥켜안고 생을 환희하는 그림을 상상하고 싶어지는 대목이지만, 우리 집 네루는 기분 좋게 밥그릇으로 내달렸다. 부활했구나, 하고 실감했다.

나는 네루의 몸속에서 무슨 일이 일어나고 있는지 견딜 수 없이 신경 쓰여서 인터넷으로 이런저런 자료를 검색하여 진행 중인 병세로부터 그 진상을 알아내려 했지만, 어머니는 그저 '노화'로 인한 증세일 뿐이라고 딱 자르며 "심하게 괴로워하면서 몸부림치지 않는 한 병원에는 데려가지 않을 거야"라고 일관했다. 그리고 네루에게 "이제 저쪽 세계로 갈 준비를 하는 거지" 하고 말을 걸었다. 네루는 마치 남의 일인 양 마른 멸치를 덥석덥석 삼키고 있었다.

네루는 며칠 동안 건강하게 돌아다니며 우리와 평소처럼 생활하다가 또다시 풀썩 쓰러져 그대로 허공을 바라보며 잠들기를 반복했다. 처음에는 일어서면 "나았다, 나았어" 하고 기뻐했지만 그 일이 반복되다 보니 일어서도 "이번에는 언제까지 서 있을 수 있을까" 하며 그다음을 예상하게 되었다. 전에는 겨울이면 어머니나 아버지의 침구 속으로 파고들어 잤지만 이제 네루는 반드시 인기척 없는 부엌에서 홀로 잠들게 되었다. 내가 글을 쓰는 곳에도 더 이상 다가오지 않았다. 마치 고양이 같은 방식으로 죽음을 향해 간다고 생각했다. 나는 집필하는 동안에는 완전히 야행성이라서 한밤중부터 가족들이 차츰 일어나는 동틀 녘까지 작업실 문을 열어두고, 부엌에서 부스럭거리는 소리가 들릴 때마다 가서 몸을 돌려주었다. 개라도 욕창이 생기는 모양이다. 그런 나날이 한 달. 가능하면 나는 네루가 건강해진 시점에 집필을 끝내고 도쿄로 돌아가고 싶었다. 그러면 또 다음 귀성 때 타박타박 마중을 나와주지 않을까 기대했던 것이다. 그러나 나의 느린 펜은 네루의 수명에 추월당했다. 꼭 한 달 동안 가족이 딱 붙어 간호하게 한 뒤 네루는 세상을 떠났다. 쓰러져 보내는 시간에서 다시 벗어나 조금 기운을 되찾았고, 아침밥을 먹고 스스로 뒤뜰로 비척비척 용변을 보러 나간 뒤 몸이 딱딱하게 굳으며 숨을 멈췄다. 우리의 눈을 보지도, 극적인 울음소리를 내지도 않은 채 싱겁게.

동물의 죽음은 담백하다. 하루만 집에 눕혀둔 뒤 다음 날 아버지가 뒤뜰을 파서 묻었다. 경사로를 만들어준 목수와, 마찬가지로 래브라도를 기르는 산책 동료 아주머니 한 분이 꽃을 들고 찾아와줘서 넷이서 옮기고 흙을 덮으며 마무리.

옷 한 벌도, 책 한 권도, 재산도, 유서도 남아 있지 않다. 상속 다툼도 없다. 조금 남은 사료를 또 다른 산책 동료에게 주고 끝이다. 누구 하나 네루에게 원한을 품은 자도 없을 것이며(어미 뉴트리아 말고는) 네루의 불행을 가여워하는 자도 없을 것이다. 이런 식으로 죽을 수 있다면 좋겠다고 생각했다. 가족을 자랑하는 건 부끄럽지만 진심으로 훌륭한 개였다고 생각한다. 오래 살다가 한 달 동안 가족에게 확실히 간호받으며 마음의 준비를 하게 해줬다. 그보다 더한 효행이 있을까. 욕심을 털어놓자면 아프다거나 괴롭다는 말쯤은 들려줬다면 좋았을 것이다. 그렇게 힘든 기억을 쌓아주기라도 했다면 우리도 간호의 괴로움에서 해방되었다는 안도감이라도 맛보았을 텐데.

네루가 죽고 곧장 내가 도쿄로 돌아가버리면 부모님도 너무 허전하지 않을까 생각했지만, 결과적으로 "작작 좀 해"라는 말을 들을 때까지 내 집필은 오래 걸렸다. 집 안은 고요했고 아무도 더 이상 혀 짧은 소리를 내지 않는 게 걱정이지만 대신할 존재를 들일 기미는 없다. 나도 15년간 집필 틈틈이 문득 고개를 들 때마다 눈을 마주쳐주던 존재를 잃었다. 이제부터는 아무도 지켜보지 않더라도 써야 한다.

네루가 우리 집에 온 일이 무의식중에 내게 영화의 원안을 만들게 했다. 그것은 생각해보면 '만남'에 관한 이야기였다. 나는 이번 귀성 중에 네루가 죽으리라고 예상하지 못했지만 정신을 차리고 보니 '헤어짐'에 관한 이야기가 완성되었다. 원래 그런 것일까. 신작을 기대해주세요.

x＝작업하는 장소

　밖은 13년 만의 대설이라고 한다. 도쿄에서는 보기 드문, 자잘하고 바슬바슬한 눈가루가 옅은 회색 하늘에 소리 없이 흩날린다. 도쿄는 눈에 취약하다. 텔레비전에서도 "대설, 대설" 하며 떠들썩하고 하네다 공항 발착 몇 편 결항, 전철 몇 선이 운휴, 도로 몇 곳이 통행 중지, 불필요하고 급하지 않은 외출은 자제해달라고 아나운서들이 긴장된 목소리로 전한다. 어쩔 수 없이 놀러 갈 계획을 포기하고 원고를 쓰려 한다. 이 새하얀 얼음 가루가 도쿄를 도쿄가 아니게 한다. 정시에 차질 없이 사람과 물건을 착착 운반하고 교대시키고 다시 보내는 일을 가능하게 만들기 때문에야말로 '멋진 도쿄'이며, 그렇지 않으면 이 도시는 그저 혼란만 가득한, 어느덧 누구에게나 불편하고 불만스러운 땅으로 전락하는 것인가. 그대 애처로운 도쿄여. 그러나 나는 이 기능부전에 빠진 새하얗고 고요한 도쿄가 좋다. 내 방에서 내려다보이는 순백의 산책로에서는 아까부터 나이를 먹을 만큼 먹은 커플이 눈을 뭉쳐 서로 던지고, 상대방의 등에 꽁꽁 언 손을 밀어 넣고, 길바닥에서 뒹굴고, 머리카락을 흐트러트리고, 괴상한 소리를 지르고 있다. 눈은 사람을 어린아이로 만든다. 새하얗고 어린 도쿄, 이 또한 좋다.

　한편 오랫동안 나는 작업실을 도쿄의 집과 머나먼 히로시마 본가의 거실 양쪽에 두고 지냈다. 조감독 시절 현장 일에 넌더리가 나서 "지금 저는 각본을 쓰고 있어서요"라는 평계와 함께 추격자가 따라올 수 없는 본가로 달아나 몇 주 동안 틀어박히는 방책에 맛을 들였는데, 정신을 차리고 보니 15년도 넘게 지났다.

　20대 시절에는 '생활비 절약'이라는 해명도 가까스로 통용되었다. 약 7.5제곱미터와 5제곱미터짜리 방이 딸린 우중충한 고토쿠지의 연립주택에서 사이버 대학에 다니는 히피 같은 친구와 함께 살았다. 쉽사리 먹고살 수 없는 세계에서 애쓰고 있잖아. 가끔 부모님께 얹혀사는 것도 그리 나쁘지 않지. 누구에게 말하든 이렇게 공감을 얻을 수 있었다. 그러나 정신 차리고 보니 마흔이다. 만화 『천재 바카본』<small>이 작품을 원작으로 하는 만화영화가 〈얼렁뚱땅 반쪽이네〉라는 제목으로 한국에서 방영되었다</small>의 바카본 아버지보다 한 살 아래. 이따금 본가로 돌아가 부모님이 만든 밥을 먹고, 부모님이 빨아놓은 팬티를 입고, 부모님이 데워둔 목욕물에 몸을 담근다. 바카다 대학<small>『천재 바카본』에서 바카본의 아버지가 나온 대학</small>의 후배 중에도 이런 녀석은 없다. "괜찮아요, 괜찮아. 그런 장소가 있다니 부러울 따름입니다" 하고 장단을 맞춰주는 상대의 눈동자 깊숙이 숨겨진 경멸의 빛을 나는 놓친 적이 없다.

　본가로 돌아오면 거실 고타쓰<small>밥상에 이불을 덮은 형태의 온열 기구로 상 아래에</small>

전기난로가 붙어 있다에 온종일 달라붙어 일한다고, 지금까지 다른 데서는 그렇게 말해왔지만 실상은 다르다. 그런 집중력이 있다면 도쿄에서든 술집 카운터에서든 연인의 무릎베개 위에서든 일은 할 수 있을 터다. 그러면 어디로 가는가 하면, 해가 중천에 떴을 때 일어나 가족과 밥을 먹은 뒤 근처 국도 변의 패스트푸드점이나 교외형 거대 쇼핑몰의 커피숍에 저녁까지 틀어박힌다. 글쟁이 중에는 낮에는 집 밖으로 나가 어느 정도의 소음 속에서 커피를 마시며 쓴다는 사람도 적지 않은 듯하다. 예전에 소설가 이사카 고타로 씨도 패밀리 레스토랑이나 찻집을 이용하신다고 했고, 건축가 사카구치 교헤이 씨나 만화가 이노우에 다케히코 씨도 그렇게 말씀하신 것을 읽은 적이 있다. 동업자 중에서는 봉준호 감독도 서울 시내에 몇 군데 근사한 단골 카페가 있어서 몇 시간마다 옮겨 다니며 시나리오나 콘티를 짜신다고 했다.

　내 본가 근처에는 근사한 카페가 한 군데도 없다. 아니, 새로 난 국도 변에 멋진 카페가 생겼구나 싶어서 며칠 전 들러봤더니 아기나 어린아이를 데리고 온 어머니들의 오후 집회소로 변해 있었다. 어머니들의 푸념과 뒷담화, 아이들의 활기찬 목소리로 가득했던 그곳은 원래 의미의 찻집 그 자체다. 그들은 아마 토착민이 아니겠지만 옛날에는 논밭뿐이던 곳에 무미건조하게 너른 도로가 뚫려서 번쩍번쩍한 주택이 줄지어 늘어서자 그곳에 '새로운 토착민'들이 생겨난 것이다. '노마드 워커'라고 하는 정해진 작업실이 없는 종족은 이런 지역에는 존재하지 않는다. 새침한 얼굴로 맥북을 펼치기라도 하면 엄청나게 튈 것이다. 일은 직장에서, 공부는 학교에서, 라는 뜻이겠지. 내가 나고 자란 고장 일대에는 아직 사람 하나하나에게 적절한 장소가 확보되어 있는 것일까.

나는 '근사한 카페'를 포기하고 쇼핑몰 커피숍에서 한 잔에 300엔짜리 커피를 주문한다. 가장 작은 사이즈다. 근처 대학의 학생으로 보이는 피부가 매끈매끈한 아가씨가 "이걸 보여주시면 오늘 하루 100엔으로 리필하실 수 있어요"라며 영수증을 건넨다. 나는 애지중지 그 영수증을 움켜쥐며 구석 테이블에 앉아 노트북을 꺼내고 공책을 펼친 뒤 쓰고는 입력하고 입력하고는 또 쓰기를 반복한다.

쇼핑몰이라는 장소 특성상 손님 대부분은 잠깐 동안 휴게소로 이용하지만, 그곳에 가면 이 동네에서도 나처럼 갈 곳 없는 자가 몇 명 단골로 존재하여 각자의 테이블 위에 자신의 가게를 차려놓는다. 그런데 그중에서도 수상한 여자가 하나, 평일 낮에 종종 출몰하는 것을 나는 안다. 아무리 봐도 피부 상태상 서른은 넘어 보이는 여자. 마구 자란 푸석푸석한 머리카락을 나이에 어울리지 않게 땋아 내리고, 커다란 자루를 어깨에 걸치고, 완전히 굴곡을 잃은 바위 같은 몸을 흔들며 휘핑크림을 산더미처럼 쌓아올린 녹차색 음료와 샌드위치를 쟁반에 받쳐서 온다.

자리에 앉자마자 여자는 등을 구부리고 맹렬하게 샌드위치를 베어 문다. 한 입 한 입 사이의 간격이 극단적으로 짧다. 그렇다 해서 씹지 않고 삼키는 것은 아니다. 매번의 저작咀嚼 활동에 담긴 샌드위치를 향한 집념이 신령스러운 기운처럼 피어오른다. 이다지도 샌드위치와, 아니 자신의 식욕과 공공장소에서 단단히 맞붙는 여자를 나는 달리 알지 못한다.

여자는 2분도 채 지나지 않아 샌드위치를 깨끗이 먹어치운 뒤 이번에는 조준을 녹차색 음료로 옮긴다. 산더미처럼 쌓인 휘핑크림을 작은 스푼으로 매우 규칙적으로, 그러면서도 야성미 넘치게 입으로 옮긴다. 실로 맛있어 보인다. 실로 만족스러운 미소가 뺨에 떠오른다.

휘핑크림의 산이 눈 깜짝할 사이에 사라진 뒤에는 병아리를 보듬듯 양손으로 컵을 감싸 쥐고는 비로소 빨대를 입에 물고 엄청난 흡인력으로 단숨에 녹차색 음료를 빨아들인다. 아아, 그렇게 빨라서야, 하고 나도 모르게 목소리가 터져 나올 것 같지만 사실 여자에게는 속셈이 있다. 녹차색 음료가 투명한 컵의 딱 3분의 1까지 줄어들면 문득 빠는 것을 멈추고 벌떡 일어서서 컵을 들고 곧장 가게 한복판으로 걸어간다. 가게의 한가운데에는 설탕이나 꿀, 우유 등을 셀프 서비스로 더 넣을 수 있는 카운터가 마련되어 있다. 여자는 망설이는 기색도 없이 우유가 든 병을 들어 올려 내용물이 충분히 무겁다는 것을 확인한 뒤 다른 한쪽 손에 쥔 컵 입구로 병을 기울여 표면장력의 극한까지 찰랑찰랑 새하얀 우유를 부어 넣는다.

어느새 컵 속 액체의 그린 계열 색소 성분은 최소 단위까지 희석되어 있다. 여자는 그것을 들고 다시 자리로 되돌아가 어깨에 메고 온 커다란 자루 속에서 코바늘이 달린 뜨갯감을 천천히 꺼낸다. 그리고 처음으로 '식욕과 정면 대결'하는 의식을 제쳐두고 '한없이 순백에 가까운 그린'인 음료를 느긋하게 즐기며, 이번에는 정신없이 코바늘을 움직이는 데 집중하기 시작한다.

여자가 뜨는 것은 무엇인가, 누군가를 위한 것인가, 아니면 자신을 위한 것인가, 그 전모가 밝혀진 적은 없다. 겨울이든 여름이든 여자는 그저 코바늘을 연신 놀린다. 그대로 거의 1시간을 뜨개질에 몰두한 뒤, 어떤 타이밍에서인지 눈 깜짝할 사이에 짐을 정리하고 커피숍을 떠난다. 여자는 쉽사리 타자의 침입을 허용하지 않는 신령스러운 분위기를 풍기고 있지만 그 입가에는 시종일관 침착하고 여유로운 미소조차 떠올라 있다. 겹겹이 우중충한 실내복 같은 것을 껴입어서 도무지 직장인으로는 보이지 않으며, 그렇다 해서 가정주부 같지도 않다. 대체 뭐지. 뭐하는 사람이람. 어떤 경제 활동을 하며 무엇으로 먹고사는 거야. 여자를 향한 관심과 경외심이 나의 펜을 제자리에 붙들어 놓는다. 커피는 이미 식을 대로 식었다.

그런데 "이런 여자가 있어" 하고 집으로 돌아와서 이야기했더니 무슨 소리야, 네가 더한데, 하고 어머니에게 한소리 들었다. 아무런 특색 없는 옷 몇 벌을 돌려 입으며 일주일에 몇 번이고 와서는 같은 자리에 진을 치고 끝없이 찡그린 표정으로, 혹은 어렴풋이 미소 띤 얼굴로 노트북에 무언가를 쳐 넣거나 판화가 무나카타 시코처럼 테이블에 납죽 엎드린 자세로 손때투성이 공책에 끄적끄적 무언가를 눌러쓰는 불가사의하기 짝이 없는 중년 여자가 나다. 가장 싼 커피를 주문한 것을 마지막으로 결국 100엔짜리 리필조차 하지 않은 채 3시간이고 4시간이고 자리를 차지하는 너보다, 근사한 녹차색 음료와 샌드위치를 사 먹고 1시간이 지나면 말끔히 돌아가는 그 사람이 가게 입장에서는 훨씬 귀한 손님이라고. 어쨌거나 그 사람에게 시선을 빼앗길 시간이 있다면 한 줄이라도 더 쓴 뒤에 집에 오라고. 참으로 지당한 말씀.

"좋잖아, 동료가 있어서."

"응, 그런 것 같네요."

마찬가지로 한 가지 일에 몰두하는 친구를 얻었다고 생각하기로 했다.

매끈매끈한 피부의 아가씨들은 빈틈없는 접객 교육 덕분인지 여자에게나 나에게나 똑같이 싫은 기색 하나 내비치지 않고 언제 가든 상냥하게 대해준다. 하지만 언젠가 계산대가 혼잡하여 동분서주 움직이던 아가씨가 내 얼굴을 보자마자 주문받는 것을 생략하고 "평소 드시던 메뉴로 괜찮으신지요?"라며, 상쾌한 미소를 유지한 채 물었다. 나는 퍼뜩 얼굴이 붉어졌다. 기억하고 있다. '가장 작은 커피를 주문하고 죽치는 녀석'으로. '언제까지고 작품을 전혀 완성시키지 못하는 녀석'으로. '이미 누군가가 썼을 진부한 세계를 자신의 발견으로 착각하고 필사적으로 발굴해내려 하는 어수룩한 녀석'으로.

나는 아가씨의 물음에 네, 그렇게 해주세요, 하고 생글생글 웃으며 대답하면서도 울고 싶어졌다. 기억하지 못할 리가 없잖아. 대체 어떤 멍청이라면 일주일에 서너 번 여기 와서는 몇 시간이나 죽치는 손님의 존재를 모를 수 있을까. 그 점은 마음속 어딘가에서 눈치채고 있었지만 그러면서도 아가씨들의 머릿속에 나의 느린 펜이 입력되어 있다는 것이 부끄러웠다. 설령 그녀들에게 그 점을 비난할 마음이 털끝만큼도 없다 해도 말이다.

　그런 일에 넌더리가 났기 때문은 아니지만 이번에 나는 새로운 작업실을 갖게 되었다. 아니, 정확히 말하자면 작업실이 주어지는 기회를 얻었다. 영화의 세계로 나를 들여준 스승 고레에다 히로카즈 감독이 자신의 사무소를 좀 넓힐 계획인데 함께 가지 않겠느냐고 제안해주신 것이다. 스승도 지천명인 쉰 살이 넘었다. 요즘은 밑에서 일하는 젊은 사람들과 나이 차가 너무 나서, 젊은이들에게 보다 더 친근한 창작자로서 나 정도의 중견이 같은 장소에 있는 편이 좋다고. 흠.

　나와 스승은 딱 띠동갑이라서, 내가 스물다섯 살 때 처음으로 각본을 쓰기 시작한 무렵 고레에다 감독은 지금의 내 나이보다 조금 더 젊었다. 그 시절 내게 마흔이나 쉰이 넘은 영화감독들은 아무리 서글서글해도, 어린아이 같아도 구름 위의 존재로 보였다. 만약 나의 직접적인 스승이 그들처럼 나이가 많았다면 감독이라는 직업 자체가 훨씬 멀게 느껴져서 도무지 뛰어들 용기도 갖지 못했을지도 모른다. "20대일 때 감독을 해"라는 것이 이 세계로 들어온 당초부터 반복해서 들었던 스승의 말이었다. "할 수 있을까요" 하며 꽁무니를 빼고는 있었지만 그래도 당시 30대의 감독이 하는 말이었으니 조금이나마 현실적으로 받아들여졌다고 생각한다. 그래서 이번 제안에 납득은 가지만, 스승은 실상 무엇을 하려 하시는가.

　우리는 5년 전 아버지 같은 존재를 잃었다. 고레에다 감독에게 계속 영화를 찍게 하고, 내게도 영화를 만들 기회를 줬던 야스다 마사히로라는 프로듀서가 어느 날 갑자기 병으로 쓰러져 돌아오지 못하는 사람이 된 이후 나와 스승은 아버지를 잃은 형제처럼 되었다. 잃기 전에는 그 사람이 '아버지'라는 사실조차 깨닫지 못했다. 여러 사람이 위로해주었고 도와주려고도 했지만, 잃어버린 사람의 자리를 다른 누군가로 채워보려 해봤자 그것은 가능한 일이 아니다. 오빠 등에 업히기에는 나는 이미 너무 자랐고, 오빠는 여동생을 업기에는 이미 자신이 껴안은 세계가 너무 커져 있었다. 이후 나는 4년 동안 내내 아버지가 없는 세계에서 홀로 살아갈 방법을 찾았고, 오빠는 아버지의 꿈을 끝내지 않으려고 쉴 틈도 없이 작품을 계속 만들었다. 정신 차리고 보니 아이들은 각자 자라서 뿔뿔이 흩어졌다. 자신이 생각하는 세계를 손에 넣었다면 그것은 그것대로 좋았을지도 모른다. 그러나 오빠는 마치 자신의 작품 제목처럼 '아들'에서 '아버지'가 되기로 결심한 모양이다.고레에다 감독은 〈그렇게 아버지가 된다〉라는 영화를 만들었다. 다시 말해 행위를, 피를, 정신을 계승해나간다. 세계가 앞으로도 계속되듯이. 그러니 너도 혼자 있지 말고 우리 집을 도와라. 이런 말을 들으면 나는 약해진다. 내 핏속에 충만한, 오빠 뒤를 금붕어 똥처럼 따라다니고 싶어 하는 타고난 꼬맹이 여동생 기질이 격렬하게 부채질당하기 때문이다.

이 기회에 나도 아이들의 손이 닿을 듯한 존재로서 있어볼까. '고작 그것이라면 내가 좀 더 잘 해' 하며 윗사람을 얕잡아볼 때야말로 젊은 사람은 자신감이 넘쳐서 직접 뛰어들 용기를 얻는 법이다. 나도 '어머니'는 힘들겠지만 시집 안 간 수상한 고모쯤은 될 수 있겠지.

영화 〈아주 긴 변명〉 포스터 이미지 ┃『료칸에서 바닷소리 들으며 시나리오를 씁니다』 **마음산책**

료칸에서
바닷소리 들으며
시나리오를 씁니다

니시카와 미와
이지수 옮김

독자님, 안녕하세요. 마음산책입니다.

영화감독 니시카와 미와의 산문집 『료칸에서 바닷소리 들으며 시나리오를 씁니다』 제목에는 배경 이야기가 있습니다. 가나가와현 지가사키 바닷가에 있는 료칸 '지가사키칸'은 일본 영화의 거장 오즈 야스지로, 고레에다 히로카즈 같은 감독들이 시나리오를 쓰려고 머물던 곳입니다. 니시카와 미와 감독도 이곳에서 영화 <아주 긴 변명>의 시나리오를 탈고하지요. 연출부 시절 료칸에서 시나리오를 배웠던 추억을 곱씹고, 고레에다 감독과 함께 와자지껄 수다를 떨다가도 다시 각자의 방에서 파도 소리를 들으며 시나리오를 씁니다. 제자를 생각하는 고레에다 감독의 마음, 나아가 그녀를 지탱한 많은 관계가 마치 료칸에서 들리는 바닷소리처럼 이 책을 포근히 감싸고 있습니다. 그녀는 영화 작업 현장에서 자신의 정체성이던 고독을 벗어나 동료를 믿고 의지하면서 성장합니다. "인생을 만드는 것은 사실이 아니라 기억"이라고 하는 저자는 자신의 인생을 만든 소중한 사람들에 대한 기억을 책에 담았습니다. 전작 『고독한 직업』의 감성과 유머를 이으면서도 삶을 바라보는 더 깊어진 마음이 독자님께 가닿기를 바랍니다.

마음산책 드림

스태프가 도심의 조용한 곳에 방 세 개짜리 맨션 하나를 발견했다. 여러 프로젝트를 동시에 진행할 수 있을 정도로 넓고 편리하고 바람이 잘 통하는 물건. 방 하나는 고레에다 감독의 서재. 하나는 편집실. 하나는 응접실. 커다란 거실은 프리랜서 스태프가 모여서 작품 준비를 하는 스태프룸. 집을 보러 따라갔을 때 나는 가운뎃방 안쪽에서 작은 들창이 달린, 5제곱미터가 조금 못 되는 세로로 긴 옷방을 발견했다. 여기야말로 내가 있을 자리라고 생각했다. 중학교, 고등학교 시절 수업이나 부 활동이 한창일 때 반드시 옥상이나 체육관 뒤, 사람 없는 진로상담실로 발걸음이 향하는 녀석, 그런 무리들이 좋아하는 장소. '여기라면 ××를 해도 들키지 않아'라고 여겨지는 장소. 고레에다 감독의 대형 프로젝트에 참여하는 사람들이 잇따라 드나드는 가운데 벽과 벽 사이에 만들어진 숨은 방 같은 곳에서 벽장 귀신처럼 남모르게 존재하며 폭탄마처럼 손을 놀린다. 벽 건너편에서 웃음소리나 활발한 논의가 들려오는 가운데 "폭탄을 만들 거야, 폭탄을 만들 거야" 중얼거리며 희미한 불빛 아래에서 꼼질꼼질 쓰고 지우기를 반복하는 자신을 상상했더니, 왠지 어려움 없이 이곳에 존재할 수 있을 것 같았다.

창작에 필요한 것은 무엇인가. 아이디어, 열정, 재능, 자신감, 돈, 애정, 분노, 희망, 욕망, 선망, 인망, 그 외 이것저것이 있겠지만 "고독은 인간의 고향이다"라고 했던 사카구치 안고의 말대로 외로움에 몸을 담그고 가만히 고독과 마주하는 순간이 없으면 창작자 내면의 영혼은 이야기에서 춤추지 않는다. 단, 생업으로서 계속해나가려면 그것은 '적절한 양'이어야 한다. 그 분량을 맞추기가 실로 어렵다. 인간관계를 모조리 끊고 고독한 환경으로 자신을 몰아넣기란 물리적으로는 의외로 간단하지만, 양이 넘치면 마음은 여위고 생명력은 빼앗겨서 창작 이전에 서 있는 게 불가능해진다. 또 그 혹독함에서 벗어나고 싶은 마음에 '고독에서 해방되는 것'만이 이야기를 끝마치는 동기가 되기도 한다. 내가 이제껏 멀리 떨어진 가족에게 돌아가 글을 써온 이유도, 하루에 몇 번쯤 부모님과 얼굴을 마주하고 두서없는 대화를 나누거나 부부 싸움을 구경하는 것이 내가 홀로 걷는 길을 비추는 작은 빛이 되어줬기 때문이다.

생각해보면 고레에다 감독도 그런 말로 제안하기는 했지만, 사실은 언제까지고 가정도 꾸리지 않고 있는 내 신상을 염려한 것인지도 모른다. 욕실에서 비누를 밟고 넘어져 죽는다 해도 썩는 냄새가 현관 바깥으로 풍길 때까지 아무도 눈치채지 못하는 죽음을 제자가 맞이하는 것은 견딜 수 없는 일이다. 그 사람 요즘 어떻게 지낼까요, 하고 며칠에 한 번쯤 누군가가 화젯거리로 삼아줄 정도의 거리에 두려 하는 스승의 배려에 응석을 부려보기로 했다. 언제까지나 부모는 부모, 스승은 스승이다.

싫증을 잘 내는 성격이라 폭탄마의 골방에 언제까지 있을 수 있을지 모르겠고, 늙은 부모님은 15년을 함께 보낸 반려견을 잃어서 펫로스 증후군이 한창이다. 녹차색 음료의 여자와도 또 만나고 싶다. 벽 건너편의 떠들썩함을 부러워하며, 글을 쓰기에는 딱 좋은 고독에 쿡쿡 가슴을 찔려가며, 그래도 안 써지면 또다시 부모님께 얹혀살기 위해 돌아가기도 하며, 앞으로도 갈팡질팡 책상을 비꿔가며 나는 써나갈 것이다. 이 원고도 빈둥빈둥 쓰고 있는 사이에 13년 만이라고 했던 적설량은 45년 만으로 정정되었다. 도쿄에서 태어난 고레에다 감독은 어린 시절 네리마구의 동네에서 세 사람이 들어가는 눈 움집을 만들어 그 안에서 단팥죽을 먹은 것을 기억한다고 한다. 이런 무심한 대화를 스승과 나누는 것도 실로 오랜만이다. 내게는 도쿄에 온 이후 가장 많이 내린 눈이다. 아직도 여전히, 처음인 것이 넘친다.

x=합숙

　나의 느린 펜은 점점 둔해질 뿐이다. 쓰면 쓸수록 어떻게 써야 할지 모르겠다. 여든에 아카데미 평생공로상을 받은 구로사와 아키라가 "나는 아직 영화를 잘 모른다"라고 연설한 것이 유명한데, 그것은 여든 살의 아키라 구로사와이기에 할 수 있는 금언이고 나와는 아마도 하는 말의 의미가 완전히 다를 터다. 스타일리스트인 따님 구로사와 가즈코 씨를 만나면 "아버지도 내내 고민하면서 만들었어요"라고 격려해주시는데, 그때마다 "역시 그렇군요!" 하며 기운이 나지만 역시 그건 다른 것 같다.

　느린 펜을 커버하기 위해 나 나름대로 시행착오도 하고 있다고는 생각한다. 이번에는 처음부터 영화용 각본을 쓰는 게 아니라 먼저 소설 형식으로 이야기를 만들어보기로 했다.

　영상과 소설이 무엇이 다른지에 대해서는 앞으로도 영원히 논의되겠지만, 내가 가장 크게 느끼는 둘의 차이는 시간적 제약 속에 이야기를 끼워 넣느냐 마느냐 하는 부분이다. 소설에도 지면이라는 제한은 있겠지만, 어쨌거나 상업 영화는 장대한 역사물이건 작은 홈

드라마건 완성된 길이가 평균적으로 2시간 이내일 것이 요망된다.

그런 건 상관없어, 4시간이든 5시간이든 보여줄 가치를 지닌 영화는 존재해, 하는 강경한 창작자도 있지만 5시간짜리 영화는 가령 영화관이 하루 12시간 정도 영업한다면 하루에 고작 2회밖에 상영하지 못한다. 2시간짜리 작품이라면 휴식 시간을 끼워 넣어도 5회는 상영할 수 있으니 요컨대 관객 회전율이 떨어져서 벌이가 안 된다. 극장은 영화를 걸지 않으려 한다. 배급사도 노골적으로 싫은 얼굴을 한다. 적자를 각오하게 된다. 이런 사항을 감안하고서라도 강행하려면 '됐고 다 필요 없고 우리는 이 영화에 뼈를 묻는 거야!' 하는, 배에 다이너마이트를 두르는 듯한 정색이 필요하다.

그러나 내게는 그 정도의 혁명적인 대담함은 없다. 게다가 나 자신도 영화가 2시간 20분을 넘어가면 엉덩이가 아파온다. 규칙을 벼랑 끝에서 지키면서 제약 속에서 무엇을 생략하고 무엇을 보여줄 것인가. 만한취엔시滿漢全席산해진미를 모두 모아 4일에 걸쳐 먹는 중국 연회식를 손님에게 대접하는 것이 아니라 제한된 식재료와 경비 속에서 어떻게 맛있는 튀김 소바를 낼지 궁리하는 것과 같은 창작 방식이 내게는 잘 맞는 느낌이다. 그런데 이 '맛있는 튀김 소바'라는 게 아무래도 만만치 않은걸.

이야기가 딴 길로 샜는데, 요컨대 영화의 경우 2시간 안에 끝나는 이야기를 무無에서 만들어 내거나 혹은 이미 장대한 스케일의 원작이 존재해도 어떻게든 2시간 전후로 뭉쳐지도록 집약하는 것이 전제가 된다.

구성을 짤 때는 영화가 시작된 지 몇 분 뒤에 주인공을 등장시키고, 이야기가 움직이기 시작하는 최초의 계기가 몇 분 뒤에 일어나며, 커다란 전환점을 맞이하는 것이 몇 분이고…… 어라? 결말까지 앞으로 얼마나 남았더라…… 이렇게 시간의 진행을 생각하면서 이야기를 지어나간다. 내 방식은 듬성듬성 투박하지만 할리우드 스타일의 시나리오 작법에는 지극히 세밀한 타임 테이블에 따른 작화법이 있다고 하며(많은 할리우드 영화는 '시작되고 1시간 45분 뒤에 주인공이 모든 것을 잃는' 구성으로 만들어져 있는 모양이다!), 일단 프로 각본가라고 불리는 사람들이라면 항상 상영 시간의 진행을 의식하며 그에 뒤쫓기고 있을 터다.

그러나 이야기에는 앞면과 뒷면이 존재한다. 스크린 뒤에는 겉으로는 한 번도 드러나지 않는 설정이나 그 장면에는 등장하지 않는 인물들이 보내는 시간, 성장의 비밀 등 온갖 이야기가 숨어 있다. 그런 것들을 필요로 하느냐 마느냐도 각본가에 따라 다르지만 나의 경우 이야기를 진행시키는 '수단'을 하나라도 늘리기 위해 몇 개씩 준비한다.

주인공의 가계도를 그리고 대대로 물려받은 직업이나 성격을 생각한다. 할아버지에게 귀여움 받으며 자랐고 어머니의 성격을 물려받은 이 사람은 현재 부모와 어떤 거리감으로 지내고 있는가. 그런 사항을 구체적으로 설정해두면 곤란할 때 가족의 존재를 이용해서 이야기를 전개시키는 선택지도 눈에 보인다. 어린 시절의 일화, 범죄물이라면 용의자나 참고인이 공술한 조서, 경찰의 수사 회의 의사록까지 만들어보기도 한다. 그것이 완성된 영화의 표면에 등장하는 일은 드물다. 도움이 되었는지도 알 수 없다. 그저 내가 사태나 인물을 정확하게 파악해두기 위한, 십중팔구 쓸모없는 설정이다. 솔직히 말하자면 그런 딴짓으로 시간을 보내면서 초고의 처음 한 줄을 쓰기 시작하는, 그 운명의 쪽배를 물살에 띄우는 듯한 순간을 1분 1초라도 늦춰보려는 것뿐이다.

하지만 대체 인생에서 딴짓을 할 때만큼 즐거운 시간이 또 있을까. 그런 물거품 같은 것을 콧노래를 흥얼거리며 쓰는 시간은 '이 샛길 앞에는 분명 피가 끓어오르는 진짜 인생이 기다리고 있을 거야'라는 전율과 희망으로 가득한, 10대의 향기가 떠도는 신록의 계절이다.

그러나 사실대로 말하자면 그런 쓸모없는 한 장면이 각본에 쓴 어떤 신보다 매력적으로 느껴질 때도 있다. 아까운 마음도 들지만 영화가 '시간'에 구애받는 표현인 이상, 스토리 전개에 직접 공헌하지 않는 장면은 철저하게 깎여나간다. 각본은 여하튼 여분을 싫어하는 글이다. 아니, 글이 아니라 그것은 도면에 가깝다. 각본의 1페이지는 평균적으로 1분이 좀 안 되는 영상으로 만들어진다고 한다. 따라서 프로듀서는 대본의 페이지 수를 보고 먼저 작품의 총 길이를 어림잡아 예산이 얼마나 필요한지, 어느 규모로 배급할지를 시험적으로 계산하며 스크립터가 스톱워치를 한 손에 들고 지문과 대사를 숙독하여 추정 러닝타임을 산출한다. 지문에 문학적 수사를 거침없이 구사해봤자 풋내기의 자기만족적인 재주라고 비웃음당하는 것으로 끝이다. 각본가인 나는 2시간 전후로 끝나는 이야기임을 보여주기 위해 같은 뜻의 단어라도 가장 간결하고 글자 수가 적은 동의어를 필사적으로 찾아내어 한 줄이라도 지문 행수를 줄이려고 갖은 고생을 다한다. 표현이고 나발이고 다 소용 없다. 한 번이라도 좋으니 시간의 구애를 받지 않고 페이지 수에 벌벌 떨지 않으며 쓰고 싶은 것을 쓰고 싶은 단어로 써보고 싶다는 갈망에 이끌려 이번에는 소설부터 써보기로 한 것이다. 또 이제까지 수면 아래에 잠겨 있던 여러 설정이나 뒷이야기를 미리 써서 모아두기만 하면, 그것이 그대로 비법서가 되어 나중에 각본 쓰기가 틀림없이 수월하리라고 예상했다.

역시 그 시도는 지나치게 낙관적이었다.

소설도 쓰는 방식은 여러 가지겠지만, 당연히도 이쪽에는 '언어로 밀어붙이는' 필력이 필요해서 영화처럼 주인공의 방 풍경을 몇 초 비춰주면 그 인물의 수입, 취미, 가족 구성 등이 저절로 전해지는 태만함이 '소설가'에게는 허용되지 않는다. 각본의 지문이라면 '2평. 알전구. 낡은 옷장과 고타쓰 테이블. 온종일 펼쳐진 누런 이부자리'라는 즉물적인 명사 종결문으로 불만을 들을 일도 없지만, 소설에서는 그런 요소들을 어떤 순서, 어떤 문체로 표현하는가부터 작가의 기량이 측정되기 시작한다. 이는 영화 현장에서 한 컷^{한 번의 연속 촬영으로 찍은 장면을 이르는 말}을 찍는 데도 렌즈의 종류, 화각의 사이즈와 앵글, 카메라의 움직임과 속도 등 매사에 의지와 생각이 필요한 것과 비슷하다. 게다가 글자 수, 페이지 수도 각본의 십수 배나 되므로 영화를 준비하는 시간의 단축을 꾀하여 시작한 일이지만 써도 써도 끝이 나지 않는다. 으악!

이런 연유로, 쓰기 시작한 것은 2013년 2월이었지만 저금을 까먹고 광고 등의 일도 받아가며 소설 초고를 탈고한 것이 11월. 그 뒤 겨우 영화를 위해 재구성하기 시작했는데, 있는 힘껏 펼쳐놓은 보자기를 자그마하게 접는 데는 생각보다 훨씬 고생했다. 더 안 좋은 점은 '이 대목 그대로 영화 신으로 만들면 최고겠군' 하며 쓴 장면을 막상 각본에도 옮겨 쓰려니 어쩐지 맥이 빠진다는 것이다. 같은 내용을 두 번 쓰는 것은 따분하다. 스스로 자신의 곡예를 흉내 내는 것 같아서 어렴풋이 환멸도 느낀다. 아, 이 정도구나, 나는. 이제 이 이상은 떠오르지 않는구나, 하면서. ……한숨을 쉬며 미적미적 어쩔 수 없이 분명 영화를 위해 썼던 대사와 장면을 내버리고 새로운 장면을 생각한다. 이래서야 완전히 두 번 일하는 셈이다. 내 전략은 대체 뭐였단 말인가 생각하다 2013년이 저물고 말았다. 물끄러미 손을 바라본다.

결국 각본으로 완성한 것은 2014년 4월이 되고서였다. 벚꽃이 진 무렵 가나가와현 지가사키시에 있는 료칸에서 고레에다 감독, 스태프와 함께 며칠간 묵으며 마무리를 했다.

이 료칸의 이름은 '지가사키칸', 오즈 야스지로 감독이나 신도 가네토 감독 등 황금기의 쇼치쿠^{일본의 영화제작사}를 떠받쳤던 감독과 각본가가 집필을 위해 묵었던 단골 료칸으로 유명하다. 그 오즈 감독이 각본가 노다 고고 등과 장기 체류하며 〈만춘〉과 〈초여름〉 등을 썼다는 바다 쪽 '2번' 객실에서 몇 년 전부터 고레에다 감독도 집필을 하게 되었다.

감독과 각본가 들이 몇백 일이나 료칸에 틀어박혀 아이디어를 주고받으며 공동으로 집필하는 사치스러운 습관은 지금의 영화계에서는 사라졌다. 고레에다 감독이 말하기를 적어도 기분만이라도, 하며 가마쿠라를 무대로 한 〈걸어도 걸어도〉의 각본을 쓸 때 홀로 '오즈의 2번 방'에 묵어봤더니 버릇이 되어버렸다고 한다. 도시의 작업실을 벗어나 파도 소리를 들으며 느긋한 시간을 보내면, 설령 집필 진도가 나가지 않더라도 새로운 작품을 향한 사고 회로의 기판이 완성되어 있는 것을 귀성한 뒤에 실감한다고 한다. 이후 각본 집필이 막바지에 이르면 매번 젊은 연출 조수들과 지가사키칸에서 며칠간 묵으며 작품을 마무리하게 되었다. 나도 종종 동행을 권유받아서 신도 감독 등이 썼다는 조금 작은 '1번' 방을 빌려 합숙에 참가하게 되었다.

　료칸이라 해도 만듦새가 아주 소박해서 각 방에 화장실도 욕실도 냉장고도 없다. 복도 쪽 미닫이를 드르륵 열면 신발 두는 곳도 없이 갑자기 다다미방이 나타나서 각자 벗어둔 슬리퍼가 방문 앞에 난잡하게 놓여 있다. 마치 친구 집에 놀러 온 듯이 스스럼없다. 그러면서 오래된 마루청도 기둥도 거울도 반짝반짝 닦여 있고, 긴 복도 모퉁이마다 사랑스러운 꽃이 근사하게 꽃꽂이되어 있는 광경을 볼 때마다 집이나 작업실과는 전혀 다른 긴장된 마음이 든다. 여름 동안은 해수욕객도 와서 아이들의 모습도 하나둘 보지만 대체로 언제 찾아가든 바람에 실린 파도 소리나 매미 울음소리밖에 들리지 않고, 방에 놓인 14인치 브라운관 텔레비전으로는 유일한 취미인 스포츠 관전도 몰입이 되지 않아서 펜을 잡을 수밖에 없다. 원래는 쇼와 시대^{1926~1989년} 전기前期까지 지가사키에 있었던 난코인이라는 거대한 결핵 요양소의 입원을 대기하는 환자들이 일시적으로 몸을 맡기는 곳이었던 듯하다. 이 때문에 료칸 사람들도 어지간한 용건이 없는 한 각 방에 얼굴을 내밀지 않는 풍습이 몸에 뱄다고 한다. 그 '내버려두는' 분위기가 마음에 들어서 오즈 감독도 장기 체류했다는 이야기인데, 거장을 닮기 위해 이렇게 찾아오는 후진도 끊이지 않을 터다.

고레에다 감독은 아직도 글을 쓸 때는 전부 육필이다. 이 때문에 옛날 서생처럼 젊은 연출 조수, 즉 나의 동문 후배들이 조금 넓은 '3번' 방에 바글바글 묵으며 2번 방에서 육필 각본이 완성되어 넘어오면 분담해서 컴퓨터로 옮긴 뒤 프린트하여 감독에게 다시 가져간다. 얼마간 갓 완성된 각본을 훑어보고 있으면 몇 시간 뒤에 새로 수정된 원고가 나오는 일이 반복된다. 나도 십수 년 전에는 작은 스태프룸에서 그 역할을 맡았다. 그전까지 제대로 각본 공부도 해본 적 없던 나에게 그 육필 원고의 한 마디 한 구절에 눈을 반짝이며 정확하게 타이핑을 반복하는 작업은, 각본이라는 것이 어떻게 변화하고 때로 길을 잘못 들었다가 다시 눈부시게 연마되는지를 정점관측^{일정한 장소에 선박을 머물게 하여 기상과 해양 따위의 관측 작업을 하는 일} 할 수 있는 절호의 기회였다.

고레에다 감독은 일단 펜을 들면 빠르다. 나는 하루에 10에서 20신을 재검토하며 자잘한 가지와 잎을 야금야금 가지치기하듯 수정하는 식이다. 느긋하게 지내기는커녕 나날이 불어나는 료칸비에 대한 초조함과 스승이나 그의 조수가 늘 얇은 벽 건너편에 있다는,

감시당하는 듯한 긴장감에 쿡쿡 찔리고 있다. 청소하는 아주머니에게는 이불 시트 교환은 이틀에 한 번이면 된다고 말해두고, 머리가 피곤해지면 좌탁 옆에 늘 펴두는 이부자리에 드러누워 15분 잔 뒤 다시 쓰기를 낮이나 밤이나 계속한다.

덧붙여 료칸 안에서 '영화감독'으로 인식된 존재는 아마도 고레에다 감독뿐인 듯, 나는 건드릴 수 없는 중년 제자 중 하나로 여겨지는 모양이다. 수험생으로 치자면 '10수생' 같은 느낌일까. 료칸 사람들은 예전 관습을 따른 것인지 고레에다 감독을 '선생님'이라고 불렀고, 청소하는 아주머니는 나와 복도에서 마주치면 "선생님은 언짢은 표정으로 일하고 계시니까, 미안하지만 수건 좀 갈아줄래요?" 하며 새로운 목욕 수건을 건넨다.

고작 나흘이나 닷새 동안이지만, 다 함께 저녁밥을 먹을 때는 서로의 상태를 물으며 어느 대목에서 막혔다는 둥, 어떻게 고쳐봤다는 둥, 나머지는 남의 험담이나 서로의 사생활을 살펴보는 등으로 한바탕 와글와글 떠들다 다시 각자 깊은 밤의 집필로 향하는 나날을 보낸다. 평소 저녁밥은 근처 패밀리 레스토랑이나 술집 같은 곳으로 산책을 겸해 먹으러 가지만, 마지막 날 밤만은 오즈 감독이 고안했다는 료칸의 명물 '카레 스키야키'를 고레에다 감독이 사주신다. 감독 주위에는 술을 못하는 사람이 많지만 고기와 술이 생겼으니 나는 멋대로 잔뜩 취한다.

각본은 첫 줄을 쓰기 시작할 때도 벌벌 떨릴 정도로 무섭지만, 초고가 끝까지 완성되고 몇 번이나 되풀이해서 읽은 뒤 드디어 남에게 보여줄 수 있다고 생각할 무렵이 되어 마지막 줄 아래에 '끝'이라고 써넣는 그 순간도 지금이 정말로 끝을 낼 때인지 거듭 망설이며 손을 떤다. 종종 사람들이 영화를 만들며 가장 기쁜 순간은 언제냐고 묻는데, 기쁜지 어떤지는 둘째 치고 '끝'이라는 글자를 써넣은 뒤에는 가슴속에서 눈에 보이지 않는 기체 같은 것이 휙 빠져나가는 느낌이 든다. 오랫동안 내 안에서 둥지를 틀고 나를 지배해온 마귀가 맥없이 사라진 듯한, 안도감 같기도 하고 외로움 같기도 한 감각이다. 이번에는 타이밍 좋게 그때를 쾌청하게 맑은 4월 오후에 지가사키에서 맞이할 수 있었다. 탈고한 뒤 사람 없는 사잔 비치^{지가사키의 관광 명소인 해수욕장}의 가게에서 동네 부유층 아저씨가 데려온 큰 개를 쓰다듬으며 마신 맥주는 역시 맛있었다.

x = 여자들

　내 오빠는 어린 시절 '컵스카우트'라는 단체에 소속되어 있었다. 이른바 '보이스카우트'의 꼬마 버전으로, 매주 일요일이면 탐험대풍 남색 유니폼을 입고서 혼자 버스를 타고 시가지의 절에 간다. 거기서 밧줄 묶는 법이나 불 피우는 법, 코펠로 밥을 짓는 법 등을 배워와 내 눈앞에서 자랑스레 재연해 보이거나 이야기를 들려주고는 했다. 처음에는 동네 소꿉친구와 둘이서 다니기 시작했는데 점차 학구와 학년을 뛰어넘은 친구가 늘어나서 그것도 내게 자랑했다. 그 정점은 1년에 몇 번인가 열리는 임간학교였고 거기서 정신이 아득해지는 체험을 하고 와서는 당연히 나에게 자랑했다. 나는 반드시 컵스카우트에 들어가리라고 결심했지만 오빠는 "초등학교 2학년이 되기 전에는 안 돼"라고 말했다. "초등학교 2학년이 되면 들어갈 거야"라고 했더니 "여자는 안 돼"라고 말했다. 컵스카우트는 소년만 참가할 수 있는 단체였던 것이다. 그러나 나는 포기하지 않았다. 만사에는 예외가 반드시 있다고 믿고서 초등학교 2학년이 될 때까지 꾹 참고 기다렸다.

초등학교 2학년이 되어 어머니에게 가입을 신청해달라고 부탁했지만 "규칙이니까 어쩔 수 없잖아" 하며 나를 타일렀다. 전혀 납득이 안 됐다. 엄마는 관례를 뒤엎기 위해 아무런 노력도 하려 하지 않잖아. 바닥을 발로 쿵쿵 구르며 투덜거리자 "그러면 직접 전화해서 그쪽 사람을 설득해봐"라고 어머니가 말했다. 아, 해보죠, 뭐. 나는 다이얼을 돌려 컵스카우트에 전화를 걸었다. 상냥한 목소리의 아주머니가 받았다.

"컵스카우트에 들어가고 싶어요."

"어머, 그렇구나. 초등학교 몇 학년이에요?"

"2학년이에요. 들어갈 수 있어요?"

"응. 그러면 괜찮아요. 이름이랑 주소 좀 알려줄 수 있니?"

"니시카와 미와예요. 주소는 히로시마시……."

"어디 보자, 니시카와 미와 군…… 미와 군?"

"저기, 전 여자앤데요."

"어머, 여자애? 여자애였어? 그럼 안 되겠구나. 미안하지만 가입을 못 한단다. 여자애라면 걸스카우트라는 단체가 있으니까 그쪽에 물어보렴."

"싫어요. 컵스카우트가 좋아요."

"싫다니, 너, 컵스카우트에는 남자애밖에 없단다. 뭐든 남자애랑 같이 하는 거야."

"괜찮아요. 여자지만 잘할 수 있어요."

"그렇게 말해도 역시 너 혼자만 넣어줄 수는 없단다."

"아무래도 안 되나요?"

"안 되겠구나. 미안해요."

전화를 끊었다. 나는 얼굴을 감싸 쥐고 울었다. 컵스카우트를 포기했다. 구제할 수 없는 일이 이 세상에는 있다는 것을 깨달았다. 내가 여자로 태어난 일이다.

여기서 한걸음 더 나아가 '이까짓 것쯤이야' 생각할 수 있는 사람은 인생을 다르게 개척해나가겠지만, 나는 어느 틈에 스스로 타고난 성性에 대해 비뚤어진 생각을 품게 되어 여자애, 여자애, 하고 자신의 성별을 강하게 의식할 수밖에 없는 곳에는 나도 가기 싫은걸 뭐, 하는 기묘한 고집이 몸에 뱄다.

그 뒤 여자만 있는 중학교에 들어가서 '위험해' 생각했지만, 여자는 여자끼리 있으면 여자의 얼굴을 하지 않으니 그 안에서는 자신이 여자라는 사실도 잊은 채 유유히 지냈다. 그런 다음 남녀공학 대학에 진학했더니 여자아이들은 다들 새하얀 무릎을 가지런히 딱붙이고 앉아 있었다. 아뿔싸 싶었다. 이제 여자들 속에도 남자들 속에도, 어디에도 들어갈 수 없는 느낌이었다.

영화 현장도 내가 자진해서 갈 수 있는 세계라고는 솔직히 생각하지 못했다. 지방에서 자란 내게는 일가친척을 통틀어도 영화계에서 일하는 여성은 한 명도 없었고 드라마나 영화 속에서도 여성 영화 스태프라는 존재가 등장하는 모습을 당시에는 본 적도 없었다. 그런 장소에서 여자가 일을 할까 싶었다. 실제로 촬영 현장은 원양어선이나 탄광과도 비슷한 육체노동 현장이었다. 억센 몸의 강자들이 밤낮없이 땀투성이가 되어 커다란 목소리를 주고받으며 득시글거리는 것이 현실이다. 그런 곳에서 일하는 게 싫은 것은 아니었지만 "여기는 네가 올 곳이 아니야"라는 말을 또 들을 거라고 생각하면, 싫었다. '네가 왜 있는 거야'라고들 생각하는 장소에서 살아가는 것은 괴롭다. "여자지만 잘할 수 있어요" 따위의 대사는 그 자체로 비굴해서 관자놀이가 떨린다.

그럼에도 신기하게 인연이 닿아 영화 현장에서 직업을 얻었지만, 실제로는 사방이 억센 선배들로 둘러싸여 잔뜩 위축되었다. 지금이니 할 수 있는 말인데 정말이지 모두가 무서웠다. 스튜디오 시스템이 붕괴된 뒤의 '길거리 출신'이라고 불리는, 프리랜서 도제제 아래에서 어떤 후원자도 없이 살아남은 장인들의 날카로운 눈빛에는 어설픔이 없었다. 보답 없는 과잉 노동, 박봉, 너무도 긴 밑바닥 생활과 앞이 보이지 않는 장래, 그러면서 1밀리미터의 손 떨림도 용서하지 않는 긴장의 연속으로 인해 그들의 눈 안쪽에는 똑바로 마주 보는 것조차 두려울 정도의 체념과 분노의 빛이 겹쳐져 있었다. '아무도 부탁하지 않았는데 너도 스스로 좋아서 왔잖아?'라는 말이 필요 없는 압력 앞에서 나는 똥구멍이 오그라드는 듯한 나날을 보냈다. 그야말로 '여자애'도 '남자애'도 잊어버릴 정도였다. 실제로는 누구에게도 "여자인 네가 올 곳이 아니야"라는 종류의 말을 들은 기억은 없다. 그저 '너는 정말로 이곳을 네 자리로 삼을 수 있어?'라는 베일 듯한 시선이 언제나 존재할 뿐. 내게도 그 부분은 도무지 자신이 없었다.

당시 한 현장에 여성 스태프는 한 손으로 꼽을 정도밖에 없었다.

스크립터, 헤어·메이크업 담당, 스타일리스트, 프로듀서 등은 비교적 오래 전부터 여성도 맡아 온 일이지만 그 외의 힘쓰는 일을 동반한 기술직은 압도적으로 남성의 영역이었다. 나는 조감독 시절 위로든 아래로든 한 명이라도 여성이 붙었던 적이 없다. 신참 시절 만난 메이크업 담당이나 스타일리스트 언니들은 감독에게도 거리낌 없이 시원스레 불만을 털어놓고는 "다들 입 다물고 있잖아~" 하며 쉰 목소리로 웃어넘기는 사람이 많았다. 험상궂은 남성 스태프도 언니들을 상대할 때는 꼬리가 한껏 내려가 있었다. 나도 언니들이 무서웠지만 실제로는 모두들 꽤 다정히 대해줬던 것 같다. 동성 후배라서 허물없이 대했다기보다 동성이었기 때문에 마음을 써준 것이라 생각한다. 그때그때 "잘 하고 있네" "늦게까지 고생이 많아" 하며 말을 걸어주는 것은 여자 선배였다. 지금 돌이켜보면 당시보다도 여성이 훨씬 더 적었던 시대의 현장에서 고군분투해온 사람들이므로, 남성 상사들 틈바구니에서 기가 죽는 젊은이의 마음을 잘 헤아려줬던 게 아닐까. 우리가 감싸주지 않으면 누가 이 아이를 감싸줄 것인가, 라는 어미 사자 같은 두터운 다정함을 느꼈던 기억이 몇 번이나 있다.

하지만 두 무릎을 꿇고 일을 하는 조감독의 몸으로서는 사실 그런 팀의 여성들에게 어쩐지 거리감을 느끼기도 했다. 스타일리스트나 헤어·메이크업 담당도 무거운 짐을 올렸다 내리고 온종일 서 있는 중노동이지만, 무엇이 다른가 하면 어쨌거나 우리는 손이 지저분하다. 강철 기재나 흙, 슬레이트에 글자를 써넣는 분필 등으로 된

통 더럽혀져 있다. 배우의 몸 같은 데 손을 댈 수 없는 처지다. 걸치고 있는 옷 색깔이나 소재도, 같은 여자지만 그쪽 팀 여성과 우리는 미묘하게 다르다. 더럽혀질 것을 전제하는 복장과 그렇지 않은 복장. 특히 카메라 바로 옆에 서는 사람은 대상물이 유리나 차체 등 반사가 잘 되는 물건일 경우, 하얀 옷이나 밝은 옷은 튀어서 비치기 때문에 검은 옷을 입어야 한다는 철칙이 있다. 우리 촬영자에게는 '자신이 찍히는 것'이 '악惡'이다. 그러므로 촬영팀은 검정 일색. 카메라 옆에서 대기하는 조감독도 그에 준하는 색조의 옷을 입는 것이 상식이었다. 내가 세 작품을 함께 한 카메라맨 야나기지마 가쓰미 씨는 여름에는 늘 화려한 알로하셔츠를 입었는데, "'반사'되면 그때 검은 천을 뒤집어쓰면 되잖아요. 반사가 되는지 마는지는 내가 화려한 색을 입는 편이 오히려 알아차리기 쉬워요"라고 말했다. 지당한 말씀이지만 그렇게 시원하게 말할 수 있는 것 자체가 경력과 자신감의 증거다. 당시의 나는 그저 윗사람들에게 배운 대로, 문자 그대로 구로고黑子가부키 등에서 눈에 띄지 않도록 검은 옷을 입고 배우를 돕는 사람처럼 숨을 죽였다. 거기에 원래의 어리바리함이 더해져서 하루의 촬영이 끝나면 머리카락은 산발이 되고 검정 일색의 옷은 땀으로 얼룩져 후줄근한 몰골이다. 다림질한 하얀 옷을 산뜻하게 걸친 언니들이 밥을 같이 먹자고 해도 나 혼자 집이 불탄 부랑아가 초대받은 듯해서 견딜 수 없었다.

그런 와중에 미술팀 여성들만은 내 멋대로 '같은 무리'라고 느꼈다. 허리에 쇠망치와 펜치, 드라이버 등을 찔걱찔걱 매달고 걸으며 자재를 짊어지고 세트를 세우고 문짝을 옮기고 마루를 깔고 옷장을 들어 올리고 흙먼지, 톱밥, 페인트, 끈적끈적한 피로 손톱 사이가 더러워져 있다.

조감독의 역할은 가장 위인 수석이 스케줄 담당, 두 번째가 배우와 의상 담당, 세 번째가 미술 담당으로 경력 순서대로 정확히 분담된다. 아랫사람은 미술팀에서 대기하면서 소도구나 장식품에 관한 지시를 전하고 관리를 배우며 그들을 도와주는 일부터 시작한다. 이 미술팀에 여자 선배가 몇 명 있어서 나는 그녀들에게 많은 도움을 받았다. 남자 선배는 기본적으로 "어깨너머로 알아서 배워라" 하는 하드보일드한 인종이 대부분이어서 자상하게 가르쳐주는 경우는 거의 없다. "미술팀에 다녀와"라고 위에서 지시받은 대로 입을 헤벌리고 찾아온 나에게 "저기 니시카와 씨, 이게 조감독의 일이에요" 하며 하나부터 열까지 가르쳐준 것은 그녀들이었다.

먼지를 뒤집어쓰고 있어도, 불에 그을린 듯 볕에 타 있어도 그녀들은 상대에게 언성을 높이는 법이 없었고 온갖 표현으로 쾌활하게 알아듣도록 설명했다. 눈 안쪽에 체념이나 분노가 배어 있는 광경은 본 적이 없으며 나에게나 감독에게나 똑같이 존댓말을 썼다. 페인트투성이의 헐렁한 옷이라도 남의 것이 아닌 자신의 인생을 걸치고서 그녀들은 틀림없이 그곳을 자기 자리로 삼고 있는 것처럼 보였다. 컵스카우트를 동경해서 컵스카우트에만 들어가려 했던 나는 태어나서 처음으로 여자를 동경했다.

그렇게 신참 시절 내게 잘해줬던 미술팀 C 씨와 얼마 전 오랜만에 광고 일을 했다. 자그마하고 날씬하면서도 배우 셸리 듀발이나 록그룹 벨벳 언더그라운드의 1집 객원 보컬 니코를 연상케 하는 일본인스럽지 않은 외모에 가느다란 팔로 팔짱을 끼고 담배를 피우며 생각에 잠기는 모습이 근사한 사람이다. 이번에는 나는 감독 입장, C 씨는 세트디자이너. 예전에 하나부터 열까지 다 가르쳐줬던 여자애를 '감독'으로 모시는 것은 대체 어떤 기분일까. 하지만 C 씨는 언제 만나든 처음 만났을 때와 아무 변함이 없다.

당시 C 씨는 스물여덟 살의 미술 조수였지만 이미 어떤 나이 많은 감독이나 기사에게도 인정받고 있었다. 물론 일 처리도 정확했지만 무엇보다 C 씨는 짧은 대화 속에서도 반드시 상대를 웃게 만들 수 있는 사람이라고 생각했다. 기치조지에서 자란 그녀의 도쿄 말투는 기품 있고 또렷또렷했으며 어휘도 풍부했다. 누구와도 웃음과 함께 대화를 나누었고 한 번도 험한 태도를 보인 적 없으나 어떤 험상궂은 사람이라도 그녀를 정중하게 대했다. 스물세 살이었던 나는 C 씨를 보며 스물여덟 살은 엄청나게 성숙한 나이라고 생각했지만 정작 스스로는 그런 스물여덟 살이 되지 못했다.

마흔다섯 살이 된 C 씨는 그사이 결혼도 이혼도 경험했고 머리카락은 베이비핑크로 물들어 있었다. 미용실에서 염색하느냐고 물었더니 "이런 거 미용실에 부탁하면 천박해진다고 싫어해요. 진짜 천박한 게 뭔지 가르쳐줄까, 하고 싸우게 되니까 직접 물들이죠"라며 호호호 웃었다. 지금도 담배를 끊지 않아서 인적이 거의 드물어진 흡연 장소에서 홀로 느긋하게 담배를 피우며 생각에 잠겨 있다.

어느덧 어느 현장에도 여자가 늘어났다. 나의 젊은 시절에 비해 어느 팀 사람이건 다들 훨씬 아름답다. 1년 만에 맞이한 광고 현장 외 카메라맨은 시진기 이치하시 오리에 씨. 운동신수처럼 군살 없는, 150센티미터 전반의 자그마한 몸으로 35밀리 카메라를 들고 좁은 틈에도 쑥 들어가서 필름을 감는다. 생글생글 잘 웃지만 평소에도 말수는 적어서 번뇌를 초월한 티베트의 고승 같은 분위기를 풍기는 사람이라 나는 얼굴을 마주할 때마다 심장이 두근거린다. 왠지 깊은 속마음까지 들키고 있는 것 같다. 촬영 전에는 사전 협의도 거의 안 했지만, 뚜껑을 열어보니 이치하시 씨가 포착하는 장면은 하나하나 깜짝 놀랄 정도로 나의 이미지에 근접해 있었다. 아니, 이치하시 씨가 포착한 장면을 보고 '내가 상상했던 건 이거였어' 하고 발견하게 된다. 이것밖에 없겠구나 생각하면서도 다른 그림도 좀 보고 싶다는 욕심이 가끔 끓어오를 때, "이치하시 씨, 한 번 더 가도 될까요?"라는 말이 망설임도 없이 무심코 입 밖으로 튀어나온다. 그럴 때 신기하게도 어떤 사양도 긴장도 없다. "네~에" 하는, 가늘지만 맑은 목소리가 신선한 아침 해처럼 현장을 가로지른다.

아, 멋있어. 여성에 대해 그렇게 생각하는 일이 해마다 늘어간다.

(추신, 컵스카우트는 나중에 소녀의 가입도 승인했다고 합니다. 바닥을 발로 쿵쿵 구르며 직접 담판을 지어온 소녀가 저 말고도 끊이지 않고 나왔는지도 모릅니다.)

x=아이들

문 건너편 복도에서 몸을 정확히 두 동강 낼 듯한 아이 울음소리가 들린다. 싫어, 싫어, 엄마, 엄마아, 흐에에에에엥. 싫어, 싫어, 엄마, 엄마아, 흐에에에에엥.

우리는 회의실의 긴 책상 위로 팔짱을 낀 채 가만히 기다린다. 소녀가 아주 잠시만이라도 어머니 곁을 떠나 우리의 눈앞에 앉을 용기를 내어주기를. 딱히 갑자기 혼자가 되어 춤을 추거나 노래를 하라는 것이 아니다. 같은 또래 여자아이들과 다섯 명이 한 조로 함께 들어와서, 우선은 아저씨 아줌마 들과 시시한 잡담을 주고받기만 하면 된다. 설마 아닌 밤중에 홍두깨는 아닐 것이다. 분명 어제도 엊그제도 이런 것을 하러 간다고 사랑하는 엄마가 거듭 일러두었을 터다. 실제로 다른 몇 명은 그런 울음소리에도 아랑곳없이 이미 우리 앞의 어른용 의자 위에서 두 다리를 벌렁 벌리고서 컬러풀한 팬티를 자랑하고 있다.

"싫어, 싫어, 싫어어어어어어어엇!!"

그럴 만도 하다. 당연히 싫겠지. 대체 뭐람. 이 기묘한 상황은. 서

너 살짜리 아이가 이런 식으로 억지로 부모와 떨어져 우는 또 다른 상황을 떠올려봤다. 병원에 가서 예방접종이나 충치 치료를 할 때. 엉엉 울지만 용기를 내면 큰 병을 피하고 아픈 곳도 낫는다. 어린이집 입구에서 어머니와 떨어질 때. 엉엉 울지만 용기를 내면 아버지도 어머니도 열심히 일할 수 있다. 그리고 아역 오디션. 엉엉 울지만 용기를 내면 아역 스타로서 영광이 기다리고 있고 아버지나 어머니의 노동 보수와는 자릿수가 다른 거금을 손에 넣을 수 있다. ……바보 같은 소리! 명백히 마지막 하나에만 불확정 요소가 너무 많다. 울면서 싫어하는 아이를 떠밀면서까지 시킬 일은 아니다. "시작할까요." 내가 말을 꺼낸다.

"여러분, 안녕. 자, 한 사람씩 이름이랑 나이를 말해보세요."

생각해보면 아이들과 관련된 직업은 다양하지만 아이와 **어깨를 나란히 하고** 함께 일을 하는 분야는 우리를 포함한 오락산업 정도가 아닐까 싶다. 오디션을 보러 오는 아이들 대부분은 프로덕션에 소속되어 있고 부모들에게는 앞으로 연예계 활동을 시키고자 하는 의지가 있으며, 당사자도 그 점을 이미 알고 있어서 그중에는 레슨 같은 것을 받고 있는 아이도 있다. 일어서자마자 당돌하게 "자신 있는 표정은 '스마일'이에요!"라며 숨이 멎을 정도로 얼굴 가득 억지웃음을 지어 보이는 아이도 있고, 한때 일었던 아역 붐의 영향으로 "자, 시작" 하면 눈에서 눈물이 폭포수처럼 넘쳐흐르는 대배우 오타케 시노부급 기술이 주입된 아이도 있다던가, 없다던가. 그런가 하면 자기소개 인사말만 염불처럼 외워 오는 아이도 있다.

"안녕하세요○○키즈프로덕션에서온니시카와미와입니다네살입니다좋아하는음식은사과랑바나나랑시금치입니다특기는실뜨기랑겨울왕국입니다잘부탁드립니다!(후우우우! 숨을 쉰다)"

"안녕, 반가워요. 우와, 〈겨울왕국〉이 특기라는 건 주제가를 부를 수 있다는 뜻일까?"

"……(고개를 갸웃거린다)."

"흠. 아닌가. 그럼 〈겨울왕국〉에 나오는 사람을 흉내 낼 수 있는 거니?"

"……(다시 고개를 갸웃거린다)."

"음. 그럼 〈겨울왕국〉은 만화영화를 본 거니? 영화관에 갔어?"

"……(이제 목뼈가 꺾일 것 같다)."

"……모르는구나."

"(끄덕)"

찾아오는 아이들도 실로 각양각색이다.

세상에 아이들이 존재하는 한 세계를 여는 수많은 열쇠는 그들이 쥐고 있고, 우리가 묘사하는 세계에도 그들은 종종 큰 역할로 등장한다. 그러므로 우리는 함께 일할 **뛰어난** 아이들을 골라야만 한다. 그러나 내게는 연출 일을 하는 가운데 카메라 앞에 아이를 세우는 것이 가장 불안한 순간 중 하나다. 마음이 무거운 것이다. 성인 배우와 연출가 사이에는 당신이 '한다'고 했지, 그러니까 철저하게 시킬 거야, 그 대신 책임은 지겠어, 하는 강고한 공범 관계가 성립한다(하는 셈이다). 하지만 상대가 아이라면 역시 일방적으로 '강요하는' 듯한 느낌을 떨칠 수 없다. 아직 자아의 싹도 다 나지 않았고 각오도 불분명한 아이를 어른이 속닥속닥 구슬러 데려와서 그 순수함의 웃물을 마시려는 듯한.

엄마와 떨어지기 싫어서 오디션장에 들어오지도 못하는 아이는 건전해서 좋다. 저기 있는 많은 어른들이 이렇게저렇게 치켜세워주겠지, 재밌겠다, 하며 기대를 부풀리는 아이를 보는 것은 괴롭다. 그래. 얼핏 재미있어 보이겠지. 하지만 네가 졸려도 우리는 촬영을 멈추지 않아. 같은 걸 몇 번이나 되풀이해서 넌덜머리가 나도 우리는 멈춰주지 못해. 마침내는 토를 하거나 흐느껴 우는 너를, 용서할 수 없어. 실제로 인내심의 한계에 달해 울음을 터트린 아이에게 "지금이야" 하며 카메라를 들이댄 경험도 내게는 있다. 진짜 우는 얼굴이 찍혔고, 진짜 우는 소리가 담겼다. 무엇이 남았는가. 리얼한 컷과 쓴 추억이다. 그런 세계로 너를 끌어들이는 게 싫어. 아직 아이잖아? 아이가 이런 일그러진 일을 하지 않아도 되잖아. 그만두고 싶어지면 그만둬도 괜찮은 놀이를 하렴. 집에 가고 싶어지면 집에 가고, 울고 싶어지면 울고, 그게 너희들의 특권이잖아? "컷. 안 되겠어. 다시 한번." 나는 아이를 상대로 냉철하게 말하며 생각한다. 그런 딜레마로 머리를 쥐어뜯고 싶지 않은 것이다. 아, 어른 상대는 편하구나~.

이란의 거장 아바스 키아로스타미 감독은 연기 경험이 전혀 없는 사람들을 캐스팅하는 것으로 유명하다. 캐스팅된 아이들에게서 진짜 표정을 이끌어내기 위해 "이런 마음으로 해줘"라고 말로 심정을 설명하는 것이 아니라, 불안한 표정을 찍기 위해 그들을 진심으로 불안하게 만드는 장치를 깐다고 한다.

아이가 숙제 때문에 담임선생님에게 호되게 야단맞은 뒤, 다음에 같은 짓을 하면 퇴학시킨다고 위협받는 장면을 촬영한다. 우선 미술 스태프가 폴라로이드 카메라로 사진을 찍어서 아이에게 선물한다. 기쁜 듯 사진을 들고 있으면 감독 등이 그것을 보고 칭찬해주지만, 더욱 기뻐하는 소년에게 감독은 살짝 귓속말을 한다. "조감독님은 조심하렴. 그 사람은 폴라로이드로 아이 사진을 찍는 것을 금지하고 있으니까." 그리고 폴라로이드를 숙제 종이 사이에 끼워서 감추게 한다. 그러면 예의 조감독이 다가와서 사진을 찍은 미술 스태프를 된통 혼내며 심하게 비난한다. 아이는 그 모습을 보고 매우 당황해서 불안한 표정이 된다. 그 순간 카메라, 스타트. 게다가 조감독은 소년의 코앞까지 다가가 숙제 종이를 집어 들더니 그 안에 감춰둔 폴라로이드 사진을 찢어서 버린다. 아이는 울음을 터트린다. 조감독은 울음소리에 자신의 목소리가 겹치지 않도록 혼내는 것을 중단하고 입을 다문다. 불후의 명작이라 일컬어지는 〈내 친구의 집은 어디인가〉의 처음 한 장면. 카메라가 포착한 아이의 표정이 유례없이 생생하다는 것은 말할 필요도 없다.

"이런 환경을 만들어주지 않으면 여간해서는 잘 연기하지 않아요. 아무리 울어도, 아무리 눈물이 나도, 피부로 슬픔이 배어나오지 않으면 안 됩니다." 키아로스타미 감독은 말한다. 진짜를 찍기 위해서는 수단을 가리지 않고 어떤 거짓 장치든 깔아둔다는 것이 특징적이다. 한없이 진짜에 가까운 눈물로 보이지만 실제로 아이는 숙제 때문에 혼나서 운 것이 아니다. 폴라로이드 사진을 찢겨서 운 것이다. 그런 의미로는 가짜다. 그러나 '선생님에게 혼나서 우는 얼굴'과 '폴라로이드 사진을 찢겨서 우는 얼굴'의 차이를 간파할 관객은 극히 드물다. 결국 영화는 구경거리이며, 슬프게도 배우가 '어떤 마음으로 연기하는가'보다 관객에게 '어떤 식으로 보이는가'가 전부다. 성실하게 아이에게 심정을 설명하며 그렇게 연기하라고 가르친 뒤 아이에게서 나오는 **연기**보다, 가짜라도 강제로 울리는 편이 더욱 '진짜처럼 보인다'고 생각해서 한 연출이리라. 그러나 이 해설을 알고 나서 작품을 다시 보면 아이의 표정은 분명 지극히 생생하지만, 소년은 **울고 있는** 것이 아니라 **울려지고 있다**는 사실이 희미하게 화면에서 전해진다. 소년은 '연기'를 하고 있는 것이 아니다. 감독도 아이에게 '연기' 따위 요구하지 않는다.

그 수법은 실행하면 확실하게 '진짜'를 포착할 수 있을 것이다. 하지만 많은 연출가들은 역시 그런 방법론을 취하는 자세를 선택하지 않으며, 나 또한 아마 그렇게 할 수 없을 터다. 바라건대 배우와 연출가가 서로를 이해하고 기량을 신뢰하며 같은 착지점을 목표 삼아 서로를 속이지 않고 나아가고 싶다. 물러 터졌네~ 그런 생각으로 세계가 놀랄 만한 장면을 찍을 수 있다면 고생할 필요도 없겠지. 키아로스타미라면 이렇게 웃어넘길 것이다. 2012년에 일본에서 촬영한 키아로스타미의 작품 〈사랑에 빠진 것처럼〉에 참여한 일본인 스태프들은 어떤 가혹한 상황에서도 스태프나 배우의 노고를 돌아보지 않고 일말의 타협도 허용하지 않으며 노회하게 돌진하는 감독의 완벽주의를 평하며 "완전히 사람도 아니다"라고 입을 모아 수군댔다. 그것은 문자 그대로 인격 비판이자 동시에 더없는 찬사로도 받아들일 수 있다. 세계적으로도 탁월한 작품을 만드는 사람이란 그런 존재인가. 나는 묘하게 납득했고 동시에 만족했다. 그러나 촬영이 힘들어서 울음을 터트리는 아이에게 카메라를 착 들이댄 나와 의식적으로 아이를 울려서 찍는 사람 중 누가 더 잔혹한가. 그런 수법으로 배우의 마음이 상처 입는 것에 대해서도 자각적으로 계산하고 있는 만큼, 키아로스타미의 방식이 더 깨끗하다고도 할 수 있다.

"자, 오빠와 둘이서 편의점에 먹을 걸 사러 왔어. '아짱'은 이 편의점의 '병아리 카레'를 엄청 좋아해. 삶은 달걀이 들어 있어서 맛있거든."

"린짱은 삶은 달걀 싫어."

"그렇구나. 린짱은 삶은 달걀이 싫구나. 하지만 이제부터 린짱은 '아짱'으로 변신하는 거야. 이름이 뭐냐고 물으면 뭐라고 대답한댔지?"

"……아짱."

"정답!! 그리고 아짱은 삶은 달걀을 좋아하는 아이야. 알겠지?"

"(끄덕)"

"그러니까 병아리 카레가 너무너무 먹고 싶다고 오빠한테 말해보자. 그러면 왜 병아리 카레를 좋아하는지 오빠가 물을 건데, 삶은 달걀이 들어 있어서 맛있었다고 말해줄래?"

"(끄덕)"

"그럼 물어볼게. 아짱은 왜 병아리 카레가 좋았지?"

"삶은 달걀이 들어 있어서, 맛있었거든."

"잘했어!!"

그리고 오디션은 계속된다.

아이들은 내 생각보다 상황에 적극적으로 응하고 사물을 스스로 이해하려 한다. 그들이 나의 말을 들으려고 똑바로 쳐다보는 그 아름다운 눈빛에 진심으로 격려받기도 하고 또 기죽기도 한다. 아이가 신용하지 못할 존재라서가 아니다. 아이를 상대하면 처음부터 종기를 만지듯 판단 기준이 느슨해져서 합격점을 낮게 설정하려 하는 나 자신을 신용할 수 없기 때문이다. 부모가 되어본 적 없는 사람이라는 자격지심도 있는 것일까. 아이에게 강제하고 싶지 않다. 마음에 상처를 입히고 싶지 않다. 미움받고 싶지 않다. 이런 영화 현장에서 살아남는 데는 불필요하게 인간적인 감정이 샘솟아서, 그 연약함을 나 자신이 끝까지 직시하지 못했다. 키아로스타미만큼은 못 되더라도 약하면 영화는 못 만든다. 다음 작품에는 아이가 나온다. 이 세계의 커다란 열쇠를 쥐고 있는 사람들과 단단히 맞붙어보는 것은 내게도 하나의 큰 과제다. 나는 대체 어떤 아이들과 어떤 관계를 만들어나갈까. 아직도 오디션은 계속된다. 그리고 인생도. 뒷날 보고하겠습니다.

x = 봄

만남은 즐겁다. 헤어짐은 슬프다. 사람들은 말한다.

인생에 만약 만남만 있고 헤어짐은 없다면 얼마나 장밋빛일까. 배움이 없어도 좋다. 일이 잘 안 풀려도 좋다. 가난해도 좋다. 인기가 없어도 좋다(만남뿐인데 인기가 없다고? ……뭐, 그렇다 치고). 학문을 익히는 것이나 일을 성공시키는 것, 부를 손에 넣는 것, 인기를 얻는 것, 모두 어렵긴 해도 운과 인연, 노력이 잘 맞물리면 인생의 어느 순간에서 기회는 있을 터다. 그러나 헤어짐. 원래 이것만은 사람이 이 세상에서 생명을 얻은 한 아무리 노력한들, 운이 좋다 한들 피할 수 없는 현상이다. 무엇보다 최종 지점에는 자기 인생과의 헤어짐이 기다리고 있으니까. 그것이 미래의 대단원인 한, 인생의 본질은 헤어짐이라 해도 과언이 아니다.

또 이야기를 과장하고 있는데, 무슨 말이 하고 싶은가 하면 나 역시 최근에 몇몇 사람들과 이별을 했다는 것이다. 다행히 사별은 아니다. 작년 6월 집 근처 마트의 세탁소에 상복을 맡긴 뒤로 반년 넘게 한 번도 내 주위 사람에게 불행이 일어나지 않았다. 사흘이 멀다

하고 귀갓길에 마트는 들렀지만 짐이 늘어나는 게 귀찮아서 다음에 올 때는, 다음에야말로, 하며 방치해둔 것이 오히려 좋았던 게 아닐까. 상복이 내 주위에 없는 한 이대로 아무도 죽지 않는 게 아닐까. 이렇게 미신을 믿어보기로 하며…….

'사별'이 아니라면 '생이별'밖에 없지만, 설마하니 악당의 계략에 빠져 어쩔 수 없이 두 척의 쪽배가 갈라진 것도 아니다. 결국 대부분의 헤어짐은 자신의 의지로 일어난다. 실로 건방진 이야기지만, 요컨대 나는 새로운 작품 제작에 즈음하여 과거의 작품을 떠받쳐준 몇 사람과 헤어졌다. 아니, '헤어짐'이라 하지 말지어다. '다음'도 있으니까. '또 언젠가'도 있다. 그저 **이번**에는 다른 사람이 가진 개성과 만나고 싶을 뿐이다. 다른 기술이나 다른 방법론을 시험해보려는 도전이다. 영원한 안녕이 아니다. 그러나 나는 다음이 있을지 없을지도 모르는, 둘째가라면 서러운 과작寡作의 작가다. 묵혀놓은 기획이 있을 리가. "매번 이것이 유작이라는 생각으로 임합니다"가 허세 섞인 호언장담이라는 것도, 갖다 붙이기라는 것도 스스로 인정한다. 영원한 안녕일지도 모른다는 불안에 압사당할 것 같은 사람은 오히려 이별을 고한 내 쪽이다.

……뭘 그렇게까지 진땀 흘리나 싶을 수도 있다. 작품이 바뀌면 스태프도 바꾸는 게 당연하잖아. 그런 것에 일일이 트집 잡는 사람은 아무도 없잖아. 당신은 이렇게 말할지도 모른다. 이론상으로는 그 말대로다. 하지만 나는 한 감독에게 몇 작품이나 공헌해온 스태프가 언젠가 갑자기 부름을 받지 않게 되어 의욕을 잃고 늘어져 있

는 모습을 본 적이 있다. 감독에게서는 감감무소식인 채 "이번에는 다른 분과 함께하려 합니다"라고 프로듀서를 통해 선고받아 홧술을 들이켜고 술주정을 하는 모습을 본 적이 있다. "다른 **놈**으로 **갈 아탔어**" 하고 나중까지 욕지거리를 섞어가며 저주하는 모습을 본 적이 있다! ……스태프는 질투 많은 아내다. 어디까지나 헌신적이고 그 깊은 정에 거짓은 없지만, 자신이 바쳐온 애정에 상응하는 영원불멸의 인연이 약속된 것으로 굳게 믿는다. 명문화된 계약이 없어도 그들이 했던 숱한 고생과 함께 보낸 세월의 길이로 사실혼으로 인정받는다. 되먹지 못한 남편이라도 좋다. 시댁이 지독해도 상관없다. 단, 배신만은 용서 못한다. ……자, 당신이라면 부인에게 말할 수 있겠는가. "다른 개성과 만나보고 싶어. 다른 기술을 시험해보고 싶어"라고.

실제로는 나 역시 스태프들에게 말하고 싶다. 뭐야, 자기는 거절도 안 하고 제멋대로 여러 감독과 사귀면서. 내가 한 번이라도 불평한 적 있어? 어디를 싸돌아다니는 거야. 다른 일이 준비될 때까지 가만히 기다리는 게 마누라잖아, 라고 말했던가. 당치 않다. 언제나 눈썹 끝을 내리고 "그래, 그래, 좋은 체험이네. 분명 많이 배우겠어. 즐겁게 지내고 와" 하며 당신이 다른 데서 겪은 고생담이나 자랑을 들어줄 뿐이잖아. 속으로는 어떻게 생각하는 줄 알아? '그런 시시한 남자의 어디가 좋아? 그놈이랑 자고 나와도 잘 셈이야? 이 창녀!'

……하지만 그것도 어쩔 수 없는 일이다. 내게는 40명의 아내를 지속적으로 먹여 살릴 주변머리가 없는걸. 지금도 영화계에 전해져 내려오는 '○○ 사단'이라는 무시무시한 호칭은 벌써 옛날에 무너진

스튜디오 시스템의 잔재다. 한 작품이 끝나면 감독에게 곧바로 다음 일이 위에서 내려오는 것이 아니다. 오퍼가 오기를 드러누워서 기다리거나, 직접 기획을 완성해서 투자로 연결시켜야 한다. 그게 아니라면 아무도 돌봐주지 않는다. 감독에게 일이 오기를 기다리면 주위는 모두 굶어 죽는다. 그래서 스태프는 묵묵히 직접 일을 찾아내어 다른 현장으로 건너가 몇몇 '사단'의 단골이 되고, 자신의 몸은 스스로 지킨다. 그런데도 "다음은 언제쯤이야? 알려줘. 일정 비워둘게"라고 말해준다. 머나먼 북쪽 마을, 남쪽 마을에서 다른 남자에게 안기면서, 마음을 주기도 하면서(애초에 그쪽에게 마음이 있었는지도 모르지만). 내가 혼자 멋대로 끄적끄적 각본을 쓰고, 계절이 한 바퀴 돌고, 추억도 모조리 말라 바스러진 무렵에 갑자기 연락해서 "이봐, 하자" 하면 내용을 알아보려 하지조차 않고 철새처럼 곧장 돌아와주는 사람들. 대체 누가 그들을 배신할 수 있을까. 이봐요 당신, 말할 수 있겠어요? "다른 개성과 만나보고 싶어. 다른 기술을 시험해보고 싶어"라고. ……아니, 바로 그렇기 때문에 말해야 한다.

　연고와 혁신.
　나는 스태프와의 연고로만 영화를 만들어올 수 있었다. 틀림없이. 하지만 우리는 스태프와의 연고를 위해 영화를 만들어서는 안 된다. 틀림없이. 스스럼없는 동료들과 화기애애 즐겁게 영화를 만들고 즐겁게 죽고 싶다고는 생각하지만, 인연 있는 스태프가 기뻐하는 얼굴을 이 눈으로 보는 편이 모르는 관객이 기뻐하는 모습을 감상하는 것보다 행복을 실감하기 쉽지만. 그럼에도 불구하고 손톱만큼이라도 무언가 새로움을 찾아보는 것 말고는 이 일을 해서 살아가는 의미가 없다.

이런저런 고민 끝에 몇 작품이나 함께한 몇몇 사람들과는 헤어질 결심을 하고 다른 사람을 불러들였다. 새로운 사람에게 제안할 때면 긴장은 되지만 정말로 마음이 들뜬다. "당신을 좋아해. 당신이 필요해"라고 말할 거니까. 상대를 당황시키는 경우는 있어도 상처 주는 말이 아니다. 반면 헤어짐은 실로 말을 꺼내기 어렵다. 계속 피해 다니고 싶고, 입 다물고 있고 싶다. 이별의 이유 따위 말하기 싫다. 상대 역시 듣고 싶지도 않을 것이다. 이런 말을 들으면 어쩌나. "대체 내 어디가 마음에 안 들어?" "좋아한다는 사람은 누구야?" "언제부터 생각했어?"……암담하다. 대체 뭐라고 말하면 좋을까? 어떻게 하면 상처 입히지 않고 끝날까? 전화의 발신 버튼을 누르지 못한 채 서서히 시간이 흘러간다.

망설이면서도 전화로 사정을 설명하거나 만나러 가서 직접 머리를 조아려봤다. 개중에는 정말로 구제할 수 없을 정도로 어두운 눈을 하고서 마주 앉아 해명하는 내 눈을 전혀 보지 않았던 사람도 있다. 첫 작품부터 내내 영화를 떠받쳐줬던 한 사람이었다. 일을 하면서 울음을 터트릴 듯한 경우는 이제 거의 없지만, 스스로 해명하면서 드물게 감정이 북받쳤다. 목소리가 떨려서 흐느끼는 건가 싶었다. 슬퍼서가 아니다. 두려워서다. 남의 사다리를 손수 치우는 것은 이다지도 무서운 일인가. 마치 은혜를 원수로 갚는 것 같다. 그런 일을 하고 싶었던 게 아니다. 하지만 결국 상처를 주지 않고 사람을 베는 일은 불가능하다는 것을 나는 깨달았다. 베이는 사람과 같은 상처를 입으면서까지 너는 다른 장소로 나아갈 각오가 되어 있는 것인가. 목울대를 짓누르며 추궁하는 느낌이었다. 이야기를 하는 도중 서로의 원통함이 가슴에 차오른다. "싫어서 헤어지는 게 아니야" 따위, 허울 좋은 소리다. 결국 어딘가에 부족함이 있기 때문에 두 사람은 다른 길을 걷기 시작하는 것이다. 얼굴을 마주하기 전에는 알아차리지 못했던 '좀 더 이렇게 했다면 좋았을걸' '저렇게 했어야 해요'라는 생각이 테이블 위로 흘러넘쳐 가장자리로 뚝뚝 떨어졌다. 물론 속마음을 모조리 털어놓은 것은 아니다. 그러나 서로가 이미 상대가 하고 싶은 말이 무엇인지, 무엇을 생각하는지 알고 있다는 기분이 들었다. 헤어질 때, 사람들은 그때까지 함께 보내온 어떤 순간보다 더 예민하게 서로 통하는 것인지도 모른다.

카메라맨 야나기지마 가쓰미 씨와는 소규모 텔레비전 드라마까지 치면 세 편 연속으로 함께 일했지만, 신작 촬영은 다른 카메라맨으로 도전해보기로 정했다. 기타노 다케시 감독 작품의 메인 카메라맨이기도 한 야나기지마 씨는 경력 30년의 엄청난 베테랑이고 교유나 활동 장르의 폭도 넓다. 풋내기인 내가 "다음에는 다른 사람과 할 거예요"라며 의리를 지키지 않는 것 자체가 실수 같은 느낌도 들어서 망설여졌다. 말할 때를 질질 끌고 있었다. 연말에 모로코 영화제에서 함께한 피아 필름 페스티벌 주최자 아라키 게이코 씨가 "지미 씨(야나기지마 씨의 별명)와 다 함께 밥 먹으러 가자!" 하며 정초에 소수 정예로 저녁 식사 자리를 만들어줬다. 그랬는데도 술에 몹시 취한 나는 야나기지마 씨와 예전 아이돌 사이의 아련한 연애

이야기로 꽃이 핀 분위기에 흥이 올라 거기서도 염치없이 때를 놓쳤다. 모임이 끝나자 동석했던 조감독이 걱정했다. "말 안 해도 괜찮을까요?" 괜찮지는 않다. 괜찮지는 않아…….

며칠 뒤 오후, 나는 드디어 전화를 걸었다. 마침 야나기지마 씨는 전철로 이동 중이어서 마치 나의 망설임과 결의가 농락당하는 양 몇 번이나 전화가 서로 엇갈렸다. 겨우 연결되자 나는 크게 숨을 들이쉬며 "어쩌면 이미 어딘가에서 전해 들으셨을 수도 있는데요" 하고 말을 꺼냈다. 다음 촬영은 야마자키 유타카 씨에게 부탁해보기로 했어요. 지미 씨에게는 더 빨리 말했어야 했는데요…….

"아아, 들었어요. 어디서 들었더라. 여하튼 들었어요."

야나기지마 씨는 알고 있었다. 그런 소문은 발이 빠르니까. 남에게 소문으로 들었다니. 나는 자신의 의리 없음을 다시 사과했지만 "아니, 감독이 그런 건 신경 쓰지 마세요. 나는 모두가 다양한 사람과 일하는 편이 좋다고 생각하고요, **우리** 일은 누구와 하든 괜찮잖아요"라는 전화기 건너편의 야나기지마 씨. 왠지 또다시 눈물이 나오려 했다. 말이 너무도 다정해서. 진심인지 거짓말을 해준 건지는 알 길이 없다. 어쨌거나 나는 이 일을 해서 다행이라고 생각했다. 일을 했기 때문에 이 사람과도 만날 수 있었다. 야나기지마 씨는 본인도 봄부터는 나가사키에서 새로운 작품을 촬영한다고 말씀하셨다. 지미 씨 그럼 다음에요, 하며 나는 전화를 끊었다. 헤어짐은 슬프다고 사람들은 말한다. 하지만.

뉴커머newcomer 야마자키 유타카 씨는 내가 20대 초반부터 알고 지냈다. 연세는 일흔넷(뉴커머는 나인가). 다큐멘터리 카메라맨으로서 텔레비전 초창기부터 일하여 대략 50년의 경력을 가지고 있으며, 고레에다 감독의 작품도 극영화, 다큐멘터리를 통틀어 몇 작품이나 촬영을 담당하셨다. 오직 극영화만 찍는 프로 카메라맨과는 확연히 종류가 다른, 카메라와 육체가 유착을 일으킨 듯한 독특한 신체성. 분명 삼각대에 카메라가 놓여 있었는데, 잠깐 눈을 떼면 카메라를 어깨에 짊어지고 감독의 지시도 한 귀로 흘리며 피사체에게 바싹 다가가 있는 장면을 나도 조감독 시절부터 몇 번이나 봐왔다. 성격도 포함하여 제어가 불가능할 정도로 직선적이고 야성적이어서 항상 주위를 조마조마하게 만들지만, 신기하게도 '찍는다'는 행위에서 폭력성이 느껴지지 않는다. 어쨌거나 렌즈를 통해 대상과의 관계나 거리감을 만드는 방식, 현장에서 촬영자가 '존재하는 방식'에 민감한 사람이다. 심지어 야마자키 씨가 렌즈를 갖다 대고 있으니 이건 '찍어도 되는 거구나'라고 느끼게 만든다. 찍히는 사람도 불쾌하지 않으리라는 안도감. 그것은 면밀한 계획을 세우지 않고 카메라 필름을 돌리는 가운데서는 몹시 드문 일이다. 그 야마자키 씨가 직접 소유한 슈퍼 16밀리 필름카메라로 찍어본다. 야마자키 씨가 자유롭게 카메라를 짊어진 채 이제는 절멸 위기에 처한 '필름'을 돌리고, 내가 영화를 찍는다. 이것도 언제 다시 있을지 모를 일회성 경험이다.

이제 곧 봄이다. 우무릉于武陵의 시 「권주勸酒」로 마무리하려 한다. 번역은 이부세 마스지.

이 술잔을 받아주오

부디 넘치게 따르게 해주오

꽃 필 무렵에는 비바람이 잦다 했소

'안녕'만이 인생이라오

勸君金屈卮

滿酌不須辞

花發多風雨

人生足別離

x=미남 배우

그 사람과 만난 것은 꼭 1년 전 신록의 계절이었다. 마치 벚나무 새순 같은 밝은색 니트를 입고 우리 사무실로 찾아온 그 사람은, 내가 권한 의자에 고양이처럼 유연하게 앉더니 한쪽 팔걸이에 몸을 살짝 기대고 사냥감을 품평하는 듯한 눈으로 나를 가만히 바라보았다.

그날이 온다고 정해진 순간부터 나는 즐거움 반 괴로움 반이었다. 아니, 본심을 말하자면 즐거움 40, 괴로움 60일까. 아니 65, 더 많을 수도. 언제나 그렇다. 영화를 만들 때는 늘 그렇다. 다른 사람들은 좀 더 즐기고 있을까? 두근두근, 아이처럼 들뜰까? 주연배우와 처음 얼굴을 마주할 때. 몇 번 경험해도 두려운 순간. 마치 거합居合칼집에 들어 있는 일본도를 재빨리 뽑아 적을 베는 검술 같은 긴장감. 아니, '맞선 같다'고 해야 할까. 그들은 항상 쌀쌀맞고, 나에게 딱히 흥미 없다는 포즈를 유지하면서, 실제로는 곁눈으로 끈끈하게 나를 관찰하며 말로 표현할 수 없는 격렬한 압력을 가한다. 내가 당신에게 걸어도 돼? 당신은 내 인생을 바칠 가치가 있는 사람이야? 이봐, 내 인생을 어떻게 할 작정이야? 이봐! 이봐! 이봐!! 그렇게 추궁당하는 기분이 들어서 숨이 막힌다. "알 게 뭐야! 그런 건 내가 묻고 싶어!" 이렇게 되받아치고 싶은 마음을 꾹꾹 억누르며 나는 자못 분별 있어 보이는 미소를 띠고 그들에게 말을 건넨다. "괜찮아요. 분명, 괜찮을 거예요." ……거짓말이다. 거짓말이야. 하나도 괜찮지 않아! 불안으로 가슴이 터질 듯한 건 나도 마찬가지인데.

하지만 이번에 괴로움의 비율이 높은 데는 사실 이유가 하나 더 있다. 내게는 예전에 그 배우에게 한번 내 쪽에서 역할을 제안하고서 취소했던 불미스러운 과거가 있었다. 주역이었다. 중요한 역할이었다. 중요한 역할이니만큼 주위에서는 일선에서 활약하는 유명 배우에게 맡기고 싶다는 생각이 있었다.

"감독님, A 씨는 어떨까요?"

"……과연, 그렇게 나오시나요."

"싫으세요?"

"아니, 싫지 않아요. 오히려 저는 예전부터 쭉, 제 데뷔작 무렵부터 마음에 두고 있었어요. 역시 화려하기도 하고, 미남이지만 매력적인 구석이 있죠."

"그럼 가능성 있어요?"

"글쎄요. 없는 건 아니지만…… 그래도 이 역의 원래 이미지와는 좀 너무 거리가 있어서요."

"즉 얼굴이 지나치게 잘생겼다는 뜻인가요?"

"맞아요. 제가 쓴 이 역은 거리를 걸어도 누구 하나 되돌아보지 않는, 외모에 빼어난 구석이라고는 없는 남자라는 설정이잖아요."

"그래서 재밌지 않을까요. 요컨대 발상의 전환이죠. 미남 중의 미남인 A 씨를 군이 그런 볼품없는 남자로 기용해보는 게 신선하잖아요. 본인도 이런 역할은 한 적 없지 않을까요?"

"그건 그렇겠지만 엄청난 조각 미남을 평범한 남자로 인식하는 데는 한계가 있어요. 지나치게 단정한 생김새는, 그건 그것대로 부수기 힘든 높은 벽이에요. '꼴사나움'이나 '못생김'도 타고난 것이 없으면 그럴싸하지 않거든요. 돈도 없고 직업도 없고 친구도 여자도 없는, 인생에서 무엇 하나 좋은 일이 없었던 듯한 낙오자 역할을 부리부리한 눈매의 미남이 등을 구부리고 진짜인 척 연기하는 모습을 보고 닭살이 돋은 적 없어요? 진짜냐. 정말로 너처럼 눈부신 외모의 남자에게 '좋은 일이 하나도 없다'는 게 가능하냐, 하고요. 저는 흥이 깨져요. 추남이 폼을 잡는 것보다 훨씬 더 흥이 깨져요."

"대체 어떻게 되신 거예요. 미남한테 무슨 일이라도 당하셨어요?"

"당한 적은 없는데요."

"그런 건 결국 어떻게 연출하느냐에 달려 있기도 하잖아요."

"그렇게 제 기량에 책임을 떠넘길 셈이군요. ……어쨌거나 가능성이 있다면 아내 역과의 조합에 달려 있어요. 미남 미녀 배우끼리 세워놓아봤자 아무리 누더기를 걸치게 해도 시장통의 부부 이야기로는 보기 힘들어요. 이 역할을 만약 미남 배우에게 시킨다면 아내는 못생겨야 해요. 어째서 이런 번지르르한 남자에게 이렇게 수수한 아내가? 싶은 부부는 거리에서 종종 보이니까요. 그런 조강지처와 그 안정적인 애정에 안주하는 잘생긴 남편이라는 그림은 나쁘지 않죠. 그런데 여주인공이 추녀라도 괜찮아요? 그래도 영화 채산이 맞나요?"

"추녀라는 설정을 위해 반드시 못생긴 배우를 캐스팅할 필요는 없겠지요. 어떻게 연출하느냐에 달려 있는 거 아니에요?"

"또 그 얘기예요!"

"어쨌거나 교섭을 진행하면서 생각해보기로 하죠. 상대편에 스케줄이 비어 있는지만이라도 물어봐도 돼요?"

"진짜 스케줄을 묻는 것뿐이에요?"

이리하여 나는 소극적이긴 해도 교섭의 말을 진전시키는 데 애매하게 고개를 끄덕이고 말았다. 밤이 되어 차가운 이불 속에서 곰곰이 생각했다. 아니야, 아니야. 이 역할은 역시 그 사람이 아니야. 이 카드로 써야 할 사람이 아니야. 미스 캐스팅이다. 아내 역은 원래 바랐던 아름답고 유능한 배우가 이미 수락해줬다. 마치 제단 가장 위에 놓인 히나 인형여자아이의 행복을 기원하는 축제인 히나마쓰리 때 제단 위에 장식하는 인형으로, 가장 위에는 천황과 황후를 본뜬 인형을 놓는다 같은 캐스팅. 아니야. 이건 그런 이야기가 분명 아니다. 이대로 진행하면 역할에게도 배우에게도 불행한 일이다. 머릿속에서 내 목소리가 웅웅 울렸다. 아침에 일어나서 프로듀서에게 전화를 걸었다.

"죄송합니다. 역시 안 되겠어요."

"죄송하다니, 대체 뭐가요?"

"역시 안 되겠어요, 그 사람은. 제 생각이 얕았어요. 죄송합니다."

"……"

약혼을 파기하는 기분. 자기가 프러포즈해놓고. 아아, 정말이지

도망치고 싶다, 사라지고 싶다, 여기서 없어지고 싶다.

중매쟁이들은 나 대신 머리를 숙이러 갔고 "유감스럽지만 다른 기회에 꼭 함께하게 해달라고 말씀하셨어요"라는 상대방 매니저의 부드러운 말을 선물로 얻어 왔지만 그런 건 거짓말이라고 생각했다. 그 사람은 얼마나 상처받았을까. 바보 취급 당했다고 느끼겠지. 며칠이 지나 우연히 참석한 영화 시사회에서 그 사람의 부인과 딱 마주쳤지만 나는 말을 걸지조차 못했다. 1년도 더 지나서 영화가 완성된 뒤 이번에는 그 장모님과 만날 기회가 있었다. "영화 봤는데요, 그 역할은 우리 사위가 아닌 게 정답이었어요"라는 감상을 들었다. 나는 목구멍 깊숙이 크나큰 소금 덩어리가 걸린 듯한 기분으로 곧추 서 있었다.

그런 일로부터 세월이 흘러 나도 다시 새로운 이야기를 만들었다. 내가 새로 쓴 이야기의 주인공은 장점이 모조리 얼굴로 빨려 들어간 듯한 40대 후반 남자였는데, 모처럼 미남을 만들어놓고도 그 인물의 특징과 잘생긴 A 씨를 연결시키지도 못하고 있었다. 나는 분명 자신이 저지른 일을 모조리 잊어버리고 싶었던 것이리라. 예전에 약혼을 파기한 상대에게 다시 한 번 내 쪽에서 프러포즈를 하려 하다니, 생각지도 못할 일이다. 그 사람은 이제 나 따위는 믿어주지 않을 터다. 나를 통해 행복해지려는 꿈은 두 번 다시 꾸지 않겠지.

"A 씨는? A 씨가 괜찮지 않아?"

천진하게 공을 던진 것은 곤란할 때의 구원투수, 고레에다 감독이었다.

"윽! 저한테 그 말을 하시는 거예요? 말씀드렸잖아요, 그 인연을요."

"그래도 할 것 같은데."

"아니, 엄청난 실례를 저지른걸요, 그땐."

"그래도 할 거야. 나는 적임자라고 생각해."

"적임자?"

"응, 적임자. 내가 몇 번인가 만났을 때 받은 인상으로는 말이야. 굉장히 섬세하고 자의식 강한 사람이거든."

"싫은 녀석이란 뜻이에요?"

"아니, 그게 이상하게 싫지 않아."

"싫은 놈이잖아요, 그건."

"안 싫다니까. 매력적이라고, 왠지."

"흠. 감독님이 남자에 대해 그렇게 말하다니 드문 일이네요."

"그럴지도 몰라. 여하튼 매력적이야. 만나보면 알 거야."

며칠간 생각했다. 내가 쓴 것은 아름다운 외모와는 반대로, 아니 '아름다움'이라는 성가신 갑옷이 오히려 굴레가 되어 내면에서 비뚤어진 자기애와 자의식이 추하게 비대해져서 주위 사람들을 거듭 상처 입히고 스스로 인생의 단추를 마구 잘못 끼우는 굉장한 멍청이 이야기였다. 그런 굉장한 멍청이 역할에 '적임자'라는 말을 듣는 배우란 대체 어떤 인물인가. 극약인가. 폭탄인가. 나는 그 손에 죽는 건가. 10대 시절부터 눈에 띄게 단정했던 그 생김새를 세월로 망가 트리는 일도 없이, 영화배우로서 커리어를 쌓아나감과 동시에 요즘 은 값싼 안방극장 출연도 완전히 없어져 연예인으로서 브랜딩에 성공해가며, 그 본성은 주름 너머로 깊이 감춰진 그 사람(이라는 게 내가 품은 대중적 이미지)의 내면이 만약 정말로 내가 쓴 굉장한 명청이와 겹치는 부분이 있고, 그 일면을 스크린에 토해낼 수 있다면 얼마나 재미있을까. 이거다. 이것밖에 없다. 때는 지금이다. 그 사람에게 접근해야 할 순간은 이전에도 없었고 앞으로도 다시는 없을 것이다. 이리하여 나는 좀 모자란 척 다시 한 번 그 사람을 공략했다. 예이, 헬로! 저와 결혼해주세요! ……과연 대답은?

"좋아요."

어라, 어라, 어라? 상대도 좀 모자란 걸까? 역시 그럴 리는 없어서, 그야말로 그런 일을 겪은 뒤 '고양이가 사냥감을 응시하는 시선'으로 나를 바라보고 있는 것이다. 꼭 닫힌 창밖, 그 사람의 니트와 같은 색의 녹음이 빛 속에서 소리도 없이 춤추고 있다. 내 겨드랑이에서 옆구리로, 몹시 차가운 식은땀이 흘러내리고 있다는 것을 상대는 눈치챘을까.

"그래서…… 니시카와 씨는 고레에다 감독이랑 애인 사이?"

선제공격은 저쪽부터. 초구를 때리는 투수 강습.

"아, 역시 그런 식으로들 생각하나요?"라는 나.

"아니, 실제로 어떨까 하고 우리 집에서도 화제에 올랐거든요. 아니에요?"

"아아니, 그건 말이죠, 아녜요. 이렇게 분명히 말하는 것도 좀 그렇지만."

"거짓말. 한 번도?"

"그런 관계가 됐다면 이런 식으로 오랫동안 가까이 지낼 수 없잖아요. 분위기가 미묘해지니까, 저는 도저히 못 견딜 것 같은데요."

"어, 어, 그러면 플라토닉한 면도?"

"아니이, 그것도 없는데…… 재미없어요?"

"진짤까. 손톱만큼도요?"

"A 씨. 저는 실제로는 있는 걸 이렇게까지 분명히 '없다'고 단언할 수 있는 성격이 아녜요."

"흐음(구석구석 핥듯 본다)."

"저기, 아직 못 믿겠다는 표정인데요."

"……후후후후후훗."

뭐야 이 사람. 대체 이 무슨 상스러운 이야기인가. 이건 3차 술자리인가. 청렴한 얼굴의 옛 관리 같은 대중적 이미지와 전혀 다르잖아! 마음이 좀 놓였다. 긴장이 단숨에 풀렸다. 후공은 나. 일단 깊숙이 머리를 숙여본다. 배트를 크게 휘두르는 삼진부터 들어가보기로 한다.

"본론으로 들어가기에 앞서 죄송합니다. 저어, 지난번 일은 정말로 면목 없습니다."

"뭐, 그런 일이 있었던가요"라며 모르는 척 미소 짓고 흘려보내줬다면 나는 그를 과연 미남 배우로구나, 하고 생각했으리라. 하지만 반응은 정반대였다. 그 사람은 내게 일의 자초지종을 미주알고주알 아이처럼 거리낌 없는 호기심과 함께 캐물었고, 당시 가슴속에 피어난 갈등이나 혼담이 들어와 들떴다가 갑자기 없던 일로 하자는 말을 듣고 "우와아아앙, 뭐야, 나를 원하지 않잖아!" 하며 수치심으로 쓰러졌다는 것 등을 대놓고 모조리 털어놓았다. 나는 역시 그저 사과를 거듭하는 수밖에 없었는데, 신기하게도 그 말투에는 나를 비난하고 궁지에 몰아넣으려는 공격성은 없었고 오히려 그런 한심한 처사를 당하는 자기야말로 가장 '나'의 본질에 가깝다, 라는 독백으로도 들렸다. 뭘까. 이 정직함과 들으면서 무심코 웃음마저 터질 듯한 과도하게 낮은 자기평가는. 인간적이다. 너무나 인간적이다. 이것이 정말로 미남 배우인가. 나는 몇 번이고 사과를 되풀이하면서 어느 틈에 그 사람에 대한 두려움과 긴장이 사라졌다.

화제는 어느새 이번 새 작품으로 넘어갔다.

각본 초고를 읽고.

"왠지 감이 오는 것 같기도 하고, 오지 않는 것 같기도 하고. 그래서 시험 삼아 아내에게 보여줬더니 아내가 '딱 당신 그 자체네. 모르겠어?'라더라고요."

그 사람은 말했다.

"사모님이 그렇게 말씀하신다면, 이 역할에 어울린다는 보증을 받은 것으로 봐도 괜찮을 것 같네요."

나는 낙관적으로 응수했다.

하지만 그 사람은 자기 안에서 뭉게뭉게 피어오르는 불안을 토로했다. 하나하나 단어를 골라가며, 똑바로 나를 바라보며.

"그래도 이 주인공에게는 숱한 결점이나 어리석음과 함께 사람 좋은 구석도 있고 애교도 있어요. 이야기가 전개됨에 따라 그 자신의 인생에 나름의 구원이나 변화도 일어나고요. 그것이 현실에 비해 '무르다'고 말할 생각은 없습니다. 영화니까, 보는 사람을 위해 그런 건 필요하고, 그래야 한다고 저도 이해합니다. 그러나 현실의 저는 그보다 더 구제불능이고 잔혹한 데다 냉담하고 출구가 없는 인간이에요. 설령 그와 같은 체험을 한다 해도 그처럼 심플한 변화나 순화純化를 이룰 수 있을지 의심스러워요. 그 정도로 뒤틀린 인간이거든요. 영화는 배우 본인의 뿌리에 있는 것을 비춰 내요. 싫은 사람을 연기하는 배우는, 근본적으로는 역시 '좋은 사람'이지 않으면 관객에게 사랑받지 못하는 게 아닐까요. 제가 그를 연기함으로써 그저 싫은 녀석으로 일관하면, 이 작품의 주인공은 관객에게 한 번도 응원받지 못하는 채 마지막을 맞이하지 않을까요. 싫은 사람이라도, 돼먹지 못한 인간이라도, 주인공이라는 존재는 어느 부분에서 관객에게 사랑받고 공감을 얻는 것이 필요한데 제가 연기하는 탓에 사랑받지 못하는 캐릭터인 채 영화가 끝나는 게 아닐까 생각하면 불안해요. 역사상의 인물이나 저와 전혀 다른 성격을 연기할 때 이런 갈등이 일어나는 경우는 없어요. 다소 이해하기 고생스러운 부분이 있더라도 '원래 그래'라는 말을 들으면 아아, 그렇군요, 하고 납득하며 연기할 수 있거든요. 어차피 나랑 일치하지 않는 존재니까, 하며 선을 그을 수 있지요. 동시에 어떤 식으로 연기하더라도 내 '진짜 모습'이 폭로되거나 드러날 공포도 없어요. 그런데 이렇게 나와 비슷한 인물을 연기할 때는 '이렇게 하면 되잖아'라는 적정선을 그을 수 없어요. '내'가 들통나요. '내'가 드러나요. 그건 무서운 일입니다. 바로 그런 공포를 짊어지면서도 그 부분을 드러내기를 이 작품이 요구하는 듯한 느낌도 듭니다. 드러내면 드러낼수록 작품의 배후 조종자인 여러분에게는 좋은 일이겠지요. 니시카와 씨는 '좋았어!' 하며 무릎을 칠 겁니다. 감독의 그 취지에 봉사하는 것이 배우의 일일 테고요. 그 점도 이해합니다. 그래도 저는 무섭습니다. ……그리고 말이죠, 이만큼 장황하게 늘어놓았지만 저는 결국 그렇게 뛰어난 연기자도 아녜요. 하하하."

저물기 시작한 태양이 나뭇잎 틈을 뚫고 그 단정한 라인의 뺨을 반짝반짝 비추고 있었다. 그 표피 아래로 숨겨진 프랑켄슈타인의 괴물처럼 슬픈 고뇌. 그리고 치밀한 자기분석과 끝없이 안으로 파고드는 소용돌이. 미남이라는 우월한 투구를 쓰고 태어났을 사람의 알맹이가 이다지도 혼란할 줄이야. 사람은 겉으로는 판단할 수 없다. 그 기나긴 자문자답을 들으며 내 옆에서 프로듀서가 끊임없이 쿡쿡 웃는다. 나는 역시나 말했다. "괜찮아요. 분명, 괜찮을 거예요." 아니, 거짓말이 아니다.

그런 고민 많은 주연배우를 맞아들여, 시합은 그 뒤로도 질금질금 계속되었다. 해후로부터 1년이 지나 나는 영화 크랭크인을 맞이했다. 이제부터 12월까지 계절을 나누어 영화를 찍어나간다. 자신을 '싫은 녀석'이라고 칭한 그 주연배우는 이제는 의심의 여지없이 스스로가 아이돌이다. 자, 어떤 인물상이 필름에 찍히고 있을까. 또 조금씩 보고하겠습니다.

$x=$아이들 2

나는 아역이 거북하다는 이야기는 앞에서도 썼다. 아이를 상대로 일을 하면 판단 기준이 흔들린다. 느슨해진다. 그들의 순진무구함을 이용해서 "재미있는 데 데려가줄게" 하며 유괴범 같은 달콤한 말로 꾀어 어른의 장사터로 끌어들였다, 속이고 있다, 라는 프로답지 않은 **순진한** 죄책감에 들볶인다. 또 내가 그렇게 **순진**하다는 것도 싫어진다. 그렇다고 무턱대고 프로 근성에 찌든 아이는 또 비뚤어져 있는 게 무섭다. 여하튼 쓸데없는 생각을 너무 하게 만든다. 배우는 그런 걱정을 할 필요가 없는 어른이 좋다. 아이라면 아역 따위 하지 않고 마음대로 사는 쪽이 좋다.

하지만 그런 나도 마침내 신작을 위해 두 아이를 캐스팅해야만 하는 상황에 처했다. 한 명은 초등학교 6학년 후지타 겐신. 다른 하나는 다섯 살 시라토리 다마키. 두 사람은 남매를 연기한다. 오디션은 2014년 9월부터 2015년 2월까지 수시로 진행했고 나는 총 370명의 아이와 만났다. 오빠인 '신페이'는 중학교 수험을 앞둔 초등학교 6학년 남자아이라는 설정이어서 폭을 넓혀 초등학교 4학년부터 중학교 1학년까지의 남자아이를 불러보긴 했지만, 서른 살 배우도 교복만 입으면 불량한 고등학생을 나름대로 연기할 수 있는 것과는 달리 아이의 발달 상태에는 실로 섬세하고도 엄격한 차이가 존재했다. 그들은 문자 그대로 시시각각 성장하고 있어서 몸도 마음도 잠시나마 같은 상태로 머무르지 않았다. 나이가 한 살 차이 나면 뭐든지 다르다. 체격 차 이상으로 그 나이만의 표정과 말투에서 차이가 난다. 몸집이 작은 6학년과 몸집이 큰 5학년을 비교하면, 얼핏 나이가 반대로 보여도 말하거나 움직이는 모습을 보면 역시 어른스러운 것은 6학년 쪽이다. 일상생활이 명확하게 학년으로 구분되는 그들은 그 나이만의 자의식이 어른과는 비교할 수 없을 정도로 예민하다. 특히 초등학교 6학년과 중학교 1학년의 벽은 두꺼워서 중학교 1학년 아이에게 초등학교 6학년이라는 설정으로 연기를 시켜보면 허용하기 힘들 정도로 격이 낮아진 느낌이 드는지, 어딘지 모르게 '못해 먹겠네'라는 분위기를 풍긴다. 틀림없는 사춘기의 냄새. 반대로 초등학교 4학년짜리 아이에게 "사춘기가 뭔지 알아? 반항기는? 형이 있는 친구는 혹시 알까?" 물어봐도 강아지처럼 반짝이는 눈망울로 "응, 나 알아요!" 하고 대답하며 반항의 조짐조차 전혀 없다. 부모님에게 대드는 연기를 시켜봐도, 굳이 말하자면 유아의 '1차 반항기'에 가까운 사랑스러움. 너무 귀엽잖아! 어쨌거나 미묘한 연령이다. 1년이 지나면 턱수염이 나고 그곳에 털이 자라고 목소리도 허스키해지며 다양한 것이 움트기 시작할 테니까. 한 살이라도 나이가 많은 아이가 정신연령이 높고 어른 입장에서는 다루기도 쉽지만, 그 몸과 마음이 모두 양면적이고 변화가 풍부한 존재의 리얼리티는 그리 간단히 꾸며낼 수 없다고 실감했다.

당시 5학년이었던 겐신은 연기 경험이 풍부한 아이는 아니었지만 실제로 남동생, 여동생과 사는 장남이기 때문인지 기나긴 오디션 대기시간에도 여동생 역의 아이들을 잘 돌봐주었다. 말귀를 못 알아듣는 네다섯 살 소형 공룡들이 미친 듯이 날뛰는 것을 '어쩔 수 없잖아'라는 체념과 함께 받아들이고 끈기 있게 계속 어울려주는 모습이 역할과 겹쳤다. 여동생과 둘이서만 물건을 사러 가는 연기를 시켜봤을 때, 작은 여동생의 등에 무심하게 손을 살짝 대고 있었다. 그런 자연스러운 행동은 자식이 없는 나는 오히려 떠올리기 힘들다. 발성 훈련도 받지 않아서 목소리도 가냘프고 대사가 막히자 뺨을 붉게 물들이며 긴장했지만, 그런 순진함이 애달파서 좋다고 생각했다. 나이가 몇이든 남자는 순진한 게 좋다.

여동생 역은 고전을 면치 못했다. 역할 설정은 처음에는 네 살 여자아이였다. 그런데 촬영할 때 네 살이라는 것은 세 살 아이의 오디션을 봐야 한다는 뜻이다. 겨우 인간끼리의 언어적 커뮤니케이션이 될까 말까 한 나이의 아이들. 모두가 팬티를 훤히 드러내며 "나는 말이야, 나는 말이야" 하고 새된 목소리로 재잘댄다. 우리 이야기 따위는 듣지도 않는다. 점점 판단 기준이 낮아져서 일단은 이야기를 들어주기만 해도 박수를 치고 싶어진다. '천재 아역 배우'라고 불리는 사람들은 이런 나이부터 아마도 월등한 침착성과 집중력을 발휘하겠지만 다행인지 불행인지 그런 인재는 내가 만난 190명의 여자아이 가운데는 없었다. 당시 네 살이었던 시라토리 다마키도 연기가 뛰어났던 것은 아니다. 단, 누구를 상대하든 주눅 들지 않았고 잇따라 주어지는 과제에도 동그란 눈을 빛냈다. 강심장과 호기심. 이것은 우리와 오랜 시간 집단생활을 해야만 하는 데 있어서 중요한 요소다. 예의바른 '똑순이'의 모습이 아니다. 존댓말도 안 쓴다. 그런 점이 애교스러웠고 아이다운 천진함이라고 생각했다. 그러나 실은 그런 게 '아이다움'이라고 느끼는 것 또한 어른의 환상일 뿐이다. 실제로 네다섯 살 여자아이 대부분은 좋게 말하면 '깜찍이', 나쁘게 말하면 노골적인 '암컷'이다. '예쁨받아야 할 생물'인 자신의 매력을 훤히 알고 있어서 뻔뻔하게 몸을 배배 꼬며 교태를 부리고, 때로는 **가냘픔**조차 무기로 삼는 베테랑들이라는 것도 이번 오디션을 통해 잘 알게 되었지만(오디션이 끝난 뒤 매번 우리는 뼈가 들여다보일 정도로 피폐해졌다), 뭐 그런 현실은 어쨌거나 이건 영화다. 어른이 은막을 통해 꾸는 꿈. '진짜 아이다움이란 무엇인가'를 폭로하는 네 살 여자아이의 생생한 관찰 다큐멘터리가 아니다. 내가 쓴 것은 사고로 어머니를 잃은 아이들 이야기다. 여동생은 어머니를 잃었다는 사실을 어리기 때문에 이해하지 못하는 것이 아니라, 이해는 하고 있지만 다가오는 매일을 아버지, 오빠와 함께 꿋꿋하게 살아나가는 자아가 강한 아이였다. '똑순이' 따위가 아니라도 좋다. 생물로서의 굳은 심지가 이 역할의 핵심이다. 다마키는 그에 가깝다고 생각했다. 다마키라면 괜찮을 거야. ……그런데, 어딜!

다마키의 몸속에는 2시간짜리 시한폭탄이 장착되어 있다는 사실이 판명된 것은 크랭크인 2주 전이었다. 본 촬영에 대비하여 몇

몇 장면의 리허설을 해봤더니, 시작하고 2시간쯤 지나자 다마키는 환각버섯이라도 먹은 양 병적으로 자지러지게 웃으며 이쪽으로 휘적휘적, 저쪽으로 휘적휘적, 소도구를 들쑤시지를 않나, 겐신을 쿡쿡 찔러대지를 않나, 의자를 들어 올리지를 않나, 책상 아래로 숨지를 않나. 급기야는 우리 이야기를 듣는 것 따위 안중에도 없어져서 "준비, 시작"을 외칠 때까지 꼼짝 못하도록 뒤에서 잡고 있어야 할 지경이었다.

"아짱(=역할 이름), 저쪽으로 똑바로 걸어가기만 하면 돼. 봐, 할 수 있지? 분명 할 수 있어. 해보자. 준비, 시작."

"걷~자~ 걷~자~ 나는 건~강~해에에♪!!"

"컷. 스톱."

"걷는 게~ 너무 좋아~ 척척 걸어가자~♪(벽에 충돌)"

"그만, 그만! 아짱, 토토로 노래는 부르지 말자."

"왜~에?"

이런 상황이 대낮의 제작 회사 사무실 복도에서 벌어지는 것이었다. 업무 중이었던 여러분, 죄송합니다.

역시 '똑순이'를 골라야 했을까. 리허설을 마치고 아이들을 돌려보내자마자 나는 의자에 주저앉았다.

"……원래 저런가요, 아이는."

"뭐, 저렇겠죠, 아이는."

말을 받아준 조감독의 목소리에도 영혼이 없었다.

아이를 어떻게 연출할 것인가, 내 안에서는 아직 갈피가 잡히지 않았다. 고레에다 감독은 되도록 연기 경험이 적은 아이를 기용해서 그들에게는 대본을 일절 건네지 않고 현장에서 직접 말로 대사와 연기를 모두 가르쳐준다고 한다. 〈아무도 모른다〉를 비롯해서 〈진짜로 일어날지도 몰라 기적〉 〈그렇게 아버지가 된다〉 등 아이가 중요한 역할을 연기하는 작품은 모두 그렇다. 각본을 건네면 부모가 '현장에 민폐를 끼치면 안 되지'라는 책임감에 벌벌 떠는 나머지 집에서 아이에게 읽어주며 독자적인 연출로 지겹게 훈련시키는 경우가 있다. 그리 되면 아이는 이제 촬영 당일 연출가가 무슨 말을 하든 수정이 불가능하다. 무리도 아니다. 인간은 시간을 들여 체득한 것을 리셋하는 일에 대해서는 육체도 이성도 반발하도록 되어 있다. 축적을 단번에 무無로 되돌리기란 어른이라도 가장 어려운 접근법이 아닌가. 나도 여태껏 몇 번이나 괴로운 경험을 했다. 오디션 때는 실로 자유롭고 '틀'이 없었던 아이들이 현장에서 다시 만나면 완전히 유치원 학예회 말투로 변해버리는 모습을 봤다. 좋아, 이번에는 그들에게 각본을 건넬까보냐. 부모나 소속사가 기묘한 아역 연기를 훈련시키게 내버려둘쏘냐. 나는 아역 연출로 정평이 난 고레에다 감독의 제자인걸. 스승의 이름에 먹칠할 수야 없지.

그러나 다른 한편, 역시 아이의 흥미로운 면을 이끌어내는 데 일가견이 있는 야마시타 노부히로 감독에게 물어봤더니 "저는 크랭크인 전에 철저하게 리허설해요. 각본도 전부 읽게 하고요"라고 한다.
"하지만 아직 글자도 못 읽는 아이도 있잖아요? 부모가 이상하게 훈련시켜서 오지 않아요?"

"음, 그래도 어쨌거나 제가 몇 번이나 엄청 시키니까요. 몇 번이나 몇 번이나, 아니잖아, 아니잖아 너, 좀 더 이렇게 해봐, 하면서요."

"어른과 같은 취급 아니에요?"

"어른한테 하는 것보다 엄할지도 몰라요."

"그렇게 사전에 몇 번이나 하면 질리지 않아요? 신선도가 떨어진 달지."

"질리죠. 녀석들도 점점 '네, 네, 네' 하면서 흘려듣는 느낌이고요. 본 촬영에 들어갈 무렵에는 아이도 저도 다들 넌덜머리가 나 있어요(웃음). 실제로 리허설 때가 좋았던 경우도 있답니다."

"그래도 한 번도 리허설을 안 하는 것보다는 완성도가 담보된다는 뜻인가요?"

"뭐, 그렇죠."

"확실히 저는 아이의 **순수함**을 멋대로 지나치게 숭배했던 것 같아요. 그들에게서 좋은 게 튀어나오는 순간은 딱 한 번뿐이라고 일방적으로 단정하고 벌벌 떠는 것도 어른의 맹신일지도 모르겠네요."

"그런 면도 있긴 있죠. 하지만 여하튼 저는 아이랑 하는 게 좋아요. 아역에게 강하니까요. 구석으로 끌고 가서 '너, 제대로 해' 하면서 위협하기도 하고요. 성인 배우한테는 강하게 말 못하는 주제에 (웃음)."

이렇게 말하지만 야마시타 씨의 작품은 예정조화_{세상의 조화가 신에 의해 미리 정해져 있다는 라이프니츠의 설}가 아니라 마치 기적적으로 카메라에 포착된 원테이크_{촬영할 때 한 컷을 NG 없이 한 번에 촬영하는 일}처럼 보이니까 재미있다. 지금 처음으로 대사를 읊어보는 듯한 그 투박함과 어색한 간격이 거듭된 리허설의 결정이라니. 연출의 이면은 알 수가 없다.

　그러나 나를 위해서라도 리허설은 필요했다. 나는 고레에다 감독처럼 말로는 가르칠 수 없을 것 같았고, 야마시타 감독처럼 끈기 있게 아이를 훈련시킬 수도 없을 것 같았으니까. 영화 속에서 아이들이 등장하는 것은 훈훈하고 사이좋게 노는 신 등의 스트레스 없는 장면뿐만은 아니다. 오빠인 신페이라는 캐릭터는 어머니 없는 생활 속에서 여동생을 돌보는 역할을 떠맡아 갈등을 품고 있다. 즉 실제의 그들이 경험하지 않은 허구의 곤경을 파악하고, 원래는 못 느껴봤을 복잡한 감정까지 표출시켜야 한다. 이것은 상대가 아이라 해도 당일 현장에서 "자, 해봐!"라고는 할 수 없다.

　아역 양성소 등에서 훈련받은 경험도 없는 겐신은 리허설에서 눈물을 흘리는 데 고생했다. 신페이가 처한 괴로운 상황이나 심정에 대해, 또 '왜 지금 여기서 그가 울음을 터트리는지'에 대해, 나는 되도록 친절하게 설명했다고 생각한다. 그러나 머리로는 이해되어도 실제로 '운다'는 생리 현상으로 그것을 반영하기란 쉽지 않다. 리허설 현장에는 무거운 침묵이 흘렀고, 겐신은 아마도 인생에서 느껴본 적 없을 압박을 받았다. 내가 이제는 겐신에게 설명할 말을 점점 잃어갈 무렵, 수석 조감독 K 씨가 곁으로 불러서 "너는 신페이라는 아이의 마음을 이해하면서 연기하고 있니? 너랑 신페이는 달라. 다른 사람의 마음을 생각하면서 하는 게 연기야. 봐, 정말로 곰곰이 생각하고 있어?" 하며 간절히 설득하고 추궁했다. 백전노장 K 씨는 '운다'는 어려운 감정을 겐신에게서 이끌어내기 위해 구태여 심리적으로 압박을 가해 '울지 않고서는 못 배기는 상황'으로 몰아넣은 것이다. 이제 한계야, 라는 표정이었다. 일단 쉬는 시간을 주고 옆방에 혼자 있을 때 살짝 들어가서 "아리송한 부분이 있어?" 하고 물어봤더니, 그는 굵은 눈물을 대본 위로 뚝뚝 흘리면서 "뭘 모르는지 모르겠어요" 하며 둑이 터진 듯 울었다. 잘 울지 못한다고 추궁당해서 아이는 정말로 울어버렸다. 대체 무슨 일이 일어나고 있는 걸까? "오늘은 이만할까?" 내가 물어보자 고개를 좌우로 흔들며 "해볼게요" 한다. 그대로 다시 한 번 리허설을 개시하자, 추궁당한 기분이 남아 있었는지 신페이는 눈물을 뚝뚝 흘렸다. 실로 생생한 눈물이었지만 그것이 성공이었는지 실패였는지조차 나는 판단할 수 없었다.

고지식하게도 그는 정말로 '울려고' 했다. 배우 가운데는 우는 것도 웃는 것도 '척'부터 시작하는 사람도 있다 한다. 얼굴부터든 배 근육부터든 신체적으로 '우는 흉내'를 내다 보면 점차 감정도 끓어올라서 갖가지 체액이 샘솟는다는 것을 그들은 기술로서 체득하고 있다. "그러니까 너도 우는 흉내를 내면 돼"라고 나는 말해줬어야 했을까. 말하지 못했다. 상대가 너무도 순수해서.

젊은 연출 조수 하나는 앓는 소리를 냈다. "그런 짓을 해서까지 시키는 건 잔혹해 보여요. 그저 궁지에 몰려 있는 것뿐이잖아요? 꼭 울어야만 해요? 그렇다면 처음부터 잘 우는 기술이 있는 능숙한 아역 배우를 골라야지요."

나에게도 그리 보였다. 싫은 일이다. 아이를 울리다니.

아이는 무언가 얻은 것이 있을까. 정신적으로 궁지에 몰림으로써 일의 무게를 통감했다? 연기의 비법에 눈떴다? 과연 어떨까. 단 한 번의 좌절로 주인공이 극적인 성장을 이루는 것은 영화에서나 가능한 성공담이다.

적어도 나는 '허구' 속에서 살아간다는 것은 무언가 순수하고 무구한 것이 망가지고 상처 입는 일이라고 재인식했다. 거짓만 만들다 보면 정말로 슬플 때만 울고 정말로 우스울 때만 웃는 솔직함에 대한 동경이 해마다 강해진다. 설령 현실이 영화와 큰 차이 없을 정도로 거짓투성이라 해도. 그럼에도 불구하고 허구의 세계에서 살아나가려 한다면 무구함을 버리고 거짓말을 자유자재로 구사하는 더러움을 뒤집어써야 한다. 그것은 때로 몹시 부자연스러워서 건강한 정신을 수술하는 듯한 가혹한 일이기도 할 터다. 그런 돌이킬 수 없는 상실의 길로 **원래 그렇지 않았을 존재**를 끌어들인 듯한 두려움이 스멀스멀 나를 덮쳤다. 배우라는 존재에게 필수불가결한 '연기성 인격'이 비정상적이라는 사실을 나는 잘 안다. 심하든 덜하든 그들은 괴짜다. 성공하는 괴짜든 성공하지 못한 괴짜든 쉽사리 건실한 성격으로는 되돌아가지 못한다. 정말 괜찮은 걸까. 하지만 나는 이번에 스스로에게 맹세하기도 했다. 아역과 관계함으로써 생겨나는 이런 수많은 죄책감이나 타협하고 싶은 마음을 되도록 봉해두기로. 그들의 "해볼게요" 같은 건 어차피 어린애의 패기일 뿐이지만, 그래도 그 덧없는 "해볼게요"를 믿어볼 것. 성인 배우에게 요구하듯 그들에게도 제대로 요구해볼 것. 적어도 이 작품이 끝날 때까지는. 훠이, 물러나라, 아역 공포증!! 싫은 일이라 해서 그만두지 않을 테다.

겐신의 기분이 좀 신경 쓰여서 뒷날 모토키 마사히로 씨가 연기하는 주인공의 맨션 로케이션 세트장에 불러봤다. 며칠 전의 눈물도 완전히 말라서 구석구석 잘 꾸며진 세트 안에서 두리번두리번 어른들의 일을 지켜보고 있었다. 모토키 씨는 세 아이를 야무지게 직접 키우고 있는 아버지이기도 해서 겐신과 나누는 대화도 자연스럽다. 싫은 기색도 없이 얼마든지 아이들과 시간을 함께 보낸다. 울어야 하는 장면이 어렵대요, 하고 내가 이야기를 꺼내자 "어, 그런 장면은 안약 넣으면 되잖아. 나한테도 완전 무리야"라며 모토키 씨는 정색하고 말했다. 겐신도 나도 웃었다. 이런 재담을 가볍게 하는 것은 같은 직업 선배이기에 가능한 일이다.

이리하여 아이 둘과 함께하는 촬영이 시작되었다. 겐신은 섬세해 보였지만 막상 뚜껑을 열고 보니 의외로 무슨 일이 일어나든 태연하다. 리허설 때 흘린 눈물이 제가 좌절했다는 사인이라도 되나요, 라는 말을 듣는 듯한 기분이다. 한편 다마키는 매일 어느 시점에서 반드시 상태가 이상해진다. 역시 똑바로 걷지도 못하고, 집 세트의 장식은 차례로 들쑤셔놓고, 쉬는 시간에 대기실로 돌아갔을 때 엄마가 없으면 울부짖고, 허리 뒤에 찬 무선마이크가 아프다느니 가렵다느니 녹음팀을 곤란하게 만들고, 까불고 떠들고 마구 날뛰고, 제발 부탁이니까, 한 번만 하면 되니까, 자, 촬영하자, 하자마자 쿨쿨 잠들어버리지만 스태프 모두가 기진맥진해서 포기하려는 순간 갑자기 숨을 죽일 정도로 명대사를 토해내기도 한다. 그야말로 헬멧이 날아갈 정도의 힘찬 헛스윙과 홈런 두 가지밖에 없는 요물 여배우다. 이미 훌륭한 괴짜다. 마치 '신페이'라는 장남을 대하듯 나는 겐신을 의지하고, 자아가 강한 '아카리'라는 여동생 그 자체처럼 다마키에게는 애를 먹는 중이다. 스태프도 성인 배우도 그들이 조금이라도 잘할 수 있도록, 한 순간이라도 좋은 기회를 놓치지 않도록 숨을 죽이며 일치단결한다. 사랑스러운 표정이나 아무렇게나 내뱉는 천진한 말이 너무 귀엽다며 눈가를 훔친 1분 뒤에는 잠깐, 잠깐, 잠까~안! 가만 좀 있어! 하고 고함을 지르게 만든다. 아아, 아이들과의 시끌벅적한 나날. 무력함을 깨닫는 일뿐. 어쩌면 어른이 된다는 건 이런 일일까? 하지만 울어도 웃어도 둘 다 매일매일 기분 좋게 현장에 와준다.

촬영은 4월에 시작되어 12월까지 드문드문 이어진다. 그들이 어떻게 변해가는지는 또 다음 기회에.

x = 미래

내가 사는 동네에는 '잠자는 남자'가 있다.

그렇게 부르는 것은 나뿐이지만 동네 사람 가운데 그 호칭에 고개를 끄덕이지 않는 이는 없을 것이다. 그 사람은 해가 떠 있는 시간대에는 반드시 역 앞 커다란 벚나무 아래의 벤치에 앉아 팔짱을 낀 채 자고 있다. 나는 직업 특성상 일정한 시간에 역으로 가는 습관이 없지만, 언제 지나가든 그는 **이미** 거기에 있다. 이제 막 도착한 모습이나 일어서서 집에 가는 모습을 마주한 적은 없다. 항상 그는 이미 있다. 무언가를 먹거나 읽거나 듣는 모습을 본 적은 없다. 누군가와 전화를 하거나 대화를 나누는 모습도 본 적 없다. 무엇보다 눈을 뜨고 있을 때가 없는 것이다. 나이는 예순 정도지만 '노인'이라고 부르기에는 아직 골격이나 근육 형태가 무너지지 않았고 피부에도 윤기와 탄력이 좀 남아 있다. 왜 내가 그의 근육을 훤히 아는가 하면, 5월부터 6월까지 쏟아지는 햇빛 아래에서 그가 반드시 상반신을 벌거벗고 지내기 때문이다. 집이 없는 사람은 아닐 터다. 언제 보든 검정 일색에 가까운 옷차림이긴 해도 흰머리가 섞인 머리카락은 고참

군인처럼 단정하게 깎여 있어서 지저분하지 않고, 가재도구를 몽땅 실은 카트나 커다란 가방도 보이지 않는 데다 해가 진 뒤나 비가 오는 날에는 동네 어디서도 모습을 볼 수 없다. 아마도 정년퇴직 후 정신을 차리고 보니 낮 동안 집 안에서 있을 장소가 없어진 남자겠지. '근면' '성실'이라는 미덕을 방패삼아 외곬으로 일만 해온 수십 년, 아내에게 다정한 말 한마디 건네지 않고 자식의 변화나 갈림길에 한 번도 당사자로 참여해본 적 없이 문득 주위를 둘러보니 해야 할 일도, 하고 싶은 일도 인간관계도 사라져 있었다. 흔한 이야기다. 나는 날이면 날마다 그의 모습을 보던 중 마음 어딘가에서 은근히 그를 경멸하기 시작했다. 잘도 그렇게까지 아무것도 하지 않고 지낼 수 있군. 대체 그걸 살아 있다고 말할 수 있을까. 마치 생명이 다하는 날이 오기를 꼼짝 않고 기다리는 것 같잖아. 뭘 위한 인생인가. 뭘 위한 일광욕인가. 아아, 싫다. 아아, 곤란하다. 저렇게 되면 어쩌지. 언젠가 찾아올 노년의 나날. 사회에서 쓸모없는 존재로 낙인찍힌 뒤로도 인생은 분명 길다. 과연 내게는 할 일이 있을까. 관계하는 사람이 있을까. "영화는 남는다"라고들 했지만 이렇게 대량생산 대량소비가 당연해진 시장에서 영화의 유산遺産적 가치는 명확히 떨어졌다. 그 시대별로 딱 맞는 주제나 기술, 배우를 채용한 신작이 쉴 새 없이 만들어져 패스트패션유행에 따라 소비자의 기호가 바로바로 반영되어 빨리 바뀌는 패션처럼 가볍게 바뀌 걸린 뒤 잊힌다. 예술 영화관은 차례차례 망해가며, 비디오그램비디오에 녹화된 영상 또는 그런 영상물이나 VOD로 후세에 남겨질 수 있는 것은 영화뿐만이 아니다. 이제는 영화와 그 외 '영상 콘텐츠'의 어디가 어떻게 다른지 나도 잘 설명할 수 없다. 어쨌거나 '영화밖에 없었던' 시대에서 '영화도 아직 있는' 시대로 변했다는 것만은 확실하다. 미래에도 나를 기억해줄 사람이 과연 있을까. 육체의 노화와 함께 정신력도 떨어지고, 아이디어도 열정도 고갈되고, 친구도 은인도 하나하나 세상에서 사라져간다. 경제 활동의 틀밖으로 튕겨나가 수도세, 전기세, 광열비를 아끼기 위해 아침이 오면 매일 같은 옷을 입고 집을 나선다. 벤치에 앉으면 나도 상반신을 벌거벗게 될까. 그리고 해가 지기만을 그저 팔짱을 낀 채 가만히 기다리는 걸까. 무섭다. 내가 잠자는 남자의 후예가 되지 않을까 생각하면 무섭다. 젠장. 오늘도 새로운 하루를 시작하려는 순간, 저 사람 때문에 또 우울해지고 말았군.

그건 그렇다 쳐도 그는 당당하게 무위無爲다. 태연하게 무위다. 내가 느끼는 불쾌함이나 두려움과는 반대로 그의 태도에는 그늘이 없다. 그야말로 태양 아래의 무위. 여하튼 자고 있으니 감정은 읽기 힘들지만, 적어도 그는 자신의 현재를 부끄러워하지 않는다. 그 증거로 1년쯤 전만 해도 그가 역에서 도보 5분 거리의 조용한 산책로 벤치에 앉아 있었다는 것을 나는 안다. 그런데 무슨 이유인지 올해 들어 사람 많은 역 앞 벤치로 거점을 옮긴 것이다. 아니, '진출했다'고 해도 좋다. 그런 장소에서는 이웃에게 목격되는 일도 피할 수 없다. 부인도 역은 이용할 것이다. "당신도 참! 제발 그만둬요, 이런 곳에서!" 하며 쿡쿡 찔러댈 것이 뻔하다. 그런데도 그가 굳이 동네에서 가장 사람들의 왕래가 잦은 장소를 고른 이유는 무엇인가. 어쩌면 이것은 '나의 무위를 보라'는 뜻인가? 혹시 처음부터 자지도 않았던 걸까? 나는 뜨끔했다. 그의 태도는 저쪽에 중대한 용건이 있다고 믿고서 허덕지덕 역으로 빨려 들어가는 우리에 대한 무언의 항의가 아닐까. 할 일이 있다고 생각할지 모르지만 너희들의 그 '할 일'이란 대체 뭐냐. 정말로 그게 '해야 할 일'인가. 혹시 네 인생의 긴 시간을 때우기 위한 변명일 뿐인 건 아닌가? 쉴 새 없이 일하는 것을 '사는 것'이라고 누가 정했나? 잠시도 가만히 있지 못하고, 틈만 나면 책을 읽고, 텔레비전을 켜고, 휴대전화를 꺼내고, 뉴스를 체크하고, 음악을 듣고, 게임을 하고, 정체 모를 '친구'와 바쁘게 연락을 주고받지 않고서는 못 견디는 놈들. 그것이 '인생'이라 부르는 대상이냐? 나를 봐라. 나는 고독 따위 두렵지 않다. 사회에서 필요하다고 여겨지는지 마는지는 문제 삼지도 않는다. 유행의 변화도 내알 바 아니다. 아내여, 입 다물라. 그대의 수치는 나의 수치가 아니다. 설령 천재지변이 일어나도 나는 내일도 이곳에 온다. 길고 긴, 죽을 때까지의 무료함을 두려워하는 것은 너희 쪽이다. 자, 나를 봐라. 너와 나, 대체 어느 쪽이 '인생'인가. 간담이 서늘해졌다. 게으른 낮잠이 아니라 명상이었나. 벚나무인 줄 알았던 저 큰 나무는 설마 보리수?! 이렇게 생각하며 어느 날 새삼 그를 다시 봤더니, 팔짱을 풀고 입을 헤벌린 채 꼴사납게 등받이에 머리를 기대고 있었다. ……역시 자는 거로군.

무위의 노후에는 연고자 없는 사람들도 늘어난다. 문제가 산더미 같은 고령 사회지만 한편에서는 노인들은 여러 이유로 좌우간 건강하다. 노인이 노인이 아니게 되어가는 사회라고도 할 수 있다. 나의 신작 촬영을 맡은 분은 현재 일흔다섯 살인 야마자키 유타카 씨다. 18년 전 내가 학생일 때 처음으로 참여한 영화 〈원더풀 라이프〉

의 카메라맨이었던 야마자키 씨는 당시 쉰일곱 살이었다. 그때의 내 입장에서는 그 무렵의 그가 충분히 '노인 일보 직전'이었지만, 텔레비전 다큐멘터리 세계에서 이미 30년 넘게 최전선에서 활약해온 야마자키 씨는 그 작품이 극영화 데뷔작이었다. 그대로 추억이 되나 했더니(실례!) 그 뒤로도 고레에다 감독에 그치지 않고 가와세 나오미 감독, 시오타 아키히코 감독, 이와마쓰 료 감독, 다나다 유키 감독 등 유명 연출가로부터 촬영 제안이 끊이지 않았으며 심지어 직접 감독이나 제작도 한다. 이미 개봉한 극영화 편수만 해도 열다섯 편이 넘지 않는가. 올해도 봄, 여름, 겨울 세 계절에 걸쳐 촬영하는 나의 신작 작업 틈틈이 포토저널리스트 히로카와 류이치 씨와 팔레스타인과 체르노빌로 날아가 다큐멘터리 영화를 찍고, 극영화로도 아다치 마사오 감독, 신도 가제 감독과 쉴 새 없이 일을 해댄다. 174센티미터의 거만하고 울퉁불퉁한 육체는 검게 번들거리고(물가 등지에서 자주 웃통을 벗고 촬영하십니다. 또 알몸!), 온갖 위험한 아수라장을 돌아다녀온 만큼 벼랑 끝에서 뛰어내리거나 카메라를 짊어지고 차창 밖으로 상체를 쑥 내밀거나 돌풍이 휘몰아치는 높은 곳으로 구명줄도 매지 않고 올라가는 등 세 끼 밥보다 촬영이 좋은 모습이다. 하지만 당연히 밥도 엄청나게 많이, 빨리 먹는다. 어떤 젊은 이라도 야마자키 씨보다 먼저 그릇을 비우기란 불가능하다. 중근동이나 인도 등의 현지 체류 경험도 풍부해서 그런지 맨손으로 먹는 데도 도가 튼 그는 젓가락이나 포크, 나이프가 올 때까지 기다리지도 않고 능란하게 오른손을 써서 눈 깜짝할 사이에 입으로 가져간다. 하다못해 정신적으로는 할아버지인가 하면, 다른 사람이 찍은 영화의 정사 장면을 보면 반드시 "저런 섹스가 있을 리 없잖아! 그렇지? 그렇지?" 하고 격렬하게 흥분하며 지론을 쏟아내는 야마자키 씨. 초식 세대인 청년들이 정말로 곤란해 한다. 참고로 사생활에서는 현재 파트너가 서른여섯 살 아래인 방송국의 미인 여성. 태어난 해는 1940년. 가장 식량 사정이 나빴다고 일컬어지는 시대에 대체 무엇을 먹고 자라면 이렇게 될까?

내가 마음속으로 '라스트 애니멀'이라고 부르는 야마자키 씨지만, 큰곰으로 착각해서 까딱하면 총으로 쏘아 죽일 듯한 현장에서의 모습도 쉬는 날에는 180도 달라져서 세련되게 차려입는다. 하얀 바지나 파나마모자도 맵시 있게 척척 걸치는 규슈의 중년 남자 스타일. 실은 근본부터 여유롭고 지적인 도시인으로, 부든 가난이든 평등하게 대하고 만사에 태평하다. 그렇다 해도 원래 다루기 어려운 초베테랑 카메라맨에게 이렇게도 끊임없이 오퍼가 들어오는 이유는 무엇일까.

촬영자에도 여러 종류가 있다. 기술자로서의 촬영자, 아티스트로서의 촬영자, 그리고 연출가로서의 촬영자, 저마다에게 적재적소가 있겠지만 삼위일체의 밸런스를 지닌 사람은 여간해서는 없다.

극영화 현장에서 오랫동안 조수부터 밑바닥 경험을 쌓은 사람은 기술자답게 말수도 적지만 일처리는 정확하고, 무리한 난제를 부과해도 용병처럼 목숨을 걸고 "지시받은 것은 틀림없이 찍겠어" 하며 적은 기회로도 오차 없이 일한다.

포토그래퍼나 광고 경력이 긴 사람은 문득 앵글을 잡은 순간 파인더 속 화면에서 '시'가 흐르는 듯한 아름다움이 있다. 이유도 없이 눈물이 나올 듯한 아름다움, 그 '이유도 없음'만큼은 남이 이러쿵저러쿵 지시해서 만들 수 있는 것이 아니지만, 한 장의 그림으로서의 아름다움이 때로 이야기를 능가하여 주제를 흐리는 경우도 있다.

다큐멘터리는 적은 인원으로 만들기 때문에 발놀림이 가볍고, 프로듀서든 AD^assistant director든 녹음기사든 관여하는 사람 모두가 연출에 참여하려는 의욕이 강해서 다들 의견을 잘 말한다. 특히 피사체에 가장 가까이 다가가는 카메라맨은 그 커뮤니케이션 능력에 따라 피사체에서 나오는 것이 달라지는 중대한 포지션이기도 하다. 지금 눈앞에서 무슨 일이 일어나는가. 그것을 어떤 거리감으로 바라보는가. 그리고 무엇을 어떤 타이밍으로 하면 상대가 변화를 일으키는가. 다큐멘터리의 카메라를 짊어지는 사람은 대상에게 렌즈를 갖다 대는 자로서 그러한 '책임'에 대해 항상 생각할 것이 요구된다.

다들 영화가 좋아서 모인 사람들일 텐데 "내가 말참견할 일이 아니야"라며 몸을 사리는 스태프도 많은 것 같다. "영화는 감독의 것이니까"라는 틀에 박힌 말은 발뺌의 구실로도 자주 쓰인다. 나 역시 속고만 있지 않는다. '팔짱 끼고 편하게 있겠다는 거야?'라고 생각할 때도 있다. 위에서 무언가를 정할 때까지 사고를 멈춘 채 기다리기란 정말로 편한 일이다. "좀처럼 안 정해주잖아" 하며 대기하는 고생에 대해 뒤에서 투덜거리는 비겁함을, 나는 스태프로 일하던 시절 스스로도 실천했다.

연출가의 고독을 배려해서 도시락을 함께 먹어주는 조감독도 있지만 그런 건 세트 구석에서 오도카니 혼자 먹게 놔두면 된다. 호되게 고생시키고 있으니 스태프가 식사 시간만큼은 눈치 보지 않고 쉬는 쪽이 나도 마음이 편하다. 하지만 연출이라는 것 자체가 고독으로 내몰리는 현장은 쓸쓸하다. 예스맨은 현장을 살리는 게 아니라 조용히 죽인다. 아주 약간의 위화감이라도 좋다. 확인을 겸해서 "감독님, 이게 아닌가요?" 하고, 배우나 스태프가 자신의 제안을 넌지시 비춰주기만 해도 "……음, 그럴 수도 있겠네요" 하며 눈이 번쩍 뜨일 때가 있다. 나 역시 몇백 일이나 혼자 머리를 쥐어짜며 만들어온 구상이 즉흥적인 생각으로 뒤엎이는 건 참을 수 없다. 돌발적이고 무책임한 아이디어 하나에 오장이 뒤집히는 순간도 있다. 하지만 자기 나름대로의 아이디어를 말하는 사람의 눈은 어딘가 반짝반짝 빛이 난다. 나는 그 빛을 지닌 사람과 일을 하고 싶을 뿐이다. 나 혼자서는 도무지 낼 수 없었던 대담한 용기가 나올 때도 있다. 그 순간이 없다면 다른 사람과 무언가를 만드는 의미가 어디에 있을까.

쓰여진 각본 대사에 툭툭 위화감을 내비치는 카메라맨을, 나는 야마자키 씨 말고는 만난 적이 없다. 다들 자신에게 그런 말을 할 권리가 없다고 생각하는 모양이다. "저는 문장도 못 쓰고 대사 같은 건 생각해내지 못하니까요." 하지만 야마자키 씨도 문장가가 아니다. 그저 야마자키 씨의 인생에는 '커뮤니케이션'의 실체와 실감이 존재할 뿐이다. 기술이나 시각적 요소에 사로잡히기 쉬운 카메라맨이라는 직업에 있어서 그것을 가진 사람(혹은 '가지고 있다'는 자각이 있는 사람)은 드물다. 그러나 '연출가를 위해'라는 헌신적인 대의명분 이전에, "나는 이렇게 보고 싶어"라고 본능적인 욕구를 드러내주는 편이 사실은 연출가에게 다가가고 출연자에게 다가가는 일이 아닌가 싶기도 하다.

　오해가 없도록 말해두는데 야마자키 씨가 '늙지 않은' 것은 아니다. 원래 언제든 먹고 길바닥에서도 자는 자유분방한 사람이지만, 확실히 그 천진함의 정도가 더 심해지고 있다. 뭘 자꾸 까먹는다. 엉뚱한 소리를 한다. 반년 동안 촬영해도 주인공인 '사치오'를 '유키오'라고 부른다사치오와 유키오는 같은 한자(후夫)를 쓴다. 심지어 주연의 눈앞에서. 걸핏하면 화를 낸다. 반론하면 더더욱 화낸다. 현장은 혼돈에 빠진다. 트림과 하품, 박력 있는 페로몬 냄새도 거리낌 없지만 젊은이는 묵인하는 수밖에 없다. "노인은 아는 게 많아서 도움이 됩니다." 그렇다, 그 '도움이 되는 이야기'를 이백 번 듣게 된다. 우리는 일흔다섯 살 현역 선수와 함께 일함으로써 '노쇠'라고 부르기에는 다소 지나치게 공격적인 변이를 날마다 받아들이고 있다. "그러니까 밥은 아까 먹었잖아요!" 하며, 과거 분명 은혜를 입었을 시아버지에게 저도 모르게 언성을 높이는 며느리가 자기혐오에 빠지는 고충을 나는 잘 안다. "엄마, 참아요" 하며 처음에는 달래주던 딸과 아들도 다음 순간에는 머리에서 김을 모락모락 피워 올리며 할아버지와 충돌한다. 그런 가운데 야마자키 씨와 오랫동안 알고 지낸 세트 디자이너 미쓰마쓰 게이코 씨만은 무슨 일이 일어나든 동요하지 않는다. 배우가 연기할 때 말고는 손가락 하나도 대지 말라고 미술팀에게 엄중히 주의받은 빌린 고급 가구에 야마자키 씨가 털썩 앉으려 해도 "여기 앉으세요" 하고 생긋 웃으며 엉덩이 아래에 접이식 의자를 내미는 베테랑 요양사의 태도다. 이것이 웃어도 될 일인지 안 될 일인지 나도 모르겠다. 어쨌거나 할 수 있는 말은, 아이나 어른과 함께 있을 때는 가까운 세대끼리만 뭉쳐 일하면 결코 피어날 수 없는 감정이 끓어올라서 좋다/싫다, 잘 맞다/안 맞다 등으로는 정리하지 못하는 희로애락이 생겨난다는 것이다. 요컨대 직장이 일종의 생리적이고 인간 냄새 나는 원시적인 공동체의 양상을 띠기 시작한다. 노화라는 것을 나 자신에게서도 다른 사람에게서도 완벽하게 배제하기란 불가능하다. 정말로 생각한다. '충분히 건강한 늙은 사람'들과 우리는 어떤 식으로 함께 살아가야 하는지에 대해. 그리고 나 역시 '충분히 건강한 늙은 사람'이 되어갈지도 모를 미래에 어떻게 현역 세대와 타협해나가야 할지에 대해. 그렇게 생각하면 매일 보는 잠자는 남자의 표정도 역시 심사숙고를 하는 것처럼 보인다.

사실은 이 원고의 첫 부분을 다 쓴 다음 날 아침, 평소처럼 역으로 향했는데 벤치에 잠자는 남자가 없었다. 한없이 푸른 하늘이 펼쳐진 상쾌한 아침이었는데도 불구하고. 어라? 싶어서 이리저리 둘러봤더니 곧 그가 보였는데, 놀랍게도 벤치 바로 옆에 있는 은행 ATM 건물의 벽에 기대어 선 채 팔짱을 끼고 자고 있었다. 나는 생각했다. 어쩌면 새 시대가 시작된 걸까? 그런 다음 이틀 정도 계속해서 비가 왔고, 오늘이 되었다. 새롭게 활짝 갠 하늘 아래 벤치에 또다시 그의 모습이 없었다. 이번에는 망설임 없이 ATM 건물 옆을 쳐다봤지만 그곳에서도 보이지 않았다. 깨달음을 얻은 걸까. 드디어 그의 무위도 막을 내리고, 그리하여 무언가가 시작되었는지도 모른다.

$x = $ 고독

　여성임에도 남성 같은 풍채로 '여자 프로레슬링의 최강남'이라고 불린 간도리 시노부 씨가 일찍이 링 위에서 화려한 사투를 펼치던 무렵, "사랑을 하면 안 돼. 약해지고 마니까"라고 텔레비전에서 말하는 것을 듣고 감동했던 기억이 있다. 가슴이 찡했다. 알지. 나도 알아, 간도리. 대체 뭘 안다고 생각했는지, 나 자신은 갈팡질팡 남자에게 정신이 팔려가며 살아왔을 터인데. 어쨌거나 마음에 누군가를 들이면 사람은 든든함을 얻는 것과 동시에 수비의 자세가 싹트고, 갈피를 잃고, 가슴에 풍파가 일고, 무엇보다 고독하게 지내는 것을 견딜 수 없게 된다. 나도 쭉 그렇게 믿어왔다. 홀로서기를 두려워해서야 내 직업을 유지할 수 없어, 스물세 살 때 프리랜서로 영화 일을 시작한 이후 내내 그렇게 생각해왔다. 엔딩 크레디트에 나오는 몇백 명의 이름을 본 사람은, 영화 관계자는 매일이 기시와다 단지리 축제^{오사카의 대표적인 축제}처럼 시끌벅적하리라고 상상할 수도 있지만 미이케 다카시 감독이나 쓰쓰미 유키히코 감독이라면 또 모를까 나에 관해 말하자면 홀로 집필하는 시간까지 합치면 축제 기간은 전체의 20퍼센트에도 못 미칠 것이다. 당연히 경제적으로도 불안정하다. 그래서 나는 사람도 고용하지 않고 제자도 받지 않기로 결심해왔다. 남을 먹여 살리고 있다고 생각하면 펜이 조급해진다. 무슨 일을 부추김당하든 상관없지만 그것만큼은 싫다.

반면 나의 스승 고레에다 감독에게는 제자도 측근도 아주 많다. '측근'이라는 표현에는 어폐가 있을 수도 있지만, 여하튼 스승은 철들기 전 어린 시절부터 자신이 파라오였던 꿈을 반복적으로 꿨다고 한다. 어째서인지 자신은 피라미드 정점 같은 곳의 돌로 된 옥좌에 앉아 있고 곁에 선 덩치 큰 남자가 낯선 언어로 무언가를 외치면 발 아래의 사막을 가득 채운 무수한 군중이 "우오~" 하며 일제히 자신을 찬양한다고 한다. 으헉! 요컨대 무슨 말이 하고 싶은가 하면, 그런 꿈을 꿔온 사람이니만큼 현실에서도 하여간 사람을 주위에 척척 배치해서 자신의 일로 끌어들여 뼈가 깎이는 고생도 시키고, 더 나아가 그 와중에 각자에게 활로도 개척시킨다. 큰 소리로 널리 알리는 것도 아닌데 저절로 사람이 모여들고, 엄하게 지도하는 것도 아닌데 어느 틈에 사람이 길러진다. 이 역시 타고난 재능일 것이다. 악담이 아니에요.

바로 나도 18년 전에는 고레에다 감독이 소속해 있던 TV MAN UNION의 취직 면접을 보러 간 학생이었다는 것만으로 감독 조수로 영화에 참여할 기회를 얻은 입장이었다. 나는 영화에 대해서는 아무것도 몰랐지만 주위의 프로 스태프들은 그 이상으로 나에 대해 아무것도 몰랐을 터다. 어째서 저런 경험 없는 아이를 곁에 두는 건가, 재미로 그러는 건가 생각한 사람도 많았겠지만 고레에다 감독은 시치미를 떼고 있었다. 프로 기술자들보다 더 가까운 곳에서 자신의 편이 되어, 작품이 완성되는 마지막 순간까지 계속 함께 뛸 수 있는 사람을 곁에 두고 싶었던 것이다. 프로 기술자들은 자신의 직무 범위에 한해서는 먹는 것 자는 것을 잊어가며 애써주지만, 그 것을 뛰어넘어 연출에 개입하는 경우는 좀처럼 없다. 조명이 중간에 꺼졌어요, 구급차가 지나갔어요, 초점이 안 맞았어요. 이런 이유로 "감독님, 다시 찍죠"라고는 해도 "지금 연기는 좀 부족하지 않아요?"라고 말하는 기술자는 없다. 그런 말을 모두가 꺼내면 현장은 통제가 안 되기 때문이다. 그 판단은 감독에게만 허용되며 감독만이 짊어져야 하는 책임이다. 감독이라는 사람은 멍하게 있어도, 무거운 짐을 하나도 들지 않아도, 그 책임만은 오직 혼자서 짊어져준다고 믿기에 우리가 이렇게 피를 토하면서까지 애쓰고 있다고 말하는 양 가까이 다가오지 않는다. 지시 계통은 딱 하나. 그것이 영화의 좋은 점이다. 감독의 오케이만이 우리가 믿는 오케이다! 우오~! 이렇게 찬양하는 발아래 군중들을 배신하듯 옥좌의 고레에다 감독은 옆에서 우두커니 멍하게 서 있는 꼬마인 나에게 물었던 것이다. "있잖아, 지금 테이크특정 장면이나 음악 등을 반복적으로 촬영·녹음할 때 그 횟수를 의미함 어땠어?" ……으헉!

나는 그런 스승의 방식도 봐왔고 또 실제로 내가 그 뒤 프리랜서 조감독으로 다른 현장을 돌아다닌 경험도 쌓여서 자연스럽게 프로 조감독을 편애하는 성격이 되었다. 그들은 애초에 감독 후보생이고, 일찍이 촬영소라는 조직이 인재를 확보했던 시대에는 기획 시작부터 각본 집필 보조, 취재, 촬영이 끝난 뒤 마무리 작업까지 딱 붙어 작품 완성을 지켜보게 했다지만, 이제는 어느 제작회사에도 프리랜서 인재 육성까지 하려는 의식이 없어서 장기간에 걸쳐 조감독을 고용하는 예산을 짜지 않는다. 감독에 뜻을 둔 사람들인데도 그들은 각본 만들기에도 편집에도 참여하지 못하고 그저 이 현장에서 저 현장으로 떠돌아다니는 편리한 고물상이 되어가고 있다. 내가 조감독이었던 시절에는 다른 팀과 드잡이를 해서라도 감독의 연출을 지키려 하는 '연출 지상주의' 같은 옛 기질을 지닌 선배가 있었고, 그런 사람들은 현장 일이 끝나 임금이 나오지 않아도 매일 제 일처럼 편집을 보러 갔다. 그런 조감독이 곁에 붙어 있는 감독은 귀찮은 척하면서도 매우 행복한 표정이었던 것을 기억한다.

실제로 나는 상당히 배려심 있는 조감독들과 함께 일해왔다. 스물일곱 살 때 감독으로 데뷔했으니 처음에는 다들 나보다 훨씬 나이가 많았다. 상대도 '어떻게든 돌봐줘야지'라는 심정이었을 것이다. 사람들은 종종 "현장에서는 몇십 명이나 되는 스태프를 통솔하시죠?"라고 말하지만, 실제로 통솔하는 것은 조감독들이다. 내가 그 장면을 어떻게 찍고 싶은지를 찰떡같은 호흡으로 이해하여 도로를 오가는 차나 보행자를 멈춰 세우고, 비가 오게 하고, 바람이 불게 하고, 엑스트라를 종횡무진 움직이고, 화면 안쪽 철교에서 전철이 달리는 타이밍을 가늠하여 "감독님, 지금이에요!"라고 말하면 나는 "레디, 액션" 하기만 하면 된다. 그런 그들을 무슨 수로 신용하지 않겠는가. 나는 무엇이든 의지했고, 비가 오나 눈이 오나 문자 그대로 총알받이가 되어 애써주는 그들을 정말로 사랑해왔다. 그러나 한편으로 "있지, 지금 테이크 어땠어?"라고 누군가에게 물어본 적은 감독이 된 이후 단 한 번도 없었다. 그 고독을 떠맡는 일 말고는 내가 짊어질 수 있는 역할이 없다고 굳게 믿은 채 10년을 지내왔다.

1년 반쯤 전이었을까. 신작 영화의 각본이 거의 마무리되어 슬슬 준비에 들어가려는 무렵, 감독 조수를 붙여보지 않겠느냐고 프로듀서가 제안했다. 이미 3년 정도 고레에다 감독 밑에서 일하며 감독과 프로 조감독 사이에 끼여 시달린 경험이 있다는, 말하자면 나의 동문 후배를 추천받았다. "조수라지만 뭘 시키나요? 저는 어떻게 써야할지도 모르겠어요"라며 거절했더니 "그냥 상담 상대야. 카메라 블로킹이나 앵글 때문에 머리를 쥐어뜯거나 대사가 어떻게 들렸는지, 편집 인상은 어떤지, 그런 게 조금이라도 고민되면 뭐든 상담하면 돼. 함께 생각해주거든" 하고 옆에서 스승이 말을 거들었다. 조감독이 현장을 앞으로 나아가게 하는 액셀 역할이라면 감독 조수는 "여기서는 잠깐 멈춰서 다시 한 번 생각해보지 않겠어요? 다른 대책도 세워두는 건 어떤가요?" 하고 제안하는 브레이크 역할이다. 요즘 시대 현장에는 그런 역할이 없다.

"그 아이도 나와 3년 동안 일해서 이미 꽤 적확한 조언을 할 수 있게 되었어. 내 현장 말고 다른 곳에서 일하는 건 공부도 되고, 너에게도 도움이 될 거야. 싫지 않다면 붙여봐."

'카메라 블로킹을 생각해준다고……?'

나는 멍하니 허공을 바라봤다. 부끄러운 이야기지만 나는 카메라 블로킹이 엄청나게 서툰 연출가다. 카메라 블로킹이 무엇인지 모르는 분도 계실 것이다.

다음은 예시.

＊시나리오 예시

하나코가 현관문을 열자 어머니가 거실 안쪽에서 나온다.

어머니 "너, 이 시간까지 어디 있었어?"
하나코 "뭐, 그냥."

어머니의 어깨를 스치듯 거실로 들어가는 하나코. 엇갈리듯 어머니.

어머니 "그 남자한테 갔지?"

멈춰 서는 하나코.

하나코 "무슨 소리야. 그 남자가 누군데?"
어머니 "식료품점 남자 말이야."
하나코 "식료품점? 어딨는지도 몰라."

비웃는 어머니. 가로막듯 하나코,

하나코 "엄마, 뭣하면 가르쳐줘. 심부름이라면 내가 갈게."

다시 걸어가 거실 문을 닫는 하나코.

*카메라 블로킹 예시

컷 1 현관을 향해·롱 숏^{long shot. 멀리서 촬영해 대상을 넓게 보여주는 장면.} 하나코 들어온다. 어머니, 아래쪽부터 프레임 인. ~엇갈리고, 어머니 "그 남자한테 갔지?", 하나코 멈춰 설 때까지.

컷 2 복도·측면·바스트 사이즈의 타이트 투 숏. 하나코 "무슨 소리야. 그 남자가 누군데?" ~하나코 "식료품점? 어딨는지도 몰라."

컷 3 어머니 클로즈업, 비웃는다. ~하나코 다시 걸어가며 프레임 아웃, 복도에 남겨진 뒤 어머니의 표정.

컷 4 하나코 클로즈업, "엄마, 뭣하면 가르쳐줘. 심부름이라면 내가 갈게." ~다시 걸어가 프레임 아웃. (컷 3, 4는 컷백^{둘 이상의 장면을 연속적으로 엇바꾸는 기법.} 대화를 주고받는 모녀 각자의 컷을 편집으로 몇 차례 오간다.)

컷 5 거실을 향한 롱 숏. 닫히는 거실 문. 남겨진 어머니 풀 숏
full shot. 등장인물의 머리부터 발끝까지 몸 전체를 보여주는 장면.

즉 신을 어떻게 찍을지에 관한 설계가 카메라 블로킹이다. 나의
예는 지극히 정통적이고도 비교적 친절한 '장면 분할'일 것이다. 그
러나 현관을 향한 컷 1 그대로 하나도 나누지 않고 마지막까지 보
여줄 수도 있으며, 반대로 컷을 더 잘게 많이 나누어 편집 가능성을
높이는 방법도 있다. 카메라 블로킹에 따라 어느 대사에 역점을 두
어야 하는지, 누구의 감정으로 드라마를 보면 좋을지도 변한다. 가
령 클로즈업으로 표정을 보여주는 것은 하나코만으로 하고 어머니
의 표정은 굳이 보여주지 않는 방식으로 찍으면, 말하는 대사는 같
아도 이야기의 주체는 하나코가 되어 어머니는 관객에게 수수께끼
의 존재가 된다. 식료품점 남자와의 관계에 대해 당황하고 있는 것
은 어느 인물인지, 추궁하는 것은 누구인지가 변한다. 즉 카메라 블
로킹은 연출 의도 그 자체이며, 만드는 이의 작위나 센스의 결정체
다. 시나리오는 최고, 배우도 좋은 연기를 펼쳤지만 카메라 포지션
이 나쁘면 화면에 다 담지 못한 채 끝나기도 하고, 한 컷으로 다 찍
었다면 생생한 긴장감이 배어났을 텐데 컷을 잘게 나눈 탓에 가짜
처럼 보이기도 한다. 어떤 의미로는 영화의 생명선을 쥐고 있는 작
업이며, 이것이야말로 감독 일의 묘미라고 말하는 사람도 있을 것이
다. 하지만 바로 그렇기에 터무니없이 어렵다. 배우가 리허설 때 움

직이는 것을 보고 몇십 컷의 분할을 순간적으로 생각해내는 감독도 많다고들 하지만 나는 상상도 못할 일이다. 그래서 크랭크인 몇십 일씩이나 전부터 머리를 감싸 쥐고 고민한다. 이동하는 버스 안에서, 식사 틈틈이, 촬영 뒤 호텔의 내 방에서, 침대 속에서, 기절 직전까지 고민한다. 고민해도 고민해도 정답을 모르겠다.

그 카메라 블로킹을 누군가 다른 사람이 생각해준다고? 와아. 정말 멋진 일이군. 그런 게 허용된다면 현장은 꽃밭일 거야. 야호.

"그럼 써볼게요!"

나는 밝게 대답했다. 즉시 당사자인 동문 후배 N을 불러서 내 작품을 함께해볼 의향이 있느냐고 물었더니 "네, 꼭 하게 해주세요"라며 활짝 웃었다. 윽. 귀엽네. 좋~아, 그럼 나를 따르라! 프로듀서도 스승도 기뻐해줬다. 나는 들떴다. 편해질 거라고 생각했다. 그런데 1시간 뒤에는 식은땀이 등줄기를 타고 싸늘하게 흘러내렸다. 잠깐만. 이제까지 나를 지탱해준 그 조감독들에게 어떻게 설명하면 좋담. 좋은 아이를 소개받아서 애인 삼기로 했습니다! 하고 아내에게 말할 수 있는 남자가 있겠는가? 지금까지 아내와 둘이서 힘을 합쳐 지내왔잖아. 확실히 오랫동안 함께 지내다보니 신선한 맛은 떨어졌다. 오히려 아내가 이미 나에게 매력을 못 느껴서 젊은 시절 같은 열정을 잃어가고 있는 것은 나도 안다. 가능하면 적당한 시기에 나와 이혼하고 자기 힘으로 살아갈 속셈이라는 것도. 그래도 이제껏 비교적 다투지도 않았고 속을 터놓고 대화하며 지내왔잖아. 남들도 부러워하는 좋은 부부였잖아. 그런데 이제 와서 뭐야. 뭐라고 말하면 좋을까. 지금껏 나를 믿고, 벌레를 기르고, 쥐를 사육하고, 벌에

쏘이고, 위장에 내시경을 집어넣고, 유흥업소에서 실험대 위에 오르고, 찬물에 들어가고, 뜨거운 물에 들어가고, 나를 업고 산을 올라가준 아내들에게 대체 뭐라고 말하면 좋담!!

　N을 팀에 넣고 싶다는 제안에 대해 조감독의 반응은 굼떴다. "저는 '연출보'('감독 조수'의 별칭. 이 외에도 '감독보' 등으로 불린다. 작품에 따라 입장도 여러 가지여서 업계 내에서도 호칭이 정해지지 않았다)'를 기용하는 게 좋은지 모르겠어요. 감독님이 꼭 필요하다고 말씀하신다면 최종적으로는 따르겠지만요"라는 냉담한 내용의 답신이 돌아왔다. ……화내고 계신다. 예상대로. 하지만 그 대신 스크립터로 기용하면 어떠냐는 역제안이 있었다.

　스크립터란 한 컷별로 연기의 길이를 재고, 테이크별로 NG의 이유와 OK를 기록해서 편집팀에 전달하는 역할이다. 게다가 스크립터는 컷의 '연결'을 보는 역할도 담당한다. 앞의 예로 말하자면 컷 1에서 현관으로 들어온 하나코의 오른쪽 어깨에 걸쳐져 있던 가방이 컷 2에서는 왼쪽 어깨에 걸쳐져 있으면 관객은 위화감을 느낀다. 스크립터는 연속된 컷과 컷을 자연스럽게 '연결시키기' 위해 그 모든 것에 눈을 번뜩인다. 담배는 어느 길이까지 피웠는지, 주스는 컵 어디까지 남았는지, 배우가 돌아본 고개의 방향, 팔짱을 낀 방식, 의상의 주름 모양, 문이 열린 정도. 대사는 어디를 틀리고 어디서 애드리브를 넣었으며 어느 악센트는 잘못되었고……. 그 모든 것을 순간적으로 동시에 머릿속에 기억해서 기록하는 특수 기능을 가진 전문가다. 배려심과 일을 동시에 처리하는 능력이 필요해서 그런지,

어째서인지 동서양을 막론하고 옛날부터 현장에서 유일하게 여성이 담당해온 분야다. 감독 옆에 딱 붙어 앉아 때를 가늠하여 담배를 내밀고 사탕을 건네고 차를 주는 등 자질구레하게 보살피면서 감독님, 지금 연기는 바로 앞 테이크보다 분위기가 가라앉아 있어요. 목소리 톤이 변했어요. 대사를 너무 끌어요. 길이가 넘쳐요. 프레임 사이즈가 이 앞의 컷이랑 안 맞아요. 조금 더 뒤로 빠져야 해요. 하늘까지 좀 넣어보면 어때요? 응, 나쁘지 않네요 등등 속삭임 전술로 감독을 지탱해주는 브레인도 된다. 너무 잔소리 많은 어머니처럼 굴면 발끈해서 "아, 시끄러워! 됐으니까 내 마음대로 하게 해줘!"라며 반항기의 중학생처럼 폭발하는 감독의 모습도 나는 본 적 있다. 그리고 "저는 영화를 생각해서 말할 뿐이에욧!" 하며 흑흑 울음을 터트리는 스크립터의 모습도. 어쨌거나 분명히 할 수 있는 말은, 솜씨 좋은 스크립터만 있으면 감독이 생초짜라도 영화의 꼴은 갖춰진다는 것이다.

고레에다 사단에도 스크립터는 확실히 존재하며 빈틈없이 그 직무를 담당하고 있다. 그러면 N 같은 '감독 조수'라는 포지션의 사람들은 무슨 업무를 해왔는가 하면, 바로 아무 일도 하지 않는 것이라 한다. 고레에다 사단에서 감독 조수의 정의는 '아무런 역할이 없는 유일한 사람'이다. 전문 분야도 역할도 없기 때문에 무책임하게 할 수 있는 말이 있으며, 또 역할로 도망가지 않고 연출을 향상시키는 의견을 내는 데만 책임을 진다고. 조감독도 프로듀서도 다들 작품을 향상시키고는 싶다. 하지만 로케이션 장소의 사용 시간은 지켜야 한다. 소도구를 준비해야 한다. 의상 신는 것을 도와야 한다. 배우를 다음 현장으로 보내야 한다. 그런 지켜야 할 직무가 있기 때문에 "다시 한 번 찍으면 어떨까요? 연기가 완전 엉망인데요"라는 무책임한 소리를 할 수 없게 된다는 것이다. 실로 본질적이다.

N이 하루아침에 스크립터가 될 수 있는가. 대답은 아니요, 일 것이다. 또 동시에 '스크립터'라는 직함과 역할을 얻은 순간 그것을 평계 삼아 입을 다물고 대다수인 '액셀' 측에 설 가능성도 아주 없지는 않다. 사람은 나약하다. 다수파에게 다른 의견을 말하는 일은 무섭다. 하물며 촘촘한 신뢰 관계도 무르익은 나의 팀에서, 고작 경력 3년의 신참이. 하지만 바로 그렇기 때문에 내게는 N이 존재하기 위한 대의명분이 필요했다. 그 아이는 기록을 해주니까, 그 아이가 없으면 해나갈 수 없으니까, 라고 누구에게나 말할 수 있는 핑곗거리가. 설령 그것이 비본질적이라 해도.

"기록을 해줘"라는 말을 꺼낸 내게 N은 미묘하게 굳은 표정으로 "네"라고 대답했다. 감이 좋다. 그렇게 하지 않으면 현장에 있기 힘들다는 분위기를 민감하게 감지했다. "너에게 맡기는 한 이번에는 완벽한 기록을 바라지 않아. 하지만 당당하게 현장에 있어줬으면 해. '여기 있어서 죄송해요' 같은 태도는 못 참으니까. 그리고 조감독들과 같은 연출팀이라는 마음가짐으로 준비 기간부터 무엇이든 함께 일해줬으면 해. 작은 일이라도 할 수 있는 건 전부 도와줘"라고 부탁했다. 젊은 애인에게 아내와 사이좋게 지내달라고 부탁하는 남편……

서로가 이런저런 커뮤니케이션을 하는 것은 어려웠겠지만, 양쪽다 나를 배려해서 최대한으로 양보했다고 생각한다. 청춘 시절 검도부에서 단련했다는 N은 금욕주의와 예의범절, 그리고 소년처럼 씩씩한 성격의 소유자다. 백전노장의 조감독에게도 빈틈을 보이지 않는다. 또 이번에는 젊은 여성 조감독도 들어왔는데 N의 입장도 생각하여 다정하게 배려해줬다. 아아, 여성은 참 좋구나. 이해력과 공생력의 생물이다. 다행이다, 다행이야. 현장은 화기애애, 저는 카메라 블로킹을 생각하는 수고도 잊어버리고 꽃밭에서 행복하게 살았답니다. 끝. ……이라면 좋았겠지만.

2015년 4월, 봄 편 촬영. 나는 머리를 감싸 쥐고 있었다. 정말이지 상태가 좋지 않았다. 내가 이상하다. 이럴 리 없다. 촬영 시작 2시간 만에 미친 듯이 날뛰는 다섯 살 아이. 짐승 같은 일흔다섯 살 카메라맨. 주연 배우는 까도 까도 계속 나오는 자의식의 마트료시카 인형. 나의 경험을 통해 얻은 법칙이 따라가지 못하는 요소는 몇 개나 존재했지만, 이다지도 스스로를 믿을 수 없게 된 경험은 감독이 된 이후 처음이었다. 내 입으로 말하는 것도 이상하지만, 나는 지금까지 컷 수도 테이크 수도 판단 속도도 지극히 '아름다웠다'고 생각한다. 망설임이 없다. 군더더기를 싫어하고 없는 가운데서는 없는 대로의 방식을 찾아내어 깨끗이 단념한다. '사내답다'고 칭찬받을 때도 있다. 하지만 그건 내가 판단력이 뛰어나서가 아니라는 사실을 대체 몇 사람이나 알아차렸을까. 나는 필사적으로 '아름다움'을 가장하고 있었다. 그것이 현장을 추진시키는 비법이라고 알고 있기도 했으니까. 선택지를 늘리지 않는 이유는, 늘어나면 고를 수가 없기 때문이다. 망설이면 수렁에 빠진다. 현장에서는 사고가 멈춰서 좋은 아이디어가 절대로 나오지 않는다. 내가 아이디어를 낼 수 있는 유일한 시간은 밤새 홀로 책상 앞에서 고민에 고민을 거듭한 끝에 새벽녘 까마귀 울음소리를 듣는 순간뿐이라는 것을 나 말고는 아무도 몰랐다. 하지만 이번에는 그 사실을 서서히 눈치채가는 사람이 또 하나 있다. 바로 '감독 조수 겸 기록'이라는 뭔가 애매한 직함을 달고 내 1.5미터 대각선 뒤에서 그림자처럼 서 있는 전 검도부원 N이었다. N은 감지하기 시작했다. '아, 지금 감독님이 내팽개쳤다.' '뭘 하는지 스스로도 모르고 있다.' ……아니, 어쩌면 다른 스태프도 모두 예전부터 나의 꼴사나움은 눈치채고 있었을지도 모른다. 하지만 그 부분을 들추어내면 현장이 파탄난다. 감독이 깨끗하게 정리하려고 하잖아. 그것을 망칠 필요가 있어? 여러분, 입 다물고 있어줍시다. 거기서 N은 입을 다물지 않았다. 세팅이 갖춰지고 연기도 준비되어 자, 이제 본 촬영 갑시다아아! 하는 타이밍에 "인물의 움직임이 너무 적지 않아요? 화면을 보면 질리는 느낌이……" "대사가 많지 않아요? 너무 말이 많아서 내용이 머릿속에 안 들어오는 것 같은데……"라며 가차 없이 브레이크를 밟는다. 나는 갈기를 쥐어뜯겨 몸을 뒤로 젖힌다. 엉뚱한 지적이라면 괜찮다. 그런데 그럭저럭 핵심을 찌른다. 일부러 눈치채지 못하는 척했던 나의 작은 망설임 포인트를 놓치지 않고 지적해서 만천하에 공개한다. "쉿! 그 말은 하지 마!" 싶은 부분도 많다. 말해봤자 해결책이 없어서 나도 입을 다물고 있었던 부분까지 "손목!"이라고 외치는 양 날카롭게 찌른다. 그래도 그렇지, 지금인가. 그걸 지금 말하는 건가. 현장은 침묵에 휩싸인다. 다들 카메라 뒤에서 소곤소곤 숙덕거리는 우리를 보고 우뚝 선 채 기다린다. 아아, 내 입장이고 뭐고 없다. 나이스 어드바이스! 채택! 하며 상쾌하게 받아들일 여유도 없었다. 꾸물꾸물 고민하다 일단은 내 생각대로 찍고, 보험 삼아 다시 한 번 N이 지적한 제안을 시도한다. 주체성 없는 시도이니 OK와 NG의 판단 기준이 무뎌진다. 테이크는 거듭된다. 컷도 늘어난다. 질질 늘어지는 현장. 그것이 좋은지 나쁜지 나조차도 알 수 없다. 하시만 장기간 생각해온 자신의 계획만 고집해서 남의 의견을 솔직하게 귀담아듣지 못하는 어른은 어리석다는 것만큼은 안다. 그리고 젊은 사람이 용기를 쥐어짜내 누구의 지원 사격도 없이 혼자서 의견을 내고 있는데 그로부터 등을 돌리려 하는 이 좁은 도량. 나는 N의 눈을 보지조차 않는 날도 있었다. 고집불통이 되었던 것이다. 나는 쭉 혼자 생각해왔다. 혼자 고민하고 혼자 끊어내고 혼자 해결책을 내왔다. 혼자 할 수 있는걸, 이라는 어린애 같은 자부심도 있다. 그것을 이제 와서 못하게 되는 건 아닐까 생각하면 무서웠다. 끊임없이 단련해온 근육이 물렁물렁한 지방으로 바뀌는 느낌이다. 누군가의 손을 빌리지 않고서는 판단을 못한다면 이제 내가 현장에 있을 필요도 없다는 기분조차 들었다. 하지만 예전에 나의 스승은 "컷"을 한 직후 넉살좋게 내 눈을 들여다보고는 했다. 살짝 고개를 끄덕여 보이면 환한 얼굴로 오케이라고 외쳤다. 초짜였던 내가 현장에 존재할 수 있었던 이유는 그렇게 누군가가 나를 필요로 해준다고 느꼈기 때문이다. 내게도 존재의 의의가 있다고 자신감을 가질 수 있었다. 뒤돌아보지 않는 나의 작은 등을 내내 가만히 바라보는 N은 얼마나 애달플까. 그것을 생각하면 도무지 견딜 수 없어서 더더욱 돌아보지 못했다. 1년 전 봄. 나는 자신이 얼마나 어린애인지 이토록 뼈저리게 느끼는 나날을 보낸 적이 없었다.

여름에도 2주 동안 촬영을 했다. 봄 편 촬영 때는 없었던 작은 모니터를 마련한 내 뒤에는 역시 N이 바짝 붙어 있었다. 검술사 N은 여성 치고는 말수가 적다. 남에게는 상냥하지만 자신은 어리광 부리지 않고 우는소리도 하지 않는다. 모두가 입을 모아 험담을 할 때는 조용히 비난받는 쪽의 편을 들어줄 듯한 사람이다. 본인은 부정하겠지만 내가 보기에는 사람으로서의 덕이 높다. 반대로 조금 더 사람으로서, 여자로서 허술함을 보였다면 상사인 내게 교묘하게 얕보여서 방심도 하게 만들었을지 모르지만, 그 청렴함과 빈틈없음이 언제까지나 나를 어렴풋이 긴장시키기도 했다. 어쩌면 나 자신의 까다로움과 닮은 부분이 있는지도 모르겠다고 생각했다.

하지만 아무리 내가 오랫동안 뒤돌아보지 않아도 N은 나를 보고 있었다. 내가 문득 불안해질 때를 놓치지 않았다. 불안해지고 망설여져 아무것도 모르게 되어도 여전히 나는 돌아보지 않는다. 그래도 등 바로 뒤쪽에 N이 가만히 서서 같은 마음으로 고민해주고 있는 그 체온을 묵묵히 느꼈다. '어떻게 할 거예요?'가 아니라 '어떻게 하지'라고 생각하고 있다. 나 말고 다른 사람이. 그 무렵에는 조금 단념하기도 했다. 다른 누군가의 판단을 받아들여, 설령 그로 인해 조금쯤 잘못된다 해도 싸움은 길다. 수백 컷 가운데 하나다. 회복도 할 수 있다. 그것을 남 탓으로만 돌리지 않으면 내가 책임을 방기

한 것이 되지는 않는다. 딱히 꼴사나운 일도 아니다. 혼자서 애쓰는 것만이 아름다운 일은 아니다. 머리로 생각하면 간단한 이런 일에, 10여 년 해온 몸이 순응하지 못했던 것이다.

모니터를 마련한 나는 뒤돌아보지 않고 고개를 숙인 채 "어떨까" 하고 쥐어짜내는 듯한 목소리로 중얼거린다.

그러면 "사이즈가 너무 꽉 차지 않나요?"라고 등 뒤에서 즉시 대답이 돌아온다.

"응. 좀 더 뒤로 물러나도 괜찮을까."

"네. 여기서는 조금 객관적이어도 좋을 듯해요."

"그런가. 그렇지."

그리고 나는 카메라맨 야마자키 씨에게 렌즈 교환을 요구할 결심이 선다. 이윽고 작은 모니터 속에 이상적인 화각이 완성된다. 나는 그제야 N과 서로 눈짓한다. 좋네. 이거네요. 하고 말을 나눈다. 완성된 화면을 보며 N은 진심으로 기쁜 듯한 미소를 띠고 있다. 이 사람은 도망치지 않는다고 나는 확신한다. 무언가를 만드는 길 말고는 없는 인간이다.

겨울 무렵에는 내게 뒤를 돌아보는 습관이 들었다. 괜찮지? 하고 확인하는 습관도. 변함없이 핵심을 찌르는 손목치기를 지금 여기서? 싶은 순간에 당하는 경우도 많아서 그때마다 피가 거꾸로 솟기도 했지만, 생각해보면 나는 여태껏 감독 일을 해오며 현장 스태프에게 '피가 거꾸로 솟았던' 적이 없었다. 실수도 지연도 모든 사람이 최선을 다했지만 어쩔 수 없이 생기는 사정이 대부분이라서, 한숨은 나와도 분노의 감정은 끓어오른 적이 없었다. 그것은 아마 아무리 친한 스태프와도 사적인 공간을 친해하지 않는 심리적 기리김을 두고 지내왔기 때문이라고 생각한다. 남의 일에는 경외심을 가졌고, 내 일 역시 남들의 경외를 받았다. 결코 타인에게 간섭받지 않던 안전지대로 N이 발을 들여놓음으로써 내 품 안에서 애지중지 어루만지던 연출이나 각본 내용을 단번에 침략당한 나는, 그 순간 벌거숭이가 된 기분이 들어 필사적으로 치부를 손으로 가리며 그야말로 꼴사납게 발끈하는 것이다. 이리하여 나는 내 정체성 그 자체였던 '고독'을 빼앗겼다. 나는 약해진 걸까? 확실히 약해진 것 같기도 하다. '아름다움' 같은 건 어디로 사라졌는지, 나는 촬영이 끝난 뒤에도 믿을 수 없을 만큼 끈덕지게 편집을 다시 하고 녹음기사 시라토리 미쓰구 씨가 기진맥진할 때까지 음향 수정을 거듭했다. 어느새 체념할 줄 모르는 인간이 되어버린 것이다. 끈질기고 집요하며 깨끗이 단념하지 못하는 나. 결국 나의 본성을 직장으로 끌고 들어오게 되었다. 그런 꼬락서니라도, 결과를 믿고 등 뒤에서 고개를 끄덕여주는 존재가 있다는 것을 알아버렸기 때문이다.

모든 일이 끝난 것은 크랭크인으로부터 약 1년 뒤인 3월 1일. 길었다. 후회는 없다고 말하고 싶지만, 실은 벌써 여러 가지 후회가 생겼다. 라인프로듀서촬영 현장 진행과 행정 업무 처리 등을 담당하는 역할는 "뭐든 조금 부족한 게 좋아요"라며 납득이 되는 듯 마는 듯한 격려로 마무리 지었다.

N은 고레에다 감독에게서도 이제 스스로 작품을 만들라는 말을

들었으니, 앞으로는 텔레비전 연출가나 감독으로 독립해서 일할 것이다. 너무 긴 시간 동안 조수에 머무르지 말고 하루라도 빨리 자신의 기획을 써서 스스로 찍으라는 것이 내 스승의 기본 방침이다. 나의 팀도. 고레에다 팀밖에 경험이 없었던 N에게는 한 번뿐인 후학양성의 장이라고 처음부터 정해져 있었다. 이제 이로써 끝이다. 그래서 싫었다. 누군가를 마음에 들이면 헤어짐이 괴로워진다. "그래도 다시 한 번 니시카와 감독님의 작품을 하고 싶어요" 하고, N은 처음으로 둘이 나란히 들어간 술집에서 취해서 나에게 말했다. "이제 겨우 알 것 같거든요. 다음에는 더 잘 할게요"라고. "다음이 언제가 될지 몰라. 또 3년 뒤일지, 4년 뒤일지. 그렇게 기다려서는 안돼. 자기 작품을 찍어야지." 나는 대답했다. 눈물이 났다.

x = 사랑

불멸의 사랑을 아시나요.

41년이나 살아오긴 했지만 아직도 나는 평생을 걸고 사랑하겠다고 남에게 맹세한 적이 없다. 불멸의 사랑을 서로에게 약속하고 그 뒤 20년이나, 30년이나, 40년이나 그 불꽃을 꺼트리지 않고 계속 지켜낸 경험이 없다. 사랑 그 자체를 의심하는 것은 아니다. 하지만 내게는 그 지속성을 증명할 실적이 없다. 사람의 목숨이 그러하듯 사랑 역시 언젠가는 희미해져서 힘이 다하는 건 아닐까 하는 불안을 떨칠 수 없다. 불쌍한 녀석이여. 진실한 사랑을 깔보지 마라! 러브 네버 다이즈!! 선배들은 이렇게 비난할까. 아니면…… 사랑? 맹세한 무렵에는 그런 이름이었던가. 타성을 '불멸'이라고도 부른다네. 그러니 돈 워리, 하고 위로할까. 여러분 품 안의 사랑은 별고 없는지요.

드디어 4년 걸린 신작이 완성되었다. 매번 있는 일이니 각오도 했지만 역시 이번에도 그리 쉽지는 않았다. 몇 번이나 실패를 거듭했고 좌절도 했다. 유일하게 경험이나 나이의 도움도 받아 변화할 수 있었던 일이라면 남을 좌절시키는 데도 주저하지 않게 된 것. 해줬으면 하는 일은 "해봐줘"라고, 그것만은 확실히 말한다. 그런 말도 하지 않은 채 여태 영화를 찍어왔느냐고 기막혀 하실 수도 있지만, 남의 고생을 저버리기란 그리 쉬운 일이 아니랍니다. 상대가 아무리 고심을 거듭한 끝에 던진 혼신의 공이라도, 기진맥진 지쳐 있더라도, 그런 사정은 나는 모른다는 양 꼬투리를 잡는다. 나의 말을 듣고 낙담하거나 넌더리를 내거나 입술이 새파래지거나 눈을 부라리는 등 실로 다양한 반응을 봤지만, 그럴 때는 빙그르르 등을 돌리기로 했다. 남을 좌절시키는 일에 좌절하지 않겠다고 결심했다.

실제로 영화 한 편을 하면 캐스팅 미스, 스태핑staffing 미스를 의심하는 순간도 숱하다. 뭐야, 이 장소. 뭐야, 이 의상. 뭐야, 이 노래. 뭐야, 그 연기. 몇 번이나 일을 함께한 고참 동료와의 사이에서도 그런 상황이 일어날 수 있다. 깊은 감각의 도랑을 어떻게 메우면 좋을지 실마리도 보이지 않아서 아연실색한다. 어이쿠. 이래서야 앞날이 격정이군. 이렇게 생각해도 단념하지 않는다. 해줬으면 하는 일을 "해봐줘"라고 말해본다. 분명 안 될 거라 생각해도 말은 해본다. 그러면 상대도 무심코 대충 하는 부분이 없어진다. 틀려, 그게 아냐. 그쪽이 아니야. 하지만 여기만은 좋아. 이렇게 하면 더 좋아. 조금 좋아졌어. 점점 그럴싸해져. ……그거야. 그것밖에 없어! 이렇게 밀고 당기기를 반복하다보면 설마 하는 상대와 튜닝이 맞춰지는 순간도 온다. 그러나 한 번은 맞아도 다음번에는 다시 '설마'. 서로 짜운 결과 역시 안 맞을 때도 있다. 그래도 좌절하지 않고 또 다음번에도 요구를 한다. 하지만 이제 어떤 요구를 하는 것도 두렵지 않다. 상대도 두려워하지 않는다. 신용이란 존재하는 게 아니라 만들어가는 것이다.

이렇게 나의 동기를 부여해온 것, 그것은 바로 내가 짊어진 작품에 대한 확고한 사랑이다. 사랑이 전부야. 어머니가 배 아파 낳은 자식에게 품듯, 의심할 여지도 없는 굳센 사랑과 그것에 바탕을 둔 책임감으로 지탱하고 있었던 거야. 못 자고 못 먹어도, 좌절해도, 좌절시켜도 아프지도 가렵지도 않았지. 사랑의 종말 따위는 생각해본 적도 없었다.

영화 만들기의 모든 작업 공정이 끝나면 '초호初号 시사회'라는 첫 상영회가 현상소의 대시사실에서 열린다. 모든 투자자, 제작자, 출연자가 한자리에 모여서 흘린 피와 눈물의 결정이 드디어 은막에 영사되는 것이다. 감독은 경사스러운 날이지만 불안하다. "나를 그렇게 땀 흘리게 해놓고 완성된 게 이거야?"라며 모두가 욕할지도 모른다고 벌벌 떨고 있다. 그러나 산뜻하게 미소 짓는 배우들도, 무표정의 우락부락한 스태프들도, 관련된 사람은 실은 다들 재판하는 쪽이 아니라 재판당하는 쪽의 마음가짐이다. 내 연기 때문에, 나의 조명 때문에, 우리의 소도구 때문에…… 모두가 당사자로서 책임감을 느끼고 있다. 그래서 초호 시사회는 '잔치'라고는 할 수 없다. '이제 두 번 다시 돌이킬 수 없는, 저지른 잘못을 눈앞에 두고 직접 보는 모임'인 것이다. 좀 이상한 분위기로 시사회는 시작된다. 다들 눈도 깜빡이지 않고 몰입한다. 경쾌한 장면에서도 천진하게 웃음을 터트리는 것은 무슨 역할을 하는지 잘 모르겠는 투자회사 아저씨 정도.

흥이 나지 않는다……

때때로 '누구를 위해 영화를 만드는가'라는 자문을 해보지만, 영화 현장이라는 뜨거운 전장을 일단 경험하면 죽을 등 살 등 봉사해준 스태프를 위해, 라고 무심결에 말하고 싶어진다. 가장 빛을 못 보는 장소에서 가장 분골쇄신한 사람들에게 보은하고 싶다는 나니와 부시浪花節 샤미센 반주에 맞춰 의리나 인정을 노래하는 일본 고유의 창唄가 흐른다. 관객이 뭐야. 건들건들 여자랑 멀티플렉스에 와서 팝콘이니 너저분하게 먹으면서 보잖아? 데이트 시간만 때울 수 있다면 다른 영화라도 상관없잖아? 그보다 눈물범벅이 된 전우들이 "하길 잘했어" "보람 있어"라며 미소 짓는 얼굴이 보고 싶어. 하지만 실제로는 앞서 쓴 대로 아무도 그렇게 미소를 지어주지는 않는다. 오히려 딱딱하게 굳은 표정이다……. 그러나 스태프의 굳은 표정을 초호 시사회에서 보고, 나는 겨우 앞으로 향할 수 있다. 집안 평판에 머물러서 어쩔 셈인가. 영화는 남이 봐줘야 영화가 된다. 자, 이제 장사다.

이번에는 출연자 수도 많아서 이례적으로 총 세 번의 초호 시사회를 열었다. 그에 앞서 나는 영상 확인을 위해 '0호 시사'라는 것을 봤다. 거의 일주일 간격으로 완성품을 네 번 본 것이다. 다음은 감동의 연속 4회 시사회 중에 내가 생각한 것.

첫 번째. 0호 시사. 한 컷마다 색감에 결함이 없는지를 집중적으로 본다. 두 군데, 신경 쓰이는 장면 발견. 한 톤 더 밝게 했어야 했다. 하지만 뭐, 허용 범위 안이다. 그보다 몇몇 소리의 마무리가 '잘못된' 듯한 포인트를 발견. 중반의 한 신, 음악 템포가 급하다. 소리의 구슬을 하나하나 떨어트러서 조금 더 간격을 늘였다면 좋았을 텐데. 이것저것 너무 많이 시험해본 탓에 혼란에 빠져서 맨 마지막에 판단 기준이 흐려졌다. 또 다른 신. 가게 안 배경음악 음량을 2초 빨리 줄여서 조용하게 만들었어야 했다.

두 번째. 제1회 초호 시사. 초반의 한 컷. 차 달리는 소리를 안일하게 빼고 말았는데 다시 살리고 싶다. 모조리 없애지 말고 볼륨을 줄여서 살짝만 남겼다면 좋았을걸. 흐르는 음악도 조금 더 마음 굳게 먹고 크게 했다면 좋았다. 늘 지금이다 싶을 때 행동력이 부족하다. 중반, 식당의 배경음악 음량을 후반에 왜 조금 더 줄이지 않았을까. 그 탓에 연기 전개에 집중할 수 없다. 또 다른 신. 커피숍 엑스트라의 수가 너무 많고, 말도 너무 많이 하게 했다. 좀 더 조용한 환경이라는 이미지였을 텐데. 왜 현장에서 눈치채지 못했을까.

세 번째. 제2회 초호 시사. 편집 때 잘라낸 장면. 정말 잘라내도 괜찮았을까. 어째서 간단히 판단한 걸까. 그건 그렇다 쳐도 ××의 질이 떨어진다. 처음 이미지와 전혀 비슷하지 않다. 왜 더욱 작업자를 닦달하지 않았나. 농땡이 부리고 싶어 하는 녀석이 하자는 대로 됐구나. 예산이 적어서 싸게 작업시켰다는 부채감 때문에 고삐가 느슨해졌던 거다. 물렀다. 안 된다. 이런 방식으로는.

네 번째. 제3회 초호 시사. 전반의 한 신. 왜 바스트 숏^{bust shot. 등}장인물의 머리에서 가슴까지의 상반신을 보여주는 장면을 하나 더 찍어두지 않았을까. 같은 대사라도 롱 숏이 아니라 바스트 숏으로 들려줬다면 더욱 마음에 와닿았을 텐데. 현장에서는 시간도 있었는데, 멍청이다. 중반의 한 신. 배우의 연기가 자연스럽지 않다. 이래서야 그저 대사를 읽고 있을 뿐이다. 어떤 감각으로 이 장면에 오케이를 준 거지? 종반. 정말 이 테이크로 좋았을까. 버린 테이크 가운데 정답이 있었던 게 아닐까? 아니, 집요하리만치 밤새 촬영된 영상들을 다시 봤다. 이보다 더 좋은 것은 찍지 않았다. 현장에서 다른 지시를 할 수 있었다면 배우도 달라졌겠지. 젠장. 다시 한 번 찍고 싶다. 지금이라면 5분만 준다면 근사한 오케이 테이크를 찍을 수 있다. 하지만 이제 그것도 불가능한 요청이다. 타임 오버. 영화도 정해진 예산과 스케줄 속에서 제작 관리된다. 이만큼 수정할 부분이 발견되어도 내게는 아무런 도리가 없다. 엔딩 크레디트가 끝까지 올라가고 장내가 밝아진다. 모두가 박수로 완성을 축하해준다. 일어서서 웃는 얼굴로 가볍게 인사한다. 이제 여기까지다. 4년이라는 세월 동안 이어져온 나의 사랑이 끝났다고 생각했다. 작품이 마음에 들지 않는 것은 아니다. 확실히 결점도 잔뜩 있지만, 이것이 현재 나의 최상이다. 아주 마음에 들고 몹시 자랑스럽다. 내가 만든 것 중에서도 지금은 가장 좋아한다고 생각한다. 하지만 이미 사랑은 끝났다. 왜냐하면 나는 이 작품의 알맹이에 대해, 이제 해줄 수 있는 일이 아무것도 없기 때문이다. 관계할 수가 없다. 그래도 사랑을 질질 끈다면 내가 살아갈 수 없다.

사랑이란 관계하는 것이라고 생각한다. 다방면으로 얽혀서 부담도 주고, 나도 변하고 상대도 변하고, 함께 아직 가본 적 없는 곳을 여행하는 일이다. 관계할 수 없는 사람을 멀리서 남모르게 사모하는 사랑은 내게는 어렵다. 앞으로 작품과 관계해나가는 것은 내가 아니라 영화를 봐주는 사람들일 터다. 내가 나의 영화에게 주는 사랑도 역할이 끝났다. 사랑의 끝과 함께 스트레스도 사라진다. 어휴, 이런 날이 올 줄이야. 애를 먹던 무렵에는 '지금 당장이라도 해방되고 싶다'고 생각했으면서. 하지만 사랑이 끝나 모든 것을 잃고, 살아갈 기력도 없어지나 했더니 신기하게도 무서운 기세로 뇌 속에서 작품의 기억이 사라져간다. 현장에서의 트러블, 배우나 스태프와 그때그때 겪은 일, 언제 적 일인지 떠올려봐. 이런 일, 저런 일, 있었잖아? ……하나도 기억 안 난다. 어째서인가. 이것도 나의 뇌가 만든 자기 구제 장치인가. 사랑의 상실에 기력을 잃지 말고 다음으로 나아가기 위해 지반을 다지는 것일까. 추억에 잠겨 지내려 해도 기억이 없으니 속수무책이다. 함께 추억을 만든 동료들도 늘 그랬듯 이미 모두가 다른 사람의 아내가 되어 떠났다. 어쩔 수 없으니 다른 일이라도 찾아볼까.

"잠꼬대 같은 소리 하지 마시고 기억해내세요!"

갑자기 홍보팀에 목덜미를 붙잡힌다. ……그랬다. 앞에서도 썼듯 영화는 남이 봐줘야 비로소 영화가 된다. 요컨대 남이 보기 전까지는 참된 의미로 영화의 완성이 아니다. 초호 시사회가 끝나면 봄에 새싹이 돋아나듯 두근두근 홍보 활동이 시작된다. 나는 말하자면 씨앗부터 무를 기르는 것이 전문인 농부지만, 앞으로는 그 무를 깨끗하게 씻고 포장하고 출하 루트에 실어서 "'미와 짱 무', 맛있어요!"라는 선전 문구를 확성기로 외치며 가게에 넘겨줄 때까지의 작업에도 참여해야 한다. "무를 재배하면 끝이라고 생각하지 마세요"라고 홍보팀에게 혼나고 있다. 옛날 농부는 그걸로 괜찮았다. 좋은 무만 정직하고 성실하게 기르면 붙임성이 없어도 통용되었다. 하지만 지금은 시대가 달라졌어요. 다른 오락거리를 이겨서 손님을 얻으려면 농부도 이름과 얼굴을 드러내고, 스스로 잘 팔기 위해 노력해야 해요!! 이리하여 사회성 부족한 스태프나 사교용 빈말을 한마디도 못하는 배우들이 텔레비전이나 잡지에 불려가서 영화의 '관전 포인트'를 우물우물 늘어놓게 되었다. 안방극장용으로 부적합한 음침한 얼굴로 두서없는 이야기를 들려드려서 죄송하지만, 우리에게도 이것은 정말이지 또 다른 고투다. 일찍이 나는 새도 떨어트릴 기세였던 인기 배우가 무대 인사 도중 기자의 질문에 "별로"라고 무성의하게 발언해서 호되게 공격당했는데, 그것은 같은 질문을 천 번 정도 받은 뒤에 나타난 이상심리라는 설도 있었다. 억울하게 누명을 쓴 피해자가 하지도 않았는데 "제가 죽였습니다"라며 자백으로 돌아서는 것과 거의 같은 메커니즘이다. 같은 질문을 무한히 반복당하다 보면 이성도 처세술도 붕괴되어 만사가 아무래도 좋아지는 자포자기 상태에 빠진다. 이 반복에서 해방될 수 있다면 지금 당장 나를 죽여도 좋다, 라는 듯한. 당연히 작품에 대한 사랑 따위는 이제 1그램도 남아 있지 않다.

나도 예전에 수많은 취재를 받으며 영화를 팔기 위한 미사여구를 스스로 반복한 결과, 남에게 "작품 좋았어요"라는 말을 듣기만 해도 괴로워서 눈물이 나는 상태로 내몰린 적도 있었다. 서른두 살 때. 〈유레루〉라는 작품이었는데, 2005년 말에 완성해서 그 뒤 2년 정도는 지방 행사나 해외 순회가 이어졌고 나중에는 제목을 듣기만 해도 이명이 지잉 울렸다. 사랑으로 기른 작품과 그런 관계가 되다니, 천진하게 현장에서 땀을 흘리던 무렵에는 예상조차 못했던 일이다. 아마 이는 다 만든 작품에 대한 집착을 버리지 않으면 결코 다음 길은 열리지 않는다는 사실을 알고 있는데도 강제로 쇠사슬에 목이 묶여 있는 괴로움일 것이다. 하지만 만든 이에게는 과거의 산물이라 해도, 그것을 아직 보지 않은 사람들에게 팔고 다니는 한 그 구속에서 벗어나는 일은 허용되지 않는다. 아무리 발버둥 쳐봤자 미래로 나아가지 못한다. 나를 둘러싼 화제는 모두 과거에 관한 것으로 넘쳐나서 앞으로의 일을 조금도 생각할 수 없다. 게다가 마지막에는 반드시 이런 질문을 받는다. "그래서 차기작 구상은요?"

한국의 충격작 〈똥파리〉로 장편 감독으로 데뷔한 양익준 씨는 배우와 감독 양쪽으로 그 재능을 전 세계 영화제에서 격찬받았다. 폭력 일색의 극중 캐릭터와는 대조적인 온화하고 사근사근한 인품도 사랑받아서 이곳저곳을 돌아다녔는데, 곧바로 현기증과 두통, 불면증에 시달리게 되었다고 한다. 작품 발표로부터 4년 뒤에 일본에서 재회했을 때도 "죄송합니다, 눈이 부셔서요"라며 한밤중 술집에서 선글라스를 썼다. 감독님, 감독님, 다음에는 어떤 영화를 찍나요? 지금 가장 하고 싶은 일은? 한국 국내 영화제의 레드카펫에서 기자가 마이크를 들이댔을 때 "섹스야!"라고 내뱉은 적도 있다고 한다. 지금은 어떻게 지내고 있을까.

포인트는 '능동적으로 나가느냐 마느냐'라고 가르쳐준 사람은 〈우리 의사 선생님〉의 주연을 맡아준 쇼후쿠테이 쓰루베 씨.

"매번 모두가 같은 질문을 하시잖아. '선생님, 어째서 이 작품 출연을 결정하셨나요?' '현장에서 재미있었던 에피소드는요?' 감독이라면 '이 이야기가 떠오른 계기는?'이나 '왜 쓰루베 씨로 정했나요?'. 전부 팸플릿에 써 있다고. 그래도 다들 물어보시지. 왜일까?"

"바로 그거예요. 선생님, 저도 못 견디겠어요."

"그렇지. 그러니까 감독, 앞으로는 같은 말은 한마디도 안 한다는 생각으로 대답해봐. 번번이 반드시 다른 말을 해주는 거야. 완전히 다르지 않아도 괜찮아. 그래도 조금씩이라도 매번, 바로 앞의 것에서 반드시 바꿔서 말해봐. 같은 질문에 대답이 매 차례 달라져도 거짓말이 아니면 괜찮잖아. ……괜찮지, 홍보팀!"

"……괜찮아요!"

"그렇게 하면 매 순간 머리가 가만히 생각하게 돼. 음, 어떻게 말할까, 하고. 그러면 자기도 재미있어져. 루틴routine이 되니까 괴로운 거거든. 억지로 하고 억지로 말하고, 로봇처럼 되니까. 사람이 로봇이 되는 건 괴롭잖아."

"과연 그렇군요."

"이렇게 말해도 진짜 기진맥진이야. 지금 전철을 타면 난 헐크로 변해버릴걸."

욕심 많은 쓰루베 선생님은 이렇게 푸념하면서도 한 에피소드를 말할 때마다 청자인 인터뷰어의 반응과 웃음 포인트를 골고루 관찰해서 그때그때 말의 간격을 생각하고, 표현을 바꾸고, 축소나 확장을 시도해서 홍보가 끝날 무렵에는 자신의 단독 공연에서 선보일 수 있는 질 좋은 이야깃거리를 몇 개나 완성시켰다. 천재의 노력이란 이런 것이구나 절감했다.

작품의 기획자였던 야스다 씨와 쓰루베 선생님은 오사카 시절부터 오랜 친구여서 그 인연에도 기뻐하며 역할을 흔쾌히 수락해주셨는데, 작품이 완성되고 3개월 뒤 회식 도중 뇌경색으로 쓰러진 야스다 씨가 허무하게 세상을 떠났다. 쓰루베 선생님은 성누가 국제병원 영안실에서 딱딱하게 군은 그 얼굴을 내려다보며 "내가, 잘할게"라고 중얼거렸다. 소규모 체제로 배급한 영화를 흥행시키기 위해 자신의 지명도를 철저하게 활용해서 이벤트를 꾸몄고, 오키나와에서 홋카이도까지의 전국 순회에 동행했으며, 해외에도 세 번이나 함께 갔다. 어디를 가든 할머니부터 불량 청소년까지 그를 우르르 에워쌌지만 사진 한 장, 사인 한 번 거절하는 모습을 못 봤다. 멀리서 휴대전화 카메라로 찍으려는 젊은이에게 어이, 그런 데서 뭐하는 거야, 하며 손짓으로 불러 어깨동무를 하고 사진을 다시 찍게 했다. 말씀하시기를 "사람들이 치켜세워줬으면 해서 이 업계에 들어왔잖아. 인기 좀 얻었다고 '싫어'라고 해서는 안 돼".

조언을 들은 뒤로는 실제로 나도 상당히 편해졌다. 몇 번이고 틀에 박힌 질문을 받아도 전부 단 한 번의 진검 승부 같아서 등줄기가 쭉 펴진다. 하지만 결국 쇼후쿠테이 쓰루베라는 사람의 인간성이 작품 곁에 존재해준 것이 당시의 가장 큰 구원이자 발견이었다고 생각한다.

내 작품에 대한 사랑은 그때그때 일단락된 시점에서 열기가 식고, 또 가끔은 혐오로도 바뀌고, 그리하여 서서히 과거의 것으로 변화해가지만 내 안에 기억으로서 잔상을 남기는 것은 역시 이런 '관계의 흔적'이다. 누가 칭찬해줬다던가, 숫자가 어쩌했다던가 하는 것은 생활을 지탱하는 기반과도 이어져 있겠지만 작품이 내 가슴에 남겨주고 간 선물이 있느냐고 묻는다면 역시 그 또한 관계가 불러일으킨 이런 작은 말이나 사건이다.

홍보팀은 충혈된 눈으로 "우리는 이 작품을 꼭 많은 사람들이 봐줬으면 해요"라며 밤에도 자지 않고 준비해준다. 어쨌거나 내 자식이 그렇게 타인에게 사랑받는 것은 행복한 일이다. 사랑받는 동안이 행복한 때. 남의 사랑에 편승해서 관계함으로써 생기는 사랑도 나쁘지 않다. 이영차, 자리에서 일어난다. 자, 이번에 날아오는 천 개의 공은 어떤 식으로 받고, 또 어떤 것과 관계를 맺어나갈 수 있을까. 두려운 것 같기도 하고, 즐거운 것 같기도 하다.

x = 음악

나는 신작에서 처음으로 클래식 음악을 넣어보기로 했다.

열쇠를 쥔 것은 헨델의 〈유쾌한 대장간〉이라는 악곡이었다. '주인 공의 집 거실로 들려오는 이웃집 아이가 치는 피아노곡'을 찾던 중 우연히 만난 곡이다. 지난번 오사카에 홍보차 갔을 때 평론가 밀크 맨 사이토 씨가 "핵심 구절은 음악 교과서에 실려 있었어요"라고 말 씀하셨으니 지역에 따라서는 잘 알려진 곡일 수도 있지만 나는 몰 랐다.

클래식 명곡 가운데는 곡 자체보다 그 곡을 쓴 영상의 이미지가 더욱 강렬하게 사람들에게 각인된 것도 있다. 슈트라우스의 〈짜라 투스트라는 이렇게 말했다〉는 영화 〈2001 스페이스 오디세이〉의 곡. 바그너의 〈발퀴레의 기행〉은 〈지옥의 묵시록〉의 노래. 비발디 의 〈만돌린과 현, 하프시코드를 위한 협주곡〉은 〈크레이머 대 크레 이머〉의 곡. 명곡은 세상에 끈질기게 살아남아온 만큼 악곡 자체의 생명력이 강하지만 이미 다른 영상 작품의 색깔이 묻어 있을 위험 도 크다. 쇼팽의 〈이별의 노래〉나 드뷔시의 〈월광〉도 좋았지만 너무 여러 장면에서 다루어진 인상이 있어서 이야기가 곡에 잡아먹힐 거라고 생각했다.

나는 평소 클래식 음악을 듣는 습관도 없어서 레퍼토리가 적다. 레코드 가게에 가도 협주곡, 교향곡, 소나타, 아리아, 오라토리오, 뭐가 뭔지 도통 알 수 없어서 못 박힌 듯 서 있게 된다. 나는 일본의 음악 교육을 저주했다. 리코더 시험에서 "삐" 하고 이상한 음이 하나 나온 순간 "자, 불합격" 하며 선생님이 넘쳤던 기억이 났다. 리코더. 어른이 된 이후 한 번도 불지 않았지만 곤란한 일이라고는 없었다. 그 대신 이 정도의 기초 지식을 왜 의무교육 과정에서 가르쳐 주지 않았던 것인가. 이렇게 되면 의지할 데는 아이튠즈. 카테고리를 불문하고 닥치는 대로 들어본다. 비탄이나 격정, 장엄함으로 쏠리지 않는 심플하고 순박하면서도 발랄한 곡을 찾고 있었다. 외르크 데무스라는 피아니스트가 연주한 〈유쾌한 대장간〉을 처음 들었을 때 이거다 싶었다. 아이라도 칠 수 있는 느긋하고 부드러운 도입부가 어느 틈에 그때그때 사계절을 뒤쫓듯 변화하고 춤추듯 여행을 한다. 언제라도 음울해지지 않고, 힘 빠져 있지 않고, 빛이 있는 쪽을 찾아서 곧장 달려가는 멜로디. 이 얼마나 빛으로 가득한 곡인지. '살아 있어서 행복해!'라고 느껴지는 듯해서 즉시 결정했다. 그 뒤로는 계속 이 곡을 반복해서 들으며 이야기를 써나갔다. 아무리 펜이 나아가지 않는 밤이라도 아이들의 목소리가 응원해주는 듯한 느낌이 드는 신기한 곡.

이 곡을 기둥 삼아 새 영화의 음악을 구상해나가려 했지만 내게는 클래식 음악계의 인맥이 없었다. 이제까지 영화음악은 모어 리듬More Rhythm이라는 라이브 밴드의 인맥을 중심으로 대부분 인디 레이블이나 아마추어 뮤지션으로 편성하여 연주해왔다. 데뷔작을 찍기 전, 준비된 음악 비용이라고는 10만 엔밖에 없었을 때 라이브 하우스에서 알게 되어 "뭐든 할게"라고 말해준 것이 그들이었다. 그 뒤부터 작품 크기를 불문하고 음악을 만들어준 그들이지만, 지금이니 하는 말인데 피아노를 연주했던 건 중학생 때까지밖에 피아노를 안 배운 베이시스트였고 드럼 리듬이 처진다며 화를 낸 보컬이 드러머를 끌어내려 직접 드럼을 치는 등 현장은 어마어마한 육체노동으로 변통되었다. 필요에 따라 불경도 외고, 나니와부시도 한 곡조 뽑고, 스페인어 교본을 한 손에 들고 마리아치밝고 경쾌한 곡을 연주하는 멕시코의 악단 또는 그 음악를 연주하고, 어쨌거나 그 자리에서 가장 잘하는 사람이 잘하는 것을 하는 아마추어리즘이 작렬하는 학예회 방식이었다. 라이브나 투어 때 말고는 접시닦이나 폐품 수집, 빌딩 청소로 생계를 꾸려나가는 터프한 노동자 정신을 실천하는 사람들로, 스튜디오 뮤지션이나 음대 출신은 한 사람도 없고 오선지를 못 읽으니 아무도 콩나물 대가리를 그리려는 시늉조차 하지 않는다(그들의 말에 따르면 존경하는 흑인 블루스맨 가운데 악보를 읽을 수 있었던 녀석은 없다고 했다). 게다가 요즘 시대에 전자기기로 음악을 만들지 않고 전부 아날로그, 라이브 연주. 멤버가 모두 모여 스튜디오에 들어가지 않으면 데모 음원 하나 못 만들고, 녹음한 것을 나중에 좋은 부분만 편집하지도 않으니 모두가 영상을 보면서 몇 분 몇 초 하고 맞춰서 딱 맞는 사이즈로 실수 없이 연주하는 수밖에 없었다. 모르는 사람이 이 녹음 현장을 본다면 불안해서 미칠 것이라는 생각에, 나는 "됐으니까 보지 마세요"라며 프로듀서조차 스튜디오에 못 들어오게 했다. 이른바 프로로서 수주 일을 하지 않는 사람들이라서 영화음악에 대해서도 기성관념이 없고, 대개는 이렇게 하지, 라는 정석에서 작곡도 연주도 확실히 벗어나 있었다. 그 '틀'에 들어가지 않는 면이 가장 큰 특징이고 음색에도 리듬에도 손맛이 있었다. 데뷔작 이후부터 인연을 맺어온 그들에게 나도 적당히 넘어가는 법 없이 "아닌데"라며 무뚝뚝한 표정으로 끝없이 요구를 해댔다.

하지만 헨델이라면 파트너로 삼아야 할 상대가 다르다. 모어 리듬과 안녕을 고하고 내가 상담을 신청한 사람은 20대 후반 무렵 광고 일로 알게 된 음악 프로듀서 이토 히데키 씨였다. 이토 씨에게는 영화음악 경험이 없었지만 나는 그를 열심히 즐겁게 일하는 사람으로 기억하고 있었다. 그 뒤로 1년에 두 번, 백중날과 연말이면 맥주를 내게 박스로 보내줬다. 내가 맥주를 무엇보다 좋아한다는 것을 알고서인지 모르고서인지, 함께 일한 뒤로 10년도 더 지났는데 계속 보내준다. 또 영화를 만들 때마다 "봤어요!"라고 기운 나는 감상을 보내줬다. 달리 지인도 없는데 이토 씨에게 상담하지 않는다면 나는 10년분의 맥주에게 사과해야 한다.

각본을 읽은 이토 씨를 작업실로 불러 의견을 물었더니 "저는 이걸 읽고 〈카발레리아 루스티카나〉를 떠올렸어요"라고 맨 먼저 말했다. 카발레리아 루스티카나!! 나는 크게 소리 질렀다. 그것은 바로 내가 이제껏 유일하게 푹 빠졌던 오페라였다. 영화 〈분노의 주먹〉

의 오프닝 곡이기 때문이다. 복싱 링 위에서 홀로 스텝을 밟는 로버트 드니로의 슬로 모션 컷 위로 흐르는 것은 마스카니가 작곡한 그 평온한 간주곡이었다. 드니로가 몸을 부딪쳐 연기하는 인격 파탄자 복서의 피와 구토로 얼룩진 전락극과는 도무지 어울리지 않는 그 멜로디의 거룩함이 오히려 감동적이어서, 나는 이 곡 역시 펜이 나아가지 않는 긴 집필 기간에 '구제불능인 녀석이라도 신은 용서해줘!'라는 해석과 함께 몇백 번이고 되풀이해서 들었다. "이토 씨! 꼭 함께합시다!!" 나도 모르게 이런 말이 튀어나왔다. ……어째서 이토 씨는 내가 좋아하는 게 뭔지 아는 걸까.

이번 영화 역시 피와 구토로 얼룩진 이야기다. 그것을 감싸는 듯한 상냥함과 밝음이 음악에 필요하다. 단, 〈카발레리아 루스티카나〉만큼 웅장한 것이 아니라 조금 더 아담한 세계관으로 표현하고 싶다. 나는 이렇게 말했던 것으로 기억한다. 이토 씨는 〈유쾌한 대장간〉에 더하여 헨델이 남긴 곡 가운데 몇몇 좋은 것을 골라서 영화의 전환점마다 집어넣으면 어떠냐고 제안했다. 그리고 작곡가 겸 연주가로서, 다양한 연주가와 교류도 깊은 바이올리니스트 나카니시 도시히로 씨와 기타리스트이기도 한 작곡가 가토 미치아키 씨 두 사람을 추천해줬다.

영화음악이라 하면 〈스타워즈〉나 〈E.T.〉의 존 윌리엄스, 〈대부〉의 니노 로타나 〈전장의 크리스마스〉의 사카모토 류이치 등 그 작곡가의 개성이 퐁퐁 샘솟는 메인 테마가 떠오르겠지만, 현대극의 공간 안에는 실로 다양한 음악이 존재한다. 술집에서 틀어주는 쇼와 시대 가요, 커피숍 라디오에서 흘러나오는 경쾌한 퓨전 음악, 텔레비전 야간 경기 중계에서 들리는 응원 나팔 소리, 파친코의 요란한 유로비트 등등 그 작곡가다운 작풍의 곡이 아닌 것도 모조리 처음부터 만들어야 한다(사카모토 류이치 씨 본인이 그 곡들을 직접 만들었는지는 모르겠지만……). 기성곡의 음원을 쓰는 편이 가장 손쉽고 리얼리티도 살지만, 일반 상영에서 저작권 사용료 및 DVD나 텔레비전 방송 등의 2차 이용에 관한 사용료 등을 모두 합쳐 지불하면 눈 깜짝할 사이에 수십만에서 수백만이나 되는 금액이 날아간다. 술집의 한 장면에서 희미하게 깔리는 배경음악에 거금을 들일 수는 없다. 일본의 영화 제작에서 음악에 들이는 비용은 일반적으로 터무니없이 적게 책정되어 있다고 나는 느낀다. 아낌없이 명곡, 명연주를 쓰는 할리우드 대작을 곁눈질하고는 분을 삭이며, 그러면 음악가 님, 부탁합니다! 하게 된다.

가토 미치아키 씨에게 처음 부탁한 것은 극중에서 다섯 살 여자아이가 저녁 5시부터 빼놓지 않고 보는 텔레비전 만화영화의 주제가다. 〈찰방찰방 롤리〉라는 제목이 붙은 날치 형제의 모험 이야기. 자식이 없는 40대 주인공이 갑자기 아이가 있는 생활에 뛰어들어 느끼는 위화감. 허세 많은 중년 남자의 생활에는 존재하지 않는 소란하게 재잘거리는 가벼운 음질. 하지만 두 사람이 머지않아 서로 정들어가면서 함께 읊조리기도 하는, 어떤 면에서는 관계의 열쇠를 쥐고 있는 중요한 만화영화 주제가다. 실제로 요즘 만화영화 주제가는 그렇게 유아 대상의 내용으로는 만들지 않아서 어른 가수가 성숙한 악곡이나 가사로 부르는 경우도 많은 모양이지만, 이번 영화에서는 굳이 내가 어릴 때 봤던 〈톰과 제리〉〈꼬꼬리코 돌격대〉〈재채기 대마왕〉 같은 어린이의, 어린이에 의한, 어린이를 위한 만화영화 주제가를 바랐다. 가토 미치아키 씨는 수많은 만화영화 주제가 작곡과 편곡 작업에도 참여해온 백전노장의 직업인. 나도 이토 씨도 밤새 참고 자료를 찾아서 어떤 노래의 어떤 분위기를 가미하고 싶다, 악기는 이것, 가수는 이런 목소리를 가진 사람, 하고 세밀하게 의견 교환을 해왔다. 목표가 정해진 즈음 가수를 불러서 노래도 시켰는데, 막상 기쁜 빛을 얼굴에 가득 띠고 데모 테이프를 완성해서 온 이토 씨에게 나는 설마 했던 NG를 선언하고 말았다. 전화를 걸었던 날은 분명 2014년이 저물어가는 12월 30일이었다. "이토 씨, 죄송해요. 뭔가 다른 듯한 느낌이 들어요."

무엇이 어떻게 다른지, 음악 수정은 정말이지 말로 표현하기 어렵다. 나처럼 악기를 연주하지 못하고 음악 용어에도 어두운 사람은 음악가와의 의사소통이 더더욱 힘들다. 반쯤은 취향의 문제이기도 하다. 내 안에서는 '달라'도 다른 사람에게는 위화감 없는 만듦새일 수도 있다.

"뭔가 달라요."

"어디가요?"

"어디가라니, 다르잖아요."

"감독님이 말한 대로 하면 이렇게 되는데요."

"왠지 너무 예리하고 밝은 느낌이 나요. 좀 더 나른하면서도 슬픈 느낌이 들어야 하거든요. 단조로 바꾸면 안 될까요?"

"이건 단조 코드지만 감독님이 말하는 '슬픈 느낌'을 저는 잘 모르겠어요. (옆 사람에게) 너는 알겠어?"

"……으음, 잘 모르겠는데."

"으으으으으(머리를 감싸 쥔다)."

이제까지의 작품에서도 모어 리듬 멤버들과 스튜디오 안에서 몇 번이나 반복해온 입씨름. 떠올리기만 해도 머리가 지끈거린다. 전화기 건너편의 이토 씨도 말문이 막힌 느낌이 전해졌다. 내가 맥주를 좋아한다는 것도 〈카발레리아 루스티카나〉에 씨릿찌릿한 감동을 느끼는 것도 이토 씨는 파악했지만, 내게 던진 초구는 뜬공이 될 것이 명백하다. 나는 여기서 볼이라는 것을 알면서도 배트를 휘둘러야 할까. 그렇게 하면 이토 씨나 가토 씨는 좋은 징조로 여겨서 궤도에 오를 수 있을까. 아니면 또 **그것**을 하는 건가……. 하지만 이토 씨는 다음 순간 "알겠습니다! 시기가 시기이니만큼 시간을 좀 주세요!"라고 밝은 목소리로 대답했다. 이런 점이 우리 영화판 인간의 굳은 머리와는 다른, 클라이언트를 상대로 일하는 사람의 대응에서 볼 수 있는 터프함이자 유연함이다. 그리고 설 연휴 마지막 날인 6일, 작곡도 근본부터 바꾸고 가수도 다시 불러서 두 번째 데모가 완성되었다. 그야말로 스트라이크존 정중앙에 꽂힌 공. 요구하기를 잘했다.

예의 〈유쾌한 대장간〉은 실제로 아이에게 쳐달라고 하기로 했다. 솜씨 좋은 연주자가 마치 아이처럼 '서투르게' 연주하면 부자연스러울 듯한 예감이 들었기 때문이다. 스태프의 아이가 다니는 피아노 학원에서 솜씨와 배짱이 좋은 몇몇 아이를 불러내어 그날 처음 보는 〈유쾌한 대장간〉 악보를 연주해달라고 해서 녹음했다. 만일을 대비해 피아노 경험이 있는 어른 스태프도 몇 명 참여시켰다. 미리 몇 주 동안 연습한 스태프, 그날 악보를 처음 보는 스태프. 곡만은 몇백 번이나 들었던 나도 참전했다. 피아노를 치다니 중학교 이후 처음이다. 악보를 전혀 못 읽게 되어서 부모님이 낸 학원비를 생각하니 마음이 저릿저릿했다. 이 상태를 보아하니 어쩌면 협주곡과 교향곡의 차이도 학교에서 배웠을지 모른다.

녹음이 끝난 뒤 누가 쳤는지는 숨기고 음원만 다시 들었다. 신기하리만치 명료하게, 어른과 아이의 터치가 달랐다. 어른은 음을 틀리면 민감하게 반응해서 어떻게든 올바른 음을 찾아내어 수정한 뒤에 다음으로 향하려 한다. 요령을 터득하면 템포가 빨라지고 되도록 지체 없이 앞으로 나아가려 한다. 하지만 아이는 잘못된 음을 내도 그것이 틀렸는지 아닌지를 눈치채지 못하고 그저 똑바로 나아간다. 아니야, 그 음은, 하고 누가 알려주지 않는 한 평생 눈치채지 못할 듯이. 터치는 따끈따끈 말랑말랑, 템포도 전혀 빨라지지 않는다. 뭐라 할 말이 없는 떠듬떠듬한 연주다. 그런데도 왜인지 아이의 얼굴과 가느다란 손가락이 눈앞에 떠올라 가슴이 찡해진다. 우리는 당시 중학교 1학년이었던 다케다 아오이라는 여자아이를 뽑았다. 이 곡을 반년 동안 연습해서 능숙해졌을 때 엔딩 크레디트용으로 다시 한 번 녹음하게 해줄래, 하고 부탁했다. 아오이는 갑자기 내려온 미션에 뭐가 뭔지 모르겠다는 표정이었다.

나카니시 도시히로 씨와의 작업은 오프닝 곡 작곡부터 시작했다.

속물 주인공이 아내가 없는 밤을 틈타 집으로 불러들인 애인에게 자신이 자랑하는 레코드를 들려주며 흡족한 표정으로 우쭐한 말을 늘어놓는 장면이다. 실재하는 곡을 틀면서 그들이 극중에서 그 레코드 재킷을 손에 들고 연기할 수 있으면 가장 좋으므로, 원래는 이것도 테너 색소폰 연주자인 콜맨 호킨스의 요염한 재즈나 조잡한 1930년대 아르헨티나 탱고의 원반原盤 등을 계획했지만 또다시 거만한 사용료 때문에 NG. 하지만 나카니시 씨는 새즈 바이올린의 신 스테판 그라펠리와도 함께 공연한 경험이 있는 다재다능한 바이올리니스트다. 스테판 그라펠리라 하면 천재 기타리스트 장고 라인하르트와 '핫클럽 5중주단'을 결성한 사람. 장고처럼 리듬감 강한 기타와 함께, 본편의 축이 되는 헨델의 우아하고 아름다운 곡조와는 대조적으로 독기 가득한 곡조를 만들어달라고 부탁했다. 오프닝은 영화의 얼굴. 재미있는 영화일 것 같네, 하고 관객을 끌어들이는 선제 펀치가 필요하다.

나카니시 씨는 연세가 예순으로 일본에서도 굴지의 전문가지만, 겉모습은 백설 공주와 함께 있는 난쟁이처럼 차밍charming하고(칭찬입니다) 대가다운 위압감은 털끝만큼도 풍기지 않으며 호기심 강하고 의욕적인 사람이다. 내 작업실과 엎어지면 코 닿을 거리에 귀여운 가구와 희귀한 바이올린으로 둘러싸인 자택이 있어서, 나는 뻔질나게 드나들며 미팅을 하고 연주에 관한 논의를 했다. 그의 라이브 연주나 CD 음원을 들었을 때 우아하고 화려한 연주가 많아서, 어쩌면 내가 이 곡에 바라는 어둡고 거친 음색은 나카니시 씨 사전에는 없을 수도 있다고 생각했다. 데모 음원을 들었을 때 센스 좋은 기교적인 곡이라고 생각했지만 촌스러움이 조금 부족한 느낌이 들었다. 하지만 그런 말을, 자신의 표현을 이미 높은 수준으로 연마하여 세계적으로 널리 인정받아온 예술가에게 꺼내도 될지 나는 고민했다. 다케다 아오이 양에게 "다음에는 조금 더 기운차게 쳐보자"라고 말하는 것과는 사정이 다르다.

하지만 나카니시 씨는 첫 테이크를 끝내자 디즈니 캐릭터가 무색할 정도로 귀여운 눈으로 이쪽을 흘끔 보며 "어땠어?"라고 묻는다. 나는 "최고예요!"라며 엄지손가락을 치켜들고 싶은 마음을 꾹 참으며 "기분 탓일지도 모르겠지만 템포가 조금 느린 것 같아요"라든지 "가능한 일인지 모르겠지만, 거의 불협화음에 가까운 지저분한 음을 끼워 넣을 수 있나요?" "화면과 어우러지면 좋을지도 모르겠는데요, 중간부터 저음역으로 들어가면 더 좋을 것 같아요" 하고 고봉밥 같은 서두와 함께 쥐어짜내듯 말한다. 그러면 아, 그렇겠네! 오케이, 한 번 더 해봐도 돼? 하며 실로 경쾌하게 테이크 2. 그러고는 분명히 다른 테이크 2를 연주한다. 명확하게 변화한다. 우아함도 더러움도 나카니시 씨는 자유자재였다. 실로 표표히, 나의 상상을 까마득히 뛰어넘은 경지까지 공을 던진다. 정말로 말하기를 잘했다며 가슴을 쓸어내린다.

일을 하며 생각하는 것은, 첫 번째와 두 번째 사이에 분명한 변화가 생기는 성과를 내기란 몹시 어렵다는 점이다. 내 안에서는 변화시키고 개량시켰다고 생각해도 다른 사람이 보면 둘 다 엇비슷해 보인다. 각본이 4고, 5고가 되면 반드시 빠지는 수렁이다. 이리저리

주물럭거린 것보다 한 바퀴 돌아와 처음 것이 가장 좋은 경우도 종종 생긴다. 그때마다 저 녀석들 때문이잖아! 하며 그때까지 저마다 의견을 내준 사람들을 저주하고 싶어지지만, 가토 씨나 나카니시 씨의 수정 능력을 보면 역시 그 뒷배가 되어주는 것은 오랜 시간 쌓아온 기술과 경험이라는 생각이 든다. 가토 씨도 나카니시 씨도 여하튼 귀가 좋다. 음악을 듣는 귀뿐만 아니라, 자기 외의 사람의 말을 듣는 귀가 대단히 좋다. 무엇보다 타자는 **자신이 아니라는** 사실을 잘 안다. 감각도 다르고 취향도 제각각이다. 그 '자신이 아닌' 상대가 무엇을 표현하고 싶어서 어떤 것을 바라는지, 그에 대해 가만히 귀를 기울일 때 두 사람의 표정 속에는 신기할 정도로 '나'가 없다. 그러나 '내'가 어떤 사람이건, 상대의 요구에 따라 대답이 나올 때는 분명히 '나' 말고는 내지 못하는 음이 나온다. 오히려 자신이 아닌 누군가의 말에 이끌려 헤엄쳐갔을 때, 어떤 섬에 도착한 '나'를 발견할 수 있을지를 느긋하게 기대하며 즐기고 있는 것처럼도 보였다.

촬영은 봄, 여름, 가을, 겨울로 이어져 2014년 연말 가토 씨가 〈찰방찰방 롤리의 테마〉(및 만화영화 속 극중 음악) 작업에 들어가고부터 2016년 2월까지, 1년이 조금 넘는 시간을 들여 음악을 만들었다. 이런 여유로운 스케줄은 이례적인 것이지만 그사이 나는 온갖 샘플 음원을 이토 씨에게 보냈고 이토 씨는 "좋네요~"라며 활짝 웃는 얼굴로 그것을 캐치하면서도, 되돌아온 공은 또다시 크게 빗나가서 스리 볼! 이런 일이 반복되었다. 하지만 나는 절대로 볼에는 손을 뻗지 않기로 했다. 나중에 미련을 그 사람 탓으로 돌리는 일만은 하고 싶지 않았기 때문이다. 사람과 사람의 감각은 어긋난다. 업무 파트너와의 감각이 아무 말도 하지 않아도 처음부터 딱 맞는 것은 멋진 일이지만, 그래서야 언제까지고 거리가 좁혀지지 않는다. 내가 가장 좋아하는 음악과 이토 씨가 가장 좋아하는 음악은 분명 다를 테고, 그렇기 때문에 질릴 정도의 의견 교환이 한밤중의 메일로, 미팅으로 거듭되었다. "이제 됐잖아?"라며 내 쪽이 숨을 몰아쉴 정도로 이토 씨는 끈질기고 터무니없이 열정적이었다. 가토 씨도 나카니시 씨도 거의 '생불'이라 해도 좋은 인품이었지만 그래도 나는 두 사람에게 "아닌데"라고 무뚝뚝한 표정으로 요구를 할 수는 없었다. 밤을 새워 만들어준 곡을 고쳐달라고 말하기란 괴롭다. 한 군데 수정을 요구하는 데도 적확한 말이 떠오르지 않아서 왜 그것을 군이 말해야만 하는지 생각에 잠기게 되고 머리를 들 수 없을 때도 있었지만, 그럴 때는 반드시 "감독님, 요컨대 이런 뜻이에요?"라며 이토 씨가 밝은 목소리로 구조선을 띄워줬다. '세계 어디에 내놓아도 부끄럽지 않은 음을'을 신조로, 나의 작품을 한없이 믿으며 그때마다 자신이 가진 가장 좋은 아이디어를 내고, 여러 사람에게 머리를 숙여가며 인맥을 활용하고, 너무 쥐어짜서 이제는 피 한 방울도 안 나올 성싶을 지경까지 애써줬다. 광고 일과 비교하면 수십 분의 일, 아니 인건비나 경비를 빼면 분명 거의 무급에 가까울 음악비로 일해줬을 터다. '영화를 만드는 것'이란 이다지도 사람에게 특별한 일일까. 나는 20년 동안 내가 생업으로 삼아온 일이 가진 강력한 힘에 새삼 전율했다.

모어 리듬 멤버들은 마지막에 등장인물들이 모이는 작은 파티 회장에서 흐르는 댄스음악을 특별히 만들어줬다. 여전히 스튜디오에 모일 때마다 왁자지껄, 일촉즉발의 분위기. 왜 이렇게 모르는 거야, 하며 하늘을 올려다본 타이밍에 아프리칸 같기도 하고 라틴 같기도 한 신기하리만치 행복한 곡이 눈 깜짝할 사이에 완성되었다. 마치 천국의 리듬 같다. 고마워요, 모어 리듬.

2015년 12월, 다케다 아오이의 〈유쾌한 대장간〉 두 번째 녹음을 했다. 그랜드피아노에 앉은 아오이는 긴장하면서도 길고 긴 풀 버전 곡을 마지막까지 쳐냈다. 귀를 의심할 정도로 향상된 실력이었다. 하지만 외르크 데무스의 현란한 연주처럼은 못 친다. 야트막한 언덕을 가장하고 있지만 사실 이 곡은 매우 험준한 산이다. "할 수 있어! 힘내! 파이팅!" 믹싱룸에서 나와 이토 씨는 봉을 쥐고 나란히 서서 외쳤다. 아오이는 틀려도, 막혀도, 연주를 멈추지 않았다. 귀여운 아기의 옹알이 같던 서투른 멜로디가 높이, 높이, 믿을 수 없을 정도로 높은 곳까지 우리를 데려간다. 이런 풍경이 있다니. 자신에 대해서도, 타인에 대해서도, 포기만 하지 않으면 우리는 또 어디까지든 갈 수 있을지도 모른다.

x=주연

조감독 시절, 영화감독 같은 건 되고 싶지 않다고 생각했다. 감독은 배우들을 상대해야 하기 때문이다. 나는 배우가 거북했다. 스타든 가난한 배우든 죄다 거북하다. 그들은 여하튼 자기 자신 말고는 흥미가 없고 사회성이 결여되어 있으며 언제나 사람들의 관심을 끌려 하고, 남이 밥상을 차려주지 않으면 무엇 하나 자주적으로 행동하지 않는 주제에 스태프의 고생 같은 건 상상도 하지 않고, 누구에게나 절친한 척하는 게 특기이라서 진심이 무엇인지 전혀 모르겠다. 외모가 돋보이니까 지적으로도 사려 깊게도 보이지만 화제는 대체로 자기 자신에 관한 것이나 지리멸렬한 이야기고 머릿속에 있는 것도 자신의 대사와 연기뿐. 작품의 주제나 영화의 미래 따위는 사실 진지하게 생각한 적도 없는, 겉만 번드르르한 사람들이라고 생각했다. 카메라 앞에 서서 육체를 드러내며 자기와는 다른 인격을 가진 역할을 받아들이는 그들은 우리가 헤아릴 수 없는 중압감에 시달리고 있어, 치부를 드러내며 상처받고 있지, 그러니 약간은 이상해지기도 하는 거야, 라고 윗사람들이 가르쳐줘도 더더욱 이해가 안 되었다. 좋든 싫든 그들은 원의 중심에 존재할 수밖에 없는 사람들이다. 그들이 있는 자리는 빛이 나고 공기가 긴장되며 무언가가 일어난다. 그렇지 않으면 곤란하지만, 그들이 돌아간 뒤 우리는 고개를 절레절레 흔들며 한숨을 내쉰다. 아무리 근사한 배우라도, 아무리 소탈한 배우라도, 아무리 배려심 깊은 배우라도, 그 자리를 떠나면 다들 안심한다. 그때쯤이면 이미 우리는 완전히 기가 빨려 있다. 대부분의 스태프는 그런 배우들을 상대하지 않고 넘어살 수 있지만 감독만은 달아날 수 없다.

그러나 나는 감독이 되었다. 얼굴을 보기만 해도 기가 죽는 그 '배우들'과 무릎을 맞대야만 하는 자리에 앉아버렸다. 고문이다. 하지만 어쩔 수 없다. 그 일을 하지 않으면 목이 날아가니까.

다음은 〈아주 긴 변명〉이라는 신작 영화의 주연 배우가 우리 사무실에서 처음으로 얼굴을 마주한 뒤, "수고하셨습니다"라는 메일을 쓴 프로듀서 K 씨 앞으로 런던 자택에서 보낸 답신이다.

2014·04·30 9:19

저야말로 반쯤 막무가내로 찾아갔던 것을 맞이해주셔서 감사했습니다. 두 분을 앞두고 미지의 만남에 대한 예감으로 가슴이 두근거리는 듯한 느낌이 들었습니다. 이번 작품은 저로서는 80퍼센트쯤 결정!이라는 생각이긴 한데요, 역시 (살짝 부정적인) 불안한 마음이 남아 있어요,,,

언제였던가, 장모님일본의 유명 배우 기키 기린께 '일을 고르기'보다 '역할을 골라서(만나서)' 즐길 수 있으면 좋아~라는 말을 들은 적이 있는데요,,, 이야기를 들은 시점에 니시카와 감독(여성, 신선함), 아주 긴 변명(함축성 있는 좋은 제목), 다소 세속적인 장면 있음(의외성, 도박), 이러~언 느낌이라서, 일의 선택이라는 측면에서 재미있겠다, 하고 흥미를 가져보려 했던 것은 사실입니다,,, 그리고 불쌍한 자의식이라는 구절에 공감을 느낀 것을 축으로 이야기를 따라가, 주위 사람들의 해석을 가미하여 저 나름대로 이해에 근접했습니다. 그래서 드디어 얻은 역할을 마음 앞에 두고, 느끼고, 생각해봅니다,,,

물론 연기할 때 역할에 모조리 공감해둘 필요는 없다는 점은 압니다. 오히려 약간의 모순을 남기는 편이 역할(작품)의 만듦새에 좋은 의미로 돌출된 부분이 생겨날 거라고 생각합니다(성공한 적도 없지만요, 쓴웃음). 하지만 자신을 똑바로 마주할 수 없는 어리석고 불쌍한 자의식의 소유자이자 옹고집쟁이인 남자의 작은 깨달음? 같은 이야기라고 하면, 제가 연기할 때 저 자신의 버팀목이 되어줄 어떤 기대를 품고 싶어요(뭐어~? 모토키이~ 무슨 말이 하고 싶은 거야?). 어중간하게 인텔리인 척하고 예사로 여자를 좋아하는 인물이라면, ○○ 씨(실재하는 현역 배우-저자 주)가 풍기는 분위기와 걸맞겠지요. 굳이 모토키를 선택하는 이유는? 의외성뿐만 아니라, 기대하게 만들고 납득시키는 부분은 어디에? 설정이라기보다 이야기 속 후반에서 과연, 이 부분이 있기 때문에 모토키를 선택했구나, 하고 신기하게 납득이 되는 무언가, 그~ 예를 들면 감독님이 말한 아내의 죽음에 대해 심플한 마음(감정)으로 우는 것으로 이르는? 이어지는? 어떤 계시가 된? 어느 결정적인(영화 감상 후 명확한 인상으로 남게 될) 사건이나, 과정이나, 그렇게 느낄 수 있는 장면이 있으면 좋겠어요. 간단히 말하자면 연기를 함에 있어서 (동시에 관객에게 전달할) 클라이맥스가 필요하다는 뜻일까요(하지만 보다 알기 쉽게 해달라는 뜻은 아닙니다). 물론 이미 (느끼기에 따라서는) 있다고 볼 수도 있겠지요! 그런데 오미야 요이치와 신페이(주인공과 관계를 맺는 부자父子-저자 주)의 발버둥을 통해 사치오(주인공, 기누가사 사치오-저자 주)도 자기 자신을 똑바로 마주 보게 되었다고 말할 수 있지만, 흐름상 수동적인 자세 속에서 그렇게 되는 느낌이 강합니다. 그것이 자연스럽기는 하고, 변하지 못하는 가운데서 미묘한 변화와 진보를 느끼게 하고 싶다는 뜻(?)이겠지만, 때로 자발적인 사치오의 오리지널 발버둥? or 거기서 한 발자국 빠져나오는 순간? or 깨달음을 얻었다고 할 수 있는 마법 같은 신? 같은 게 필요해요(그렇게 느끼게 하는 장면이 있다면 그걸로 좋다는 뜻입니다),, 오미야 부자에게는 그런 억양이 있지만 사치오의 본심, 본성, 변화는 파악하기 어려워요,,, 부자를 배웅하고 홀로 뒤돌아보지 않고 걸어가기 시작한 뒤? 신페이에게 불어오는 바람처럼, 이를테면 혼자 시골 역에서 국수를 먹을 때? 어떤 빛에 휩싸인다든가, 무언가,,, 그런, 기타 등등의 사소한 장면 속에서 어느 순간 확

인상의 범위가 극적으로 넓어지는 무언가, 행동, 모습, 중얼거림, 어느 것이두 좋습니다. 그리고 그것이 모토키에게 역할을 맡긴 이유로 이어진다면 감사하지요(그 장면을 향해 자신감을 가지고 괴로워하며 연기할 수 있습니다),,,, (아~ 이 설명으로는 이해가 안 되시겠지요)

꽤나 빙빙 돌려서 말했는데요. 우리 소속사 여자 사장님은 "아주 현실적인 이야기지만 바람피울 줄도 모르는 모토키 씨에게 어리석은 남자의 평범함과 졸렬함이 잘 어울릴까?"라고 거듭 말하더군요,, "굳이 모토키 씨가 하는 의미를 좀 더 느끼고 싶어"라고요,, 아뇨, 아뇨, 남자, 남자라고 생각하지 말고, 누구에게나 있는 인간의 미숙함이라고 생각하면 충분히 가망이 있습니다,, 제멋대로 품은 이상의 하나일 뿐이지만요,,,
뭐, 연기는 전부 허구를 향한 도전인 것을 알고는 있지만 필사적으로 역할로 살아가려 해도 연기란 배우가 가지고 있는 것의 반영일 테니, 극단적으로 말하자면 각본을 토대로 스스로 넉살 좋게 채우거나 빼서 매듭을 지어가면 되겠지만 최종적으로 근사한 예정부조화에 저 스스로도 놀라고 기뻐하고 싶으니 어느 정도는 납득한 뒤에 길을 벗어날 수 있으면 좋겠다~라고 생각합니다(역시 무슨 소리인지 모르겠네요). 늘 이렇게 신중한 것은 아니지만,, 이 작품을 한다면 50대 시작의 기념할 만한 한 편이 되는 타이밍이라서 의욕을 부리고 있는 것일지도 모르죠,,, 바로 그래서 기 쓰지 말고, 그렇다고 긴장 풀지

말고 맞붙을 수 있다면 제자리걸음의 돌파구가 될지도 모릅니다,,,

이런 생산성이 있는 것 같기도 하고 없는 것 같기도 한 중얼거림을 프로듀서에게 보내는 이유는??? 저도 잘 모르겠어요. 아니, 알고 있어요. 제 각오가 얕은 거죠. 뭔가 스스로에 대해서도 불안한 거겠죠,, 죄송합니다,, 아니, K 씨가 책임지고 진심으로 설득해주세요! 라는 게 본심일까요?! 아아,, 죄송합니다,,(진짜 무슨 소리인지 모르시겠지요!),,,,,,,,, 이런 식으로 써놓고도??? 말입니다만,,,,,

니시카와 감독님 각본을 기대하고 있습니다. 모쪼록 고집스럽게 심화시켜주세요.

뭔가 짧게 쓰려고 했는데 이렇게 되었네요,,, 이리 말하면서도 보내지만요. 밤중에 봐버린 2채널일본의 익명 커뮤니티 사이트. 현재는 5채널로 이름이 바뀌었다이라 생각하고 처리해주세요,,(이곳은 한밤중, 시차 적응 중).

실례했습니다.

—모토키

이 메일을 받은 나와 K 씨는 얼굴을 마주 봤다.

"파괴적인 수준이네."

"그러네요."

"이 사람이랑 사귀어나가는 거지?"

"그럴 수밖에 없잖아요."

"머리 아파."

"그런 말씀 마세요."

K 씨와 나는 어쨌거나 답신을 보냈다.

2014-04-30 15:29

메일 감사합니다.

보내주신 내용, 모처럼이니 니시카와 감독과 공유했습니다. 처음에 감독도 저에게 메일을 보냈는데, 내용 면에서 모토키 씨가 읽어주시는 편이 좋을 듯하여 거의 그대로 아래에 붙여 드립니다. 장문입니다.

○○ 씨(앞에서 말한 배우 이름-저자 주) 말이죠. 가벼운 마음으로 부탁할 수 있다고 생각해요. ○○ 씨는 아마 자기 안에도 있었던 진한 자의식이나 나르시시즘 같은 것을, 다양한 역할을 받아들이면서 이미 내버린 게 아닐까 추측합니다. 그가 이 영화의 주연을 맡는다면 오히려 이야기 후반 쪽이 본인의 본성에 가깝고, 전반은 과거를 돌이켜보면서 하는 '연극'이 되겠지요. ……이런 식으로, 마치 일기예보처럼 어떻게 될지 넘겨짚을 수 있습니다. 제가 예리한 게 아니라 세상 사람들도 다들 그럴 거예요.

저는 이 원작 소설을 쓰는 데 생활을, 인생을 몽땅 걸었던 1년 반을, 앞으로 어찌 될지 훤히 내다보이는 세계로 뭉치는 일을 하고 싶지 않아요.

모토키 씨의 이름이 나왔을 때 안성맞춤이라고 생각함과 동시에 두려움을 느꼈습니다. 모토키 씨의 존재는 일본에 사는 대부분의 사람이 살 알고 있지만, 이미 기의 '완성품' 같은 얼굴을 하고 있어서 사람들은 대체로 더 이상 손을 볼 여지가 없는 것처럼 느끼고 있고 본인 또한 그러기를 원하지 않는 듯합니다. 거기에 굳이 파고 들어가야만 하는가? 억지로 하는 변화 따위, 본인이 바라는 일일까? 하고요.

애초에 영화 촬영 행위가 배우 한 사람의 성질이나 가치관을 정말로 변질시킬 수 있는가. 평소 저는 그런 신화에는 굳이 말하자면 회의적입니다. 연기하는 배우가 등장인물과 같은 감정이나 체험을 가지지 않으면 그 역할을 연기할 수 없다고는 원래 생각하지 않고요.

하지만 이번만큼은 모토키 씨가 무언가를 붙잡고 여태까지 느껴보지 못한 감각을 얻지 못한다면 이 영화는 실패작이 될 것 같은 기분도 듭니다. 그런 배우의 불안이나 변화는 반드시 필름에 담깁니다. 그것이 담겨서는 안 되는 작풍의 영화도 있지만, 우리는 이번에 그것을 찍을 겁니다. '변화' 역시 이 작품에 포함된 커다란 테마 중 하나이기 때문입니다.

많은 사람들이 이제 손댈 수 없는 '완성품'으로 인식해가고 있는 모토키 마사히로에게 그다음이 있는가. 없는가. 그 '불확정 요소'를 지닌 부분이, 바로 지금 모토키 씨에게 기대하는 가장 큰 포인트인지도 모릅니다.

그러니 '제 실력이 닿는 범위 안에서 잘해볼게요'라고 생각하지 말아주셨으면 좋겠고, 모토키 씨가 조금이라도 불안해하는 것이야말로 지금은 우리에게 무엇보다 좋은 기회, 이것을 놓치면 안 된다고 생각합니다. 그러니 묘한 레토릭 같기는 해도, '모토키 마사히로가 불안해한다. 그것이 모토키 마사히로에게 역할을 맡기는 이유다'라는 것이 현 단계에서 저희가 느끼는 바입니다.

모토키 마사히로는 변할 수 있는가, 없는가, 제 입장에서 말하자면 변화시킬 수 있는가.

이번에 만나 뵙고, 그 부분은 저도 똑 부러지게 맡아야 할 일이라고 각오하고 있습니다. 그리고 모토키 씨에게는 몹시 괴로운 일일지도 모르지만, 품고 계시는 당혹감이나 불안, 과연 잘될까 하는 생각을 억지로 정리하거나 봉하지 말고 그대로 두겠다는 마음만은 가지고 있어주세요.

몰래 찍을 생각은 없지만, 저희는 그 부분을 노리고 있답니다. ……이 점만은 공범 관계에 있는 자로서 미리 알려드립니다. 제가 모토키 씨에게 요구하는 각오가 있다면 그 포인트뿐입니다.

클라이맥스가 될 것이 신일지, 대사일지, 컷일지, 촬영 체험일지, 저도 아직 잘 모릅니다. 하지만 자기 자신이라는 업보 많은 존재에게 스스로 가장 깊은 상처를 받는 사치오의 과정은 제대로 찍어나갈 작정입니다.

그를 움직이고 그를 변화시키는 것은 이야기상에서는 아주 사소한 일의 축적일 겁니다. 딱히 역사적인 발견을 해서 그가 진화하는 것은 아니지만, 타자와의 작은 헤어짐, 절망, 남의 기분을 접하며 괴사했던 듯한 마음이 뇌살아나는 순간을 포착하고 싶습니다.

저 역시 구제불능의 인간이고 지독하게 절망하고 있지만, 그럼에도 타인에게도, 스스로에게도 여전히 기대를 걸고 맙니다. 모토키 씨에게도요(웃음).

저도 이것이 다섯 번째 작품입니다. 폭탄을 껴안지 않으면 즐길 수 없습니다. 저에게 영화 만들기란 아직까지도 제 주제와 어울리지 않는 듯한 느낌이 들어 몹시 괴로운 일입니다. 그러니 어차피 폭탄을 껴안을 바에는 지금까지 제가 안 했던 일이나 남이 안 할 듯한 일을 해야 보람 있겠지요.

장황하게 두서없는 이야기를 늘어놓았습니다. 참고해주시기 바랍니다.

— 니시카와 미와

모토키 씨와 처음 통화한 것, 지난번에 만나 뵌 것, 그리고 메일을 주신 것, 크게는 세 번의 접촉이 있었습니다만 저처럼 어찌 보면 '어디서 굴러먹던 개뼈다귀인지 모르는' 인간에게도 솔직하게 이런저런 이야기를 해주셔서 아, 이 사람은 우리가 겉으로 드러내지 못하는 것을 꽤나 표현해주는 분이로구나, 하고 새삼 느꼈습니다. 요컨대 이 사람이라면 여러 가지 복잡한 것들을 복잡한 채 그대로 표현해주지 않을까 하고요.

어차피 저희는 책이나 영화를 통해서만 자신을 드러낼 수 있는 인간들이고, 더군다나 스스로의 육체가 아니라 배우들의 신체를 빌려서만 표현할 수 있는 왜소한 존재니까요. 스스로 자신을 끌어안고 싶으면서도 그러지 못하니 배우의 연기를 통해 끌어안고 싶답니다.

딱히 직접적으로 설득한 것도 없으니 다소 에둘러 말한다고 느끼실 수도 있지만(쓴웃음), 이런 수수하고도 짓궂은, 비정상적인, 그리고 '우리들 같은' 성가신 이야기에 공범이 되어줄 사람은 모토키 씨뿐이라고 생각합니다.

그리고 도달해야 할 결말이 준비되어 있는 영화, 끝난 뒤 마치 인생처럼 망연해지는 그런 영화를 만들기를 바라고 있습니다.

말이 길어졌습니다만, 나중에 붙인 제 문장은 사족이라고 여겨주세요. 무슨 일이 생기면 언제든 연락주시고요. 모쪼록 잘 부탁드립니다.

-K

이번에는 짧막한 답신이 곧장 왔다. 런던에서.

알겠습니다. 아마 각오해나가게 되겠지요..
앞으로 마음의 혼란도 내버리지 않고 소중히 남겨둘게요.

— 모토키

첫 번째 메일에서는 '더 강하게 나를 원해줘! 아니면 나는……'
하며 몹시 애태우는 기색이었던 모토키 씨지만, 이렇게 의외로 싱
겁게 우리의 의도를 짐작하여 화려한 경력과는 도무지 어울리지 않
는, 정자처럼 간소한 골격의 우리 영화로 조용조용 시집을 와주었
던 것이다.

그렇다 해도 일단 굳은 결심을 한 뒤에는 앓는 소리 하나 내지 않
는 무가武家의 딸 같은 사람은 아니다. 조리엄지발가락과 둘째 발가락 사이에
끈을 끼워서 신는 일본식 신발 하나를 고르는 데도 발을 넣었다 뺐다, 생각
하고, 신어보고, 걸어보고, 또 벗고, 여기가 좀, 저기가 좀 하며 중
얼중얼, 어쩌고저쩌고…… 하지만 문득 주위를 둘러보니 할아범과
할멈이 난처해한다는 것을 깨닫고 허겁지겁 "으응, 이게 좋아, 좋은
것 같아"라며 조리에 발을 집어넣고는 "따라라~" 발끝으로 서서
춤을 춰 보인다. 간신히 주위 사람들이 웃는 모습을 보고 자신도 보
람을 느끼지만, 그날 밤 침실로 돌아온 뒤 실은 그 조리가 아니었던
것 같은데…… 하며 홀로 침구에 몸을 파묻고 끙끙 앓는다. 날이
밝아올 때까지. 그런 가련하고 고독한 귀족 같은 분이었다.

나는 이번 영화의 상세한 설계도를 마련하기 위해 각본보다 소설을 먼저 써봤는데, 그 시점에는 주인공 작가를 모토키 씨로 하려는 생각이 없었다. 나에게 이야기 집필은 탈고까지 몇 년이 걸릴지 예측도 안 되는 작업이므로 미리 특정 배우와 약속해두기는 어렵다. 그래서 어떤 작품이든 맨 처음에는 누구의 얼굴도 떠올리지 않고 구상하기로 해왔다. 하지만 바로 그 때문에 소설의 이미지는 무엇으로부터도 자유다. '도자기 같은 피부'라고 쓰면 쉰 살인 인물이라도 읽는 사람의 머릿속에는 그 표현대로 떠오른다. 반면 이것을 영화 각본에 쓰면 자, 어쩌지, 어쩔담, 촬영팀, 조명팀, 분장팀, CG팀, 캐스팅팀이 단숨에 술렁거린다. '오메가 시계'라고 쓰면 소도구팀에서 후다닥 달려와서 "감독님, 어느 정도 사이즈로 찍어요? 클로즈업은 있어요? 주인공 가방은 재량껏 루이뷔통 진품을 조달할 테니 오메가는 짝퉁으로 가면 안 될까요?"라는 상담이 시작된다.

　영화는 현실적인 구체具體의 집합체다. 단적으로 말하자면 영화 만들기가 시작된 순간 작가의 머릿속에 처음 떠오른 이미지는 질적으로 달라지기 시작한다. 시나리오에 어떤 이상형을 써봤자 결코 그대로 표현되지 않는다. 이럴 리 없다고 생각하는 일도 무수하다. 하지만 나는 이제 그것을 '타협'이나 '실망'으로 받아들이기 싫었다. 나만의 이상형을 관철하고 싶다면 참지 말고 혼자 다른 분야에서 하면 된다. 영화는 처음부터 다른 것으로서, 나의 이미지를 다른 사람이 다시 색칠해주는 것으로서, 이렇게 생각했던 것이다. 이는 그야말로 자취의 장점과 가족과 사는 생활의 장점이 다른 것과 마찬가지다. 소설의 주인공은 나 자신이나 내가 친하게 지내온 사람들에 가까운 인간상이지 모토키 마사히로가 아니다. 그러므로 소설을 모토키 씨에게 보여줘도 의미가 없다고 생각했다. 배우가 그 어떤 기술로 소설의 이미지에 가까워졌다 해도 갭은 생긴다. 소설 속 인물의 흉내를 내는 것도 싫다. 소설이 앞으로 찍을 영화의 정답이라고 생각하지 말고, 모토키 씨는 모토키 씨의 개성으로 내 머릿속에서만 나온 주인공을 뛰어넘어주기를 바랐던 것이다. 그리고 그렇게 할 수 있는 배우라고 기대했다.

배우는 '연기하는 역할의 시나리오 밖 배경이나 세세한 성격 설정 등의 지식을 되도록 많이 주입해두고자 하는 사람'과 '그런 단서가 전혀 없어도 태연하게 연기하는(혹은 스스로 상상하고 싶은) 사람' '사실은 필요 없지만 애써 준비해온 감독을 위해 일단 필요한 척해주는 사람'의 세 부류가 있는 것 같다. 개중에서도 경험 많은 주연급 배우 대부분은 '허세' 있고 '폼' 잡는 '승부사'이기도 해서 이쪽에서 그런 서브텍스트는 굳이 읽지 말아달라고 부탁할 경우 "알겠습니다"라며 뱃속까지 울리는 바리톤 음성으로 대답하고 끝이지 않은가. 가령 몰래 뒤에서 읽었다 해도 결코 그 일을 감독에게는 들키지 않으려 하는 법 아닌가. 그런데 모토키 씨로부터 온 메일은 다음과 같다.

이번에 생각을 너무 많이 하지 말고 흔들려보기로 마음은 먹었습니다만, 그 때문에 제 안의 목표가 여전히 애매해서 실제의

저와 사치오와의 거리가 잘 잡히지 않아요,,(그래도 괜찮지만요)

니시카와 감독님은 바라지 않는다!라는 건 알고 있지만,, 원작 소설도 읽게 해주시면 안 될까요?

사치오가 되기 위한 영양분이 필요해요~ 획 뒤집어서서 뭔가가 몸에 걸쳐지면 좋겠다, 하는 정도로,,,

영화로서 동조하는 부분, 굳이 바꾸어볼 부분도 보일지 모르고요,,, 소설에 얽매인다~ 혼란해~ 이런 감정은 도리어 환영인데요... (오히려 여백에서 떠도는 부분이 풍성해질지도 모르죠) 어차피 저는 미숙하니까 연기가 크게 변하지는 않을 거예요!(상상하시는 것보다 레퍼토리가 더 적으니까요)

보, 보여주세요~~~~~~~~~~

어떻게,, 할까요???

― 모토키

(추신, 이제 와서 꺼내는 말이지만 저는 컴퓨터 키보드를 안 보고 못 쳐요. 갓 배운 노인처럼 느리거든요. 즉 연기에서 화면에 같이 넣는 건 불가능해요. 손 대역을 쓰거나 CG로 화면 교체가 필요합니다. 양해해주세요...)

나와 K 씨는 또다시 얼굴을 마주봤다.

"안 보고 못 치는데 그렇게 긴 메일을?"

"분명 독수리 타법으로 쳤겠지요. 엄청 시간 들여서."

"그런 걸 하니까 생각이 너무 많아지지! 다케하라(피스톨)^{오미야 요이치 역} 씨는 트럭 운전수 역할을 맡기 위해 레코딩 틈틈이 혼자 중형 면허를 따러 학원에 다니고, 후카쓰(에리)^{기누가사 나쓰코 역} 씨는 파리의 연극 공연이 한창인 와중에도 호텔에서 미용사 가위를 쥐고 스스로 훈련하고 있고, 야마다(마호)^{가부라기 유코 역} 씨는 말더듬이 협회 사람이랑 몇 번이나 만나서 다른 현장에서도 말을 더듬을 정도로 연습을 거듭하고 있어! 이런 대안 저런 대안 생각할 이유 따위 없다고."

"주역의 압박은 또 달라요. 일단 소설을 보내줘봐요."

"뭐가 CG람. 안 보고 치는 건 연습시킬 거야."

"네, 네, 그렇게 전달할게요."

이리하여 소설 교정지는 바다를 건너 대영제국으로 날아갔다.

그 뒤로도 다른 캐스팅이 결정되거나 스태프가 정해질 때마다 우리는 메일을 보냈고, 모토키 씨에게서도 의상 피팅^{fitting}이나 책 읽기가 끝날 때마다 바다없는 늪 같은 불안과 불만, 기대와 반성이 복잡하게 뒤얽힌 기나긴 편지가 도착했다.

2014-07-03 12:56

다케하라 피스톨 씨, 이케마쓰 소스케 씨의
출연이 결정되었다는 보고를 받고

다케하라 씨, 풍모가 근사하죠. 얼핏 거칠어 보이지만 사실은 순도가 높은 데다 넘치는 다정함과 광기도 갖추고 있을 것 같아요. 저는 정말로 상대가 안 되네요. 분명 완전히 신스틸러가 되겠지요! 다시 말해 저(모토키라는 인간)의 옹졸함과 짝퉁스러움이 자연스럽게, 아니 싫을 정도로 강조되어서 제 비겁함은 어쩔 수 없이 화면에 감돌겠지요,, 여러분에게는 기쁜 일입니다만. (중략)

이케마쓰 씨도 매력적이죠. 아름다움과 작은 동물 같은 기묘한 느낌을 갖추고 있어서 매혹됩니다. 무슨 예고편에서 대사를 한마디 나직이 말하는 것을 봤습니다,, 잘하는데~ 모든 튜닝이 제대로야!! 하고 생각했습니다,,. 즉 이분에게도 저는 잡아먹히고 말겠지요,,,

2015-02-04 19:09

사치오의 매니저 역인 이케마쓰 씨와의 대본 리딩 뒤

어제는 실례했습니다. 저 개인적으로도 비참했습니다. 이야기 대부분이 쓸데없는 말. 더더욱 중요한 논의를 해야 했습니다. 서서히 덮쳐오는 불안에 잡아먹힐 뿐인 스스로를 눈속임하고 있었습니다. (중략) 유일하게 좋았던 점은 이케마쓰 씨가 저를 앞두고 '뭐야 이 사람, 의외로 경박하고 나약하군' 하며 모토키의 어중간한 자의식을 직접 보고는 '이런 남자는 되지 말아

야지'하고 느꼈을 일로, 리얼하고 자연스럽게 기시모토^{이케마}
^{쓰 소스케의 극 중 이름}의 배역 연구에 들어갈 수 있을지도 모른다는
점 정도일까요?! 어젯밤부터 내내 나약하게 풀죽어 있습니다.

— 모토키 사치코_{모토키가 자신의 극 중 이름인 '사치오'를 여성형으로 바꾼 것}

2015-02-05 19:22

첫 번째 의상 피팅 뒤. 봄 편 피팅만으로 7시간 반 걸렸다.

오늘도 긴 시간 함께해주셔서 감사했습니다. 부족한 부분은
있지만 윤곽은 보이기 시작해서 살짝 안심입니다. 딱히 그렇
게 시간 들일 것 없다는 여러분의 본심이 마음속에 울려 퍼졌
지만, 들리지 않는 척해서 미안합니다. 그러면 또 연락하겠습
니다. (어느 불평이든지 감독님과 공유해도 상관없어요. 오히려 익숙
해지셨으면 합니다.) 그럴 겨를은 없나요? 아~~ 또 쓸데없는 이
야기를 적고 있네요,,,,,,

— 박복한 사치오_{사치오幸夫는 '다복한 남자'라는 느낌을 주는 이름이다}

2015-02-07 20:31

크랭크인 전 각종 미팅을 끝내고 런던 집으로 돌아간 뒤

자연스러운 모습으로 바라보자, 이렇게 평범하게 저 자신을

가다듬으려고 합니다만 불안, 불안, (늘 있는 일이지만) (하지만 나의 목표도 찾고 싶어요) 미숙한 주제에 탐욕스럽고,,,,(이것도 늘 있는 일이지만) 이 부분은 어떻게든 니시카와 두목님이 저를 솜씨 좋게 부추기고, 지적하고, 슬쩍슬쩍 컨트롤해서 마음의 갈증과 온기를 끌어내주기를 기대하고 있습니다,,,,

— 옹졸한 남자 대표 모토키 마사히로

2015-03-13 7:12

런던에서 광고 촬영 여행 출발 직전

어제 아내는 친구와 낮 공연 연극을 보러 극장에,, 저는 아이를 학교에서 픽업해서 공원에, 갑자기 휴대전화가 울리더니 아내가 지금 굉장한 사람을 만났는데 바꿔줄게, 하더군요. 전화기 건너편에서 나온 사람은 기누가사 나쓰코(주인공 기누가사 사치오의 아내 이름. 후카쓰 에리 씨-저자 주) 님이었습니다! 노다(히데키) 씨가 연출한 파리 공연 무대에 오른 뒤, 런던에 와서 연극을 보러 다니고 있다나요,, 그건 그렇다 쳐도 본처와 의자 하나 사이에 둔 옆자리,,, 한 걸음 한 걸음 인연이 바싹 다가온 듯합니다. (중략) 참, 자판 안 보고 치기는 난관이네요! 현기증 나는 마음으로 부에노스아이레스로 출발!!!

— 기누가사 어질어질 사치오

2015-03-14 23:53

"타이핑에 능숙한 사람도 오타를 내는 경우가 있으니

너무 분발하지 않아도 괜찮아요"라는 메일에 대해, 부에노스아이레스에서

올라! 여러 가지로 신경 써주셔서 그라시아스!!
이 지구 반대편에서 촬영을 끝내고, 런던에서 아들 생일 파티
를 무사히 성공시키면 겨우 사치오와 징면으로 미주할 수 있
습니다. 이제 얼마 안 남았네요,, 여러분도 무탈하시기를!!
아디오스!!!

— 안절부절 사치오

2015-03-22 22:26

아내 역인 후카쓰 씨와의 대본 리딩 전날

이제 도망갈 수 없다고 생각하자 묘하게 초조해져서 토할 것
같습니다. 아마 후카쓰 님은 무대 위에서 기량을 갈고닦고 계
시겠지요,, 저로 말할 것 같으면 사사로운 일로 신경만 소모시
키고, 스스로를 정비할 틈도 없이 무디고 굼뜬 육체를 질질 끌
면서 등장할 듯합니다.. 하지만 이제부터 펼쳐질 영화 촬영이
라는 마물(감독 포함)에 농락당할 각오(체념이라고도 하지요)와
비슷한 열정은 보글보글 데워지고 있답니다(뭐라고요? 무슨 소
린지 하나도 모르겠다고요? 진짜 그러네요). 사치오와 실제 자의식

료칸에서 바닷소리 들으며 시나리오를 씁니다   184

의 틈새에서 발버둥 칠게요! 결국은 감독님의 훌륭한 노예로 변하기 위해 노력한 겁니다! 그럴 자정이지만, 타이핑은 45점 (22일 현재).

— 슬레이브 사치오

처음 만난 때로부터 11개월 뒤에 우리는 크랭크인을 맞이했다. 모토키 씨는 자택에서 스스로 했던 연습이 허무해질 만큼 자판 안 보고 타자 치기에 대해 여전히 불안해했지만, 내가 "되도록 읽지 말아주셨으면 해요"라고 분명 말했던 원작 소설의 문장은 거의 완벽하게 암기하고 있어서 난처한 표정의 내 앞에서 몇 번이고 의기양양하게 암송하며 들려줬다. 그날 연기하는 장면의 대사는 아직 제대로 외우지 않았지만, 영화라는 것을 하나의 큰 짐수레에 비유한다면, 우리를 실은 모토키 호는 고작 1미터, 아니 50센티미터 전진하는 데도 어딘가가 덜커덕거렸다. 덜커덕거리기는 한다, 그건 나에게도 들린다. 그래도 좋다, 그 덜컹거림이 이 짐수레의 특성이니까, 매력이니까, 신경 쓰지 말고 달려! 고 고 고! 이렇게 말해도 멈춰버린다.

"아 좀! 왜 멈춰요?"

"그게, 그게, 여기가 이렇고, 저기도 저래서…… 으음, 그렇군요, 미안해요."

"네, 괜찮아요! 이제 출발!"

"아, 네."

그런 일을 되풀이하며 포장도 안 된 길을 우리는 삐거덕삐거덕 나아갔다.

진창에 연거푸 빠진 발 언저리는 늘 지저분했고 목표 지점은 언제까지나 보이지 않았지만, 팔을 걷어붙이고 짐수레를 끄는 공주님 주위에는 늘 웃음소리가 그치지 않았다. 내가 아침에 현장에 도착하면 공주님이 대기실에서 늘어놓은 푸념이나 보여준 기행을 곧장 누군가가 귀엣말로 알려준다. 귀엣말하며 다들 몸을 맞대고 쿡쿡 웃고 있다. 할아범도 할멈도 공주님이 귀여워서 어쩔 줄 모르는 것이다. "여러분 죄송합니다! 모토키 씨가 오늘도 15분 늦는대요." 시간이 없는 아침 현장에서 조감독이 외쳐도 "아 진짜아~" 하며 손자가 저지른 실수처럼 모두가 웃어넘길 수 있는 쉰 살 아저씨 배우가 달리 있을까. 어느 모로 보나 역시 아이돌!

그러나 모토키 씨에게는 누구에게도 침해당하지 않고 누구도 따라갈 수 없는 독특한 풍격이 있었다. 다섯 살짜리 아역이 토라져서 손쓸 도리가 없을 정도로 떼를 써도, 일흔다섯 살짜리 카메라맨이 공황 상태에 빠져 손쓸 도리가 없을 정도로 현장이 혼란해져도, 시치미 뚝 뗀 표정으로 등을 쭉 펴고 그 자리에 계속 있었다. 그렇다고 이 아수라장을 바로 내가, 하며 큰 소리를 내는 것도 아니고 그저 태연하고 태평할 뿐이다.

봄 꽃놀이 장면, 공원 호수의 표면을 벚꽃으로 가득 채우고 싶다고 내가 말해서 미술 스태프가 긁어모은 대량의 꽃잎을 뿌리려고 조각배 네 척으로 삐걱삐걱 저어나가며 "저쪽이 너무 옅어" "거긴 이제 괜찮다니까" "떠내려가고 있어!" "됐으니까 마저 뿌려, 멍청아!" 등등 성난 소리를 서로에게 퍼붓는 동안, 모토키 씨는 호수 한가운데에 외롭게 떠 있는 백조 보트 위에서 홀로 귀족처럼 새침한 얼굴로 물결에 흔들리고 있었다. 대체 저 갖은 욕설이 난무하는 가운데서 무슨 생각을 하는 걸까? 또 초등학교 6학년짜리 신인 배우가 학원에서 집으로 돌아가는 길에 내릴 곳을 지나친 버스 안에서 눈물을 흘리는 장면에 도전한 날 밤에는, 차가운 비가 내리는 바깥에서 언제까지고 내내 기다리며 한 테이크가 끝날 때마다 "장하다, 대단해" 하고 권투 코치처럼 격려했다. 립 서비스가 아니다. 열한 살 소년이 우는 흉내를 내는 게 아니라 정면으로 인물의 내면에 들어가려 하는 데 대해 진심으로 감탄한 것이다. 현장이 끓어오를 때는 다섯 살 다마키를 밖으로 데리고 나가 연날리기를 하고, 오셀로 게임의 상대가 되어주고, 첫 육아라서 아이를 서투른 논리로 설득하려다 진창에 빠지는 나를 대신해서 "자, 그럼 아짱(다마키의 극중 이름)은 이렇게 해보면 어때?" 하며 베테랑 보육사에 버금가는 멋진 패스를 해준다. 다마키는 나를 '잘 모르겠지만 어쨌거나 하는 말을 들어야 하는 사령관'이라고 생각했지만, 모토키 씨는 '다정하고 멋진 키다리 아저씨'로 여겼을 것이다. 사치오라는 작가는 어머니를 잃은 아짱에게 바로 그런 역할이었다. 근사했다.

자신의 결점에 대해서는 어떻게 달래줘도 영원히 고뇌하면서, 남의 과실이나 그때그때의 불운에는 어디까지나 관용적이었다. 어쩌면 이 역시 굴절된 자기애가 빈틈없이 펼쳐진 장소인지, 결국 남의 실패 따위는 '아무래도 상관없어~'일지도 모른다. 하지만 그 '아무래도 상관없어~'에 우리는 번번이 구원받았다. 남이 강하지 못한 것 따위 손톱의 때로도 여기지 않는다. '나보다는 낫잖아?'라고 마음속 어딘가에서 진심으로 생각하고 있다. 본인은 그것을 다정함이라고 여기지 않겠지만 주위 사람들은 위로받는다. 모든 것을 용서한다고도 말하고, 한없이 체념한다고도 말할 것이다. 타인에게 별반 기대도 하지 않고, 세계에는 언제나 짙은 구름이 드리워져 있어서 뜻대로 되지 않는다는 것을 알고 있으니까. 하지만 뜻대로 되지 않는 세계에 혹시 약간의 빛이 비쳐든다면 나도 그걸 보고 싶어. 그런데 어차피 비칠 거라면 일곱 빛깔, 아니 여덟 빛깔 빛이 아니면 보기 싫어. 그런 게 없다는 사실도 이미 알고 있지만. 이렇게 시치미를 떼면서도 가끔 구름 사이로 비쳐드는 딱히 근사하지도 않은 가느다란 햇살을 보고 공주는 꺄아꺄아 즐거운 탄성을 내지르기도 한다. 그것이 거짓인지 진심인지는 이제 나도 모르겠다. 하지만 그 한없이 손이 많이 가는 일희일비가 있었기에 우리는 '내가 여기 있어 줘야만 한다, 아니 있어도 좋다'고 날마다 생각할 수 있었다. 인간은 의외로 자기 혼자 끙끙거리며 생각하는 것보다 남들에게 필요한 존재이기도 하다. 우리의 짐수레 역시 모토키 씨가 아니면 안 되었다. 그 사실은 이 길고 또 긴 변명과, 불안과, 각오와, 우애와, 공명共鳴으로 가득한 메일을 보면 명백할 것이다.

2015-05-04 1:07

봄 편 크랭크업 뒤, 뒤풀이 다음 날

문득 현장을 생각하면 감독님이 얼마나 납득했는지에 주의를 기울이고 있는 모두의 모습이 떠오릅니다. 오케이를 선언하기 전 찰나의 정적 속에 감독님을 향한 신뢰와 기대가 떠돕니다. 아련하고 아름다운 광경입니다...

아아~~ 그치만 아직 길 한가운데,, 앞으로 나름대로 난관이 있을 것 같고요,, 끙끙,,, 여름이랑 겨울이랑,, 계절을 뛰어넘는 촬영은 중량감 있네요~~ 가슴을 파고듭니다~~ (중략) 뭐가 어떻든 살아 있는 동안의 노력이 중요해!!!(원작 소설 속에 있는 주인공의 말-저자 주)

더 솔직하게 감사의 말을 전하려 했는데 이렇게 되어버렸네요,,,(쓱쓱)

— 삐딱한 사치코

2015-06-15 14:12
소설 『아주 긴 변명』이 나오키상 후보에 오른 뒤

굉장해~ 마음속으로 외치며 여러분과 마찬가지로 기쁨을 음미하고 있었습니다. 동시에 사람들의 선망과 시기 때문에 행운이 달아나지 않도록 '겨, 겸손하게 겸허하게 살고 있어요~'라고, 의미 불명의 밸런스를 유지하기 위해 주제 넘는 생각도 하늘로 날려 보내고 있었죠(무슨 소리람?①).

이미 충분히 경사스러운 일입니다. 이로써 감투를 쓰든 말든,

영화가 좋은지 나쁜지는 사람들의 입에 오르내리게 되겠지요.,, 그걸 생각하면 호숫가에서 눈이 뒤집힌 사치오의 절규에 얼어붙어 당황하는 기시모토의 똥구멍처럼 오므라든 입술(원작 소설 속에 있는 표현-저자 주) 같은 불안이 스치지만, 이제 그건 그렇다 치고 모두 한데 섞은 비빔면 파워로 연기에서 살릴 수 있도록 노력할게요(무슨 소리람?②).

롱 익스큐즈(아주 긴 변명)의 잉어 세목가 되었지만, 축~하~합니다!!!

　　　　　　　　　　　　－ 행운을 기원하는 기누가사 사치오

2015-07-16 19:44

소설 『아주 긴 변명』이 나오키 상에서 낙선한 뒤

(-_^) 젠장!! (폭언 중략) 다들 질투하는 거예요! 감독의 재능에, 반짝임에! 여하튼 해방 축하한다고 전해주세요...

2015-08-08 17:23

제목: 어젯밤에 말예요

가즈오 씨(다케하라 피스톨 씨의 본명-저자 주) 라이브 공연에 다녀왔어요! 가즈오 씨의 온몸에서 뚝뚝 떨어지는 땀이 이 탁한

마음을 씻어 내려주는 듯했습니다. 아~~~ 정말이지 좋은 걸 소개해주셨네요~~ (중략)

미간에 주름 진 그 남자

근사한 걸 보면

풀이 죽는 버릇이 있지,,

기쁘고도 면목 없는데 슬플 정도로 행복해지네요,,,

— 기누가사 피스톨

2015-08-20 0:30
영화제작 발표 뒤

드디어 정보가 해금되어 도망가지 못하게 되었습니다. 좋은 의미로요.

종종 안정기에 들어설 때까지 임신 발표를 미루기도 하잖아요,, 그래서 세상에 공표하면 태아도 존재를 인정받은 것이 기쁘다는 듯이 배를 차며 까불지요. 정말로요.. 나머지는 각오하고, 그래도 신중하게 산달인 겨울 편까지 잘 찍어서 손발 온전하게 세상에 내보내줍시다... (중략)

그나저나 저는 앞으로 개봉할 영화 홍보가 본격적으로 시작되어서 부산함에 기절할 것 같습니다. 그야말로 매번 스스로를 선동해서 그럴싸하게 행동하고, 적당히 익살을 떨면서 소화해나가는 시간이 답답해요. 사치오는 자각이 거의 없는 것 같지

만, 저는 정말이지 헛된 일을 거듭해나가는 스스로의 어렴풋
한 교활함에 남몰래 상처받고 있습니다.

— 천공의 사치오_미야자키 하야오의 만화영화 〈천공의 성 라퓨타〉의 순수한 주인공
에 자신을 빗댄 것

2015-09-02 12:54
여름 편 편집이 끝나고
"겨울까지 체중을 조금 줄일 수 없나요?"라고 물어본 뒤

큰일났다~~
실은 원래 있던 군살이 얇은 겉옷처럼 변해서 숨겨지지 않았
던 거예요.
원작 이미지도 사실은 마른 남자니까요,, (아아~~ 이제와 생각
해보니 처음부터 살을 빼두었다면 좋았을걸.) 그 부분은 저 역시
사치오스럽지 않다고 희미하게 자각하고 있긴 했는데,,, 우흐
흑,,, (중략) 감독님의 꾸지람을 들려주세요. 가끔씩이라도 질
타와 세뇌를 해주시지 않으면 태연하게 긴장이 풀어질 가능성
이 있어서요...

— 기누가사 뚱보 사치오

2015-11-26 19:19

호치영화상 남우조연상 단상의 모토키 씨를 본 K 씨가

"살 빠졌네요!"라고 메일을 보냈다

지금은 6킬로그램 조금 넘게 빠졌고 사이즈도 줄었지만, 옆구리 등의 형태로는 변화를 느끼기 어려운 게 현 상태입니다. (중략) 역시 8~10킬로그램 빼지 않으면 남들이 "우와아(o_o)" 하지는 않을지도요,,,, 그러니 공터의 소년 주문 건(필자가 보낸 메일에 "겨울 편에서는 무언가가 깎여나가 잃어버림으로써 무언가가 디톡스된 사치오, 느끼한 중년에서 공터에 선 소년으로 돌아간 듯한 사치오를 머릿속에 그리고 있습니다"라고 쓰여 있었던 데서-저자 주)은 기대치를 최소한으로 낮추어주세요,,,

하지만 저 개인적으로는 바람이 불면 두둥실 떠오를 듯한 기분이랍니다,,, 사치오의 공허한 방황, 그리고 새로운 감각에 이끌려가는 듯한 감정은 몸과 마음에 새겨지고 있습니다.

여름 디톡스는 촬영에서!

― 가벼워진 사치오(o_o)

2015-12-20 23:32

겨울 편 크랭크업을 코앞에 두고 각본을 이리저리 바꾸는 것에 대해

감독이 불 세기를 조절해가며 음식을 조리고, 적당한 때를 봐

서 가스레인지를 끈 뒤 자기만의 맛이 배어들도록 뜸을 들이
는 건 당연한 일이지요.....

이상적인 여운에 가까워질 수 있도록 끝까지 고집스럽게 현장
을 지배해주세요......

완전함도 완벽함도 가능한 일은 아니지만 니시카와 감독님이
조금이라도 납득할 수 있는 연기를 하는 것이 배우로서의 기
쁨입니다.....

두들겨 맞아도 내줄 수 있는 것이 없지만, 감독님의 마음 곁에
바싹 붙어 있는 공범자가 되고 싶다고 늘 바라는 저랍니다.....

– 당신의 사치오

2015-12-30 16:30

전편 크랭크업 뒤, 새벽녘까지 이어진 뒤풀이 다음 날

어젯밤(오늘 아침)은 흥에 겨워 시시한 이야기를 줄줄이 늘어
놓았네요. 실례했습니다,, 시간을 확인하고 깜짝 놀랐어요!,,,
'아~ 다들 빨리 끝내고 싶었을 텐데, 아~ 나의 이 생산성이
라고는 전혀 없는 대화 센스, 발전이 없네~ 아아~ 발전 없는
모토키,,,' 몸이 확 쪼그라드는 심정으로 밤길을 되돌아왔습니
다,,,

이런저런 익스큐즈투성이인 저지만, 이번 작품에서는 귀중한
훈련을 했다고 생각해요. 혼이 담긴 연기는 끝내 하지 못했지

만 감독님 덕분에 사치오의 생명에 어떻게든 달라붙어서 아슬아슬한 호흡은 유지할 수 있었습니다,,, (감독님이 낳은 사치오니까 당연하긴 하지만요,,) (중략)

고마웠습니다.

그리고 정말로 수고하셨습니다.

모쪼록 니시카와 감독님답게 차분하게, 납득이 가는 편집을 해주세요,, 기대하고 있습니다.

그치만 우선은 긴장 풀고 숨 좀 돌리세요,,,. 후시 녹음 열~~심히 할게요!

새해 복 많이 받으시고요.

— 끝이 없는 사치오(-_^)

2016-09-19 3:19

토론토 영화제 상영 반응에 대해, 런던에서

자세한 리포트를 받았는데도 답장이 늦어져서 죄송합니다. 배우에 대한 선입관도 없고, 또 아이의 무모한 순진무구함에는 누구나 마음 한구석이 간질간질해지나봐요.

다양한 반응을 흡수하며 영화 자체가 자립해나가는 느낌이라 재미있네요~ 조만간 더욱 깊게 파고 들어가서 보다 좋게도 나쁘게도 써주는 비평을 보고 싶군요. 타인이 매력을 발견해주는 건 기쁜 일이니까, 영화도 자꾸자꾸 사람들이 봐줘서 연마

되는 편이 좋겠지요. (비평도 포함해서 감사합니다., 지지 말고 아~
주 긴 변명을 해줍시다)

멋대로 잘난 척 말했지만, 감독님이 정성껏 내놓은 작품에 흥
미를 보이거나 애착을 가져주는 사람이 늘어가는 건 배우로서
도 행복한 일입니다.

— 살짝 소심하고 남몰래 탐욕스러운 사치오 군

2016-11-14 01:36

개봉 한 달 뒤. 런던에서

아마도 여전히 어수선할 와중에 소식을 전해주셔서 송구합니다.
가끔 단호한 비평도 발견해서 저도 모르게 몸이 휘청거리지만
대체로 공감을 얻고 있는 듯하고, 보는 사람 저마다의 독해력
이랄지, 실제 인생에 대한 접근 방식이 의외로 깊이 있어서 과
연 작품이 지닌 힘은 그리 약하지 않다는 것을 실감하고 있습
니다.

감독님의 독설을 더 듣고 싶은 중독자는 어딘가 좀 부족하다
고 불평하지만, 결국 니시카와 작품의 이 심화를 성숙이라 말
하며 감탄하고 기대하는 분이 많다는 점은 함께 달렸던 한 사
람으로서도 기쁘고 안심되는 일입니다.

물론 스스로에 대한 반성은 끈덕지게도 멈춰지지 않지만, 과
제가 없으면 앞으로 나아가지 못하니 다음번에야말로!(늘 이렇

게 생각하죠^◇^;) 하며 투지를 불태웁니다.

어쨌든 이 작품은 이 시대 속에서 무럭무럭 자라고 있어요! 작품을 낳은 감독님에게 이 정도로 사랑받다니, 아이는 더없이 행복해서 기쁨에 겨운 탄성을 지르고 있겠지요.

앞으로도 서로가 아~주 긴 변명을 주절주절 늘어놓으면서, 작품에 아~주 길게 불을 붙여나갑시다. 답장은 안 하셔도 돼요.

— 영원한 사치오

이토록 한 배우와 농밀하게 한패가 되는 일도 이제는 없을 듯한 기분이 들고, 또 없다고 생각하니 안심인 것도 거짓은 아니지만, 우리가 함께 영화를 만든 기록이 이렇게 남았다는 사실이 가슴을 내내 따스하게 데워줬고 지금은 조금 행복하다.

〈아주 긴 변명〉

아주 긴 변명 永い言い訳

반다이 비쥬얼, AOI Pro., 아스믹 에이스, TV 도쿄, 문예 춘추, TV 오사카 제작
2016년, 컬러, 비스타비전, 124분

원안 **니시카와 미와** (소설 『아주 긴 변명 永い言い訳』)
각본·감독 **니시카와 미와**
출연 **모토키 마사히로, 후카쓰 에리, 다케하라 피스톨, 후지타 겐신,
시라토리 다마키, 이케마쓰 소스케, 야마다 마호, 구로키 하루**
프로듀서 **니시카와 아사코, 요세 아키히코**
촬영 **야마자키 유타카**
조명 **야마모토 고스케**
편집 **미야지마 류지**
미술 **미쓰마쓰 게이코**
녹음 **시라토리 미쓰구**
음향 효과 **기타다 마사야**
음악 **나카니시 도시히로, 가토 미치아키**

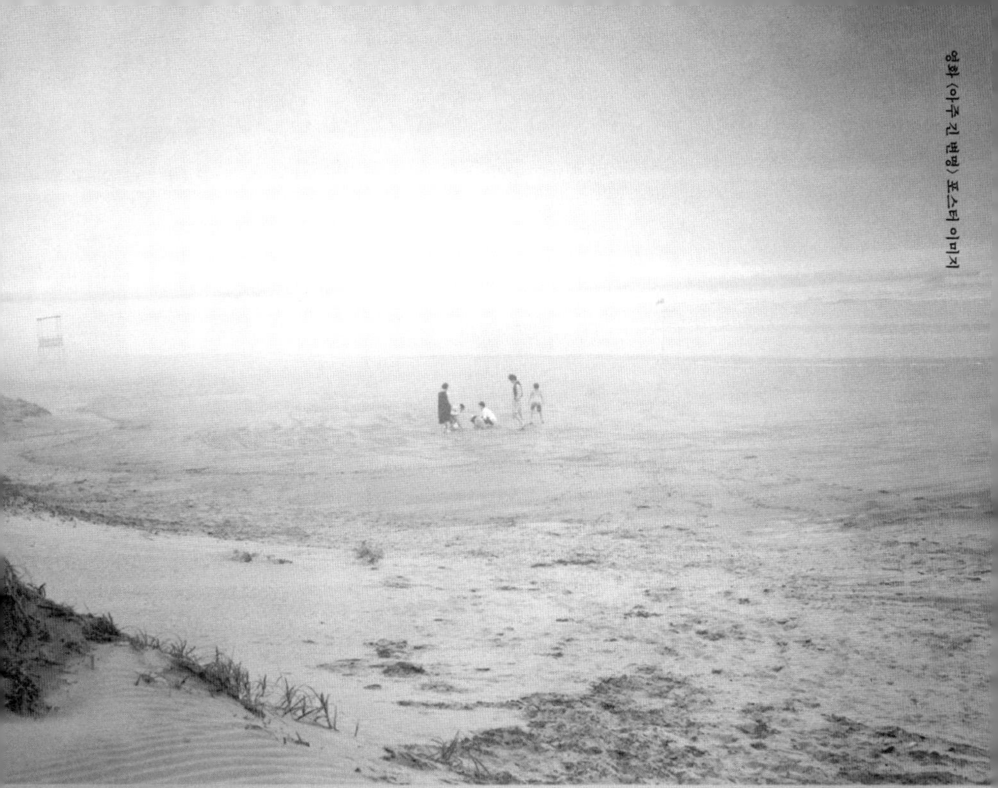

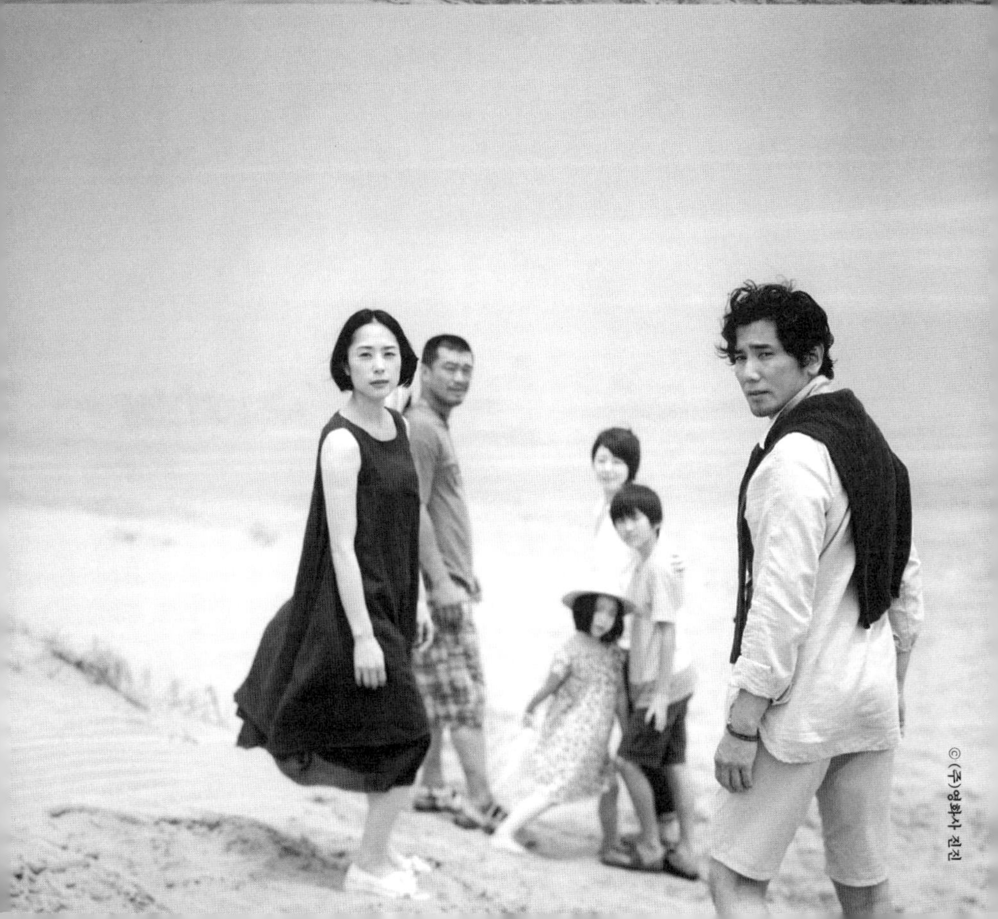

이 작품의 착상이 떠오른 것은 2011년 동일본대지진이 일어난 해이 끝나가는 무렵이었다고 기억합니다. 그해는 일본인에게 정말로 특별한 한 해였습니다. 모든 게 파괴되는 것은 한순간이고, 어제까지 당연하게 존재했던 것도 오늘은 없어질지 모른다는 사실이 혹독한 현실로 눈앞에 닥쳐왔기 때문입니다. 미디어가 다소 선정적인 톤으로 전하는 거대한 슬픔의 이야기를 멍하게 바라보며 저는 문득 생각했습니다. 그런 이야기의 표면에 등장하지 않는 사람들 가운데, 그날 아침 무심하게 싸우고 헤어진 가족도 있지 않을까. 사람과 사람의 관계는 언제나 원만하고 양호하기만 한 것은 아닙니다. 관계가 골짜기 밑바닥에 처박힌 듯한 때라도 불합리한 헤어짐은 악마처럼 찾아옵니다. 일상 속에서 가까이 있는 사람을 소홀히 대하고, 사소한 말다툼을 하고, 어차피 밤에는 집으로 돌아올 거니까, 내일도 있으니까, 다시 얼마든지 관계를 회복시킬 기회가 있으니까, 생각하다 그대로 맥없이 손에서 떨어트리고 만 인연도 저 자신의 인생에서 이미 경험했습니다. 그리고 그 쓸쓸한 헤어짐의 경험은 많은 경우 누구에게도 이야기되는 일 없이 남겨진 사람의 가슴속에 고독하게 응어리져서 남몰래 스스로를 탓하게 되며, 그 상처는 언제까지고 아물지 않겠지요. 재해에 한정된 일도 아니고 가족에 한정된 일도 아닙니다. 일로 인연을 맺은 동료나 오랜 친구, 자신에게 둘도 없이 소중한 사람들을 어느 날 갑자기 어떤 전조도 없이 잃어버리는 일은 누구에게나 평등하게 일어날 수 있습니다. 그렇게 찾아온 상실 뒤 인생의 영원과도 같은 무게는 단순히 '눈물을 동반한 슬픔'만으로 수렴되는 것이 아니겠지요. 그처럼 괴로운 방식으로 관계의 끝을 경험한 사람의 그 뒤 이야기를 언젠가 차분하게 써보고 싶다고 생각했습니다.

맨 처음에는 주인공의 아내를 태운 버스가 눈으로 뒤덮인 깊은 산길을 달리다가 소리도 없이 커브를 틀고 모습을 감춘다는 그림이 머릿속에 떠올랐습니다. 이 장면은 영화로 만들면 좋을 거라고 생각했지만 이번에는 먼저 소설부터 써보자 싶었습니다. 여태까지 저는 오리지널 스토리의 장편 영화를 네 편 만들었는데, 그 '영화를 위한 이야기'들은 모두 우선 '2시간 안에 전개가 마무리되는가' '예산 안에서 촬영할 수 있는가'라는 사항을 전제로 계산하며 썼습니다. 지문 한 줄이라도 그 내용에 따라서는 몇백 명을 등장시켜야 하고 몇백만 엔이 날아가는 경우도 있으니 그 정도로 가치 있는 묘사인지에 대해 늘 멈춰 서서 생각에 잠기게 됩니다. 시간이나 예산 사정을 초과하는 아이디어는 설령 머릿속에 떠올라도 쓰지 않고 펜을 거둘 수밖에 없어서 저 나름대로는 소화불량에 걸린 듯한 느낌도 맛봤습니다. 영화에 비하자면 소설의 장점은 분량에 거의 제한이 없다는 점, 그리고 펜이나 컴퓨터만 있으면 혼자서 큰돈도 들이지 않고 이야기를 만들 수 있다는 점입니다. 스토리에 직접적으로 공헌하지 않더라도 등장인물의 인간성을 뒷받침하는 과거의 일화, 영화에서는 설명할 틈도 없는 소도구나 거주 공간에 대한 세밀한 묘사, 대화가 아니라 가슴속에서 부풀어 오르는 복잡한 심정 등을 한번 끝까지 마음껏 써본다면 그다음은 어떻게 되는지 실험해보고 싶었습니다. 결과적으로는 충분히 시간을 들인, 영화를 위한 웜업 warm-up 같은 여정이 되었습니다. 자신의 문장만으로 모든 것을 표현해나가는 불안과 어려움도 통감했지만, 어쨌거나 떠오르는 것을 무엇이든 생각나는 대로 쓰는 방식을 취했더니 앞으로 영화 제작에 돌입할 제 뇌의 가동 범위를 최대한으로 넓혀두는 작업은 된 듯합니다.

모토키 마사히로 씨는 제가 어린 시절부터 반짝이던 아이돌 스타입니다. 하지만 스오 마사유키 감독의 작품 등을 보면 단정한 용모로 아등바등 발버둥 치고, 그러면서도 밝은 주인공을 연기할 수 있는 사람이라는 인상을 받아서 언젠가는 제 영화의 주연을 부탁하고 싶었습니다. 이번에는 나이도 그렇고 지적인 인상도 그렇고 주인공과 비슷한 면이 있었지만 결정적인 한 수는 그의 장모님인 기키 기린 씨, 따님인 우치다 갸라 씨와 일해본 고레에다 히로카즈 감독이 "모토키 씨는 사치오를 꼭 닮은 성격이야"라고 가르쳐준 것이었습니다. "그렇다면 상당히 성가신 사람이겠네요"라며 저는 조금 멈칫했지만 고레에다 감독은 "그래도 왠지 신기하게 매력적이야"라고 말했습니다. '기누가사 사치오'의 복잡한 내면을 배우 본인이 타고났으면서 관객의 응원을 받을 수 있는 매력도 겸비했다면 그보다 좋을 수 없습니다. 저는 용기를 내어 모토키 씨의 문을 노크해보기로 했습니다.

지금은 모토키 씨야말로 사치오이며, 사치오야말로 모토키 씨라고도 생각합니다. 직접 알기 전까지는 저도 믿지 못했지만 모토키 씨는 솔직하면서도 굴절되어 있고, 타인을 신용하고 싶으면서도 완전히 못 믿고, 주도면밀해 보이는데 서투르고, 차가울 것 같지만 따뜻하고, 스스로를 언제나 의심하고, 업신여기고, 그래도 천연덕스럽게 다시 일어나 앞으로 향하고, 또 뒤를 돌아보고, 가다가 넘어지고, 거듭 일어서는 칠전팔기를 되풀이하는 더할 나위 없이 불완전하고 인간적인 사람이었습니다. 또 놀랍게도 그런 모습을 현장에서도 감추지 않고 모조리 보여주는 사람이었지요. 그래서 모토키 씨가 있는 곳에는 늘 웃음소리가 끊이지 않았습니다. 우리는 그 인간성과 결사적인 자세에 매혹되었고, 모두가 모토키 씨(=사치오)를 사랑할 수 있어서 행복했습니다.

한편 아내 나쓰코는 어떤 면에서 사치오와는 정반대의 역할이었습니다. 살아 있을 때의 출연 신은 첫 장면뿐. 그 후로는 대부분 내내 영정사진으로 영화 속에 존재해야만 합니다. 그래도 뱃속 깊이 삼킨 납덩이처럼 영화의 중심에 말없이 들어앉아 관객에게도 계속 잊히지 않는 존재여야 하지요. 이 역을 연기할 수 있는 배우는 누구인가. 행복했을까, 불행했을까, 더 살고 싶었을까, 아니면 이제 떠나고 싶었을까. '영원히 수수께끼를 남기는 사람'이라는 관점에서 제 머릿속에 떠오른 것은 후카쓰 에리 씨였습니다. '모습을 감추지만 여전히 존재하는' 역할의 어려움을 본인도 깊이 이해하시는 듯했습니다. 앓는 소리는 한마디도 하지 않는 대신, '이 역은 정말로 내가 해야 하는가' '이 영화가 내게 요구하는 역할은 무엇인가'를 촬영 차례가 올 때까지 기나긴 시간 속에서 그저 꼼짝 않고 홀로 골똘히 생각하셨던 게 아닐까 합니다. 나쓰코가 사치오와 나오는 첫 장면은 실제로 모토키 씨의 머리카락을 자르며 하는 대화극이어서 프로용 가위를 들고 다니며 몇 개월 동안 연습을 거듭하셨는데, 본 촬영에서는 가위질 같은 건 전혀 문제되지 않았습니다. 하나를 요청하면 다섯 수 앞을 내다보는 배우. 이쪽도 적당히는 할 수 없습니다. 연출이라기보다 거합 같은 긴장감이었습니다. 상처 없이 끝났나 싶어 가슴을 쓸어내렸는데, 후카쓰 씨가 생글거리며 돌아간 뒤 비로소 급소에 난 중상을 알아차리는 것 같은 현장이었습니다. 저도 언젠가 후카쓰 씨를 당황시킬 만한 연출가가 된다면 좋을 텐데요.

요이치 역은 어쨌거나 모토키 씨에게 없는 것을 가지고 있는 사람이 좋겠다고 생각했습니다. 다케하라 피스톨 씨는 기타 한 대를 짊어지고 자신의 왜건으로 전국 방방곡곡 라이브 여행을 하는 사람입니다. 누구와도 닮지 않은 자신만의 재능을 지녔으며 영혼에서 나온 노랫말을 읊는 순수한 삶을 사는 이 사람이라면 브랜드화된 '모토키 마사히로'를 뒤흔들 수 있다고 생각했습니다. 처음 만난 면담 자리에서 "각본을 읽고 엄청 감동했습니다. 만약 이 역할로 뽑아주신다면 그때는 그야말로 제 인생을 건다는 각오로 온 힘을 다하겠습니다. 저는 연기에 대해서는 아무것도 모르지만, 일러주신다면 일거수일투족 감독님 말씀대로 따를 겁니다. 저는 여하튼 개 같은 인간입니다"라며 터무니없이 정중하면서도 독특한 맛이 있는 말투로 말씀하셔서 방안은 폭소로 휩싸였습니다. 이 사람을 요이치로 고르지 않을 이유를 못 찾겠다고 모두가 말했습니다.

아이라는 존재를 이야기에 깊게 관여시킨 것도 처음 하는 시도였습니다. 원래 아이들을 허구의 세계로 끌어들여 어른과 똑같은 요구를 들이미는 것에 대해 저는 거북한 마음을 품어왔습니다. 놀거나 즐겁게 지내는 모습을 그저 찍기만 한다면 괜찮지만, 그들이 실제로는 체험하지도 않은 괴로운 일을 체험한 척하게 하거나 울고 싶지도 않은데 눈물을 흘리게 만드는 데 대해 어쩐지 으스스한 '가짜 냄새'를 느꼈습니다. 또 설령 연기를 잘했다 해도 그들의 인간성을 이상한 길로 이끄는 건 아닌가 하는 부도덕한 감정에도 휩싸입니다. 그래서 아역과 일하는 것을 저는 언제나 주저했고, 분명히 말하자면 도망치고 싶은 마음이 있었습니다. 그런 거북한 마음에 마침표를 찍기 위해서라도 이번에는 정면으로 맞붙어보았는데, 실제로 촬영 시간이 길어지면 다마키의 집중력이 떨어져서 손도 못 댈 정도로 날뛰는 상태가 되었고, 겐신이 버스 안에서 눈물을 흘리는 장면도 노하우도 없이 그저 요구에 응하려고 정직하게 괴로워하는 아이의 모습을 보는 것만으로 마음이 아렸습니다. 스태프도, 모토키 씨나 다케하라 씨도 매일매일 하나가 되어 어르고 달래고 놀아주고 혼을 내는 등 큰일이었습니다. 하지만 그렇게 고민하면서 갈등을 반복하는 우리를, 계절이 깊어질 때마다 아이들은 가볍게 뛰어넘어 몸도 마음도 확실히 성장해갑니다. 스스로가 얼마나 힘없는 존재인지를 깨달으면서 어른이 아이와 관계를 맺는 데서 오는 풍요로움도 절실히 느꼈습니다. 어쨌거나 이렇게 웃거나 큰 소리를 내는 일이 많은 떠들썩한 현장을 경험한 것도 처음이었습니다. 멋진 시간이었습니다.

이제까지의 제 작품 중에서는 모든 면이 가장 느긋한 현장에서 촬영했습니다. 오랜 시간에 걸쳐 찍은 풍성함이 화면에도 드러난 것 같습니다. 소수 인원 체제로 카메라는 슈퍼 16밀리를 썼고, 주로 자연광을 사용해서 조명도 적게 세팅했기 때문에 현장의 모습은 1990년대 독립 영화 같았지만 제작자나 스태프의 작품에 대한 이해와 허용도가 깊어서 정신적인 풍요로 가득했습니다. 한 계절을 촬영하고 편집한 뒤 다시 촬영하는 시스템 가운데, 어마어마한 허비 속에 실은 해결의 열쇠가 파묻혀 있다는 것을 발견했습니다. 각본과 편집은 차근차근 빗질되었고 '망설여도 좋다'라는 사치스러운 감정도 느꼈습니다.

이 작품은 '이야기를 만드는 자'라는 저의 자기애와도 닮은 모티프와 이제까지 40년간 인생을 살며 경험해온 사람과의 관계나 이별의 실감을 바탕으로, 후회도 기쁨도 소망도 모조리 한데 묶어서 묘사하려는 시도였습니다. 혼자서 쓰기 시작한 이야기가 이곳에 도달하기까지는 실로 많은 사람들이 마음을 건네며 지지해줬고, 그 덕분에 수많은 도전을 감행할 수 있었습니다. 제 안에서도 가장 고생한 작품이기도 하고, 그런 만큼 신선하고 사랑스러운 영화가 되었습니다. 또 언젠가, 여기와는 다른 어딘가로 여행을 떠날 수 있도록 지금은 그저 숨을 고르고 있습니다.

〈아주 긴 변명〉

유리창 너머의 하늘

하늘

— 소설

지금 이 천장이 쿵 소리를 내며 떨어진다면 게이오선의 혼잡은 조금 해소될까.

　신주쿠역 플랫폼의 먹구름처럼 낮은 천장 아래, 도착한 열차에서 용암이 분출하듯 우르르 사람들이 넘쳐 나와 개찰구를 향해 간다. 늦게 나오는 손님은 그 느긋함이 벌을 받듯 새로운 승객들에게 어깨를 마구 부딪혀 비칠거린다. 열차가 출발하면 인기척은 확 줄어들어 아주 잠깐 거짓말 같은 정적이 찾아온다. 이 극단적인 혼란과 정적을 호흡처럼 되풀이하며 역은 살아 있다. 지금쯤 그녀는 어디를 달리고 있을까. 나는 그녀를 기다리는 중이다.

　"우리 역에서 정차했다가 다카오산 입구 방면으로 다시 출발하는 일반열차가 도착합니다. 노란 선 안쪽으로 물러나주시기 바랍니다"라는 안내방송이 들린 17시 31분, 번쩍 하고 열차의 불빛이 보였다. 나는 플랫폼 끝에 서서 시각을 맑게 유지한다. 아직 속도를 채 떨어트리지 못한 선두 차량이 뺨을 스치듯 지나가는 순간, 조명을 받은 운전석 안에서 하얗게 떠오른 그녀의 얼굴을 보았다.

유리창 너머의 하늘

정지하여 문이 열리자 다시 찾아오는 혼란. 그것이 한풀 꺾일 즈음 플랫폼 가장 안쪽, 나에게서는 200미터나 떨어진 운전석에서 쌀알만 한 검은 사람의 형상이 내리는 것이 보인다. 그러나 보이나 했더니 금세 다시 텅 빈 1호차 앞문을 통해 차내로 모습을 감춰버린다.

하나, 둘, 셋, 넷, 다섯―

소리도 없이 불쑥, 같은 차량의 가장 뒤쪽 문에서 다시 그 모습이 나타난다. 쌀알은 1호차를 다 둘러보자 팥알 크기가 되었다. 검고 작은 가방을 어깨에 걸치고 쓱, 쓱, 한 걸음씩, 공중에 살짝 떠오른 듯 걸어가는 모습은 틀림없는 그녀였다. 하지만 플랫폼에 우글거리는 사람들로 부분부분 가로막혀 나는 까치발을 하거나 폴짝폴짝 뛰어오른다. 시야가 열리나 싶은 순간 이미 그녀는 2호차로 몸을 숨겨버렸다.

……둘, 셋, 넷, 다섯―

다시 닭이 낳은 달걀처럼 차량 안에서 그녀의 모습이 툭 튀어나와 서서히 이쪽으로 다가온다. 드디어 이목구비를 알아볼 수 있을 정도가 되면 반대쪽 후방 차량에서 순서대로 점검하며 온 차장과 그녀는 서로 엇갈리고, 그러면 이제는 곧장 이쪽으로 걸어온다. 그때쯤이면 나는 더 이상 폴짝거리지 않고 노란 선의 안쪽 깊숙이 물러나서 딴 데를 쳐다봐야 한다.

다카오산 입구행으로 변한 열차는 꼬리 차량이 머리가 되었다. 차내는 이미 퇴근한 회사원과 쇼핑객으로 가득 차간다. 큰일이다, 넋 놓고 있어선 안 돼. 나는 허겁지겁 올라타서 운전석 대각선 뒤쯤에 진을 쳤다.

운전석으로 들어선 그녀는 사방의 계기를 면밀히 가리키며 중얼중얼 확인하고는 자리에 앉았다. 그녀의 장갑은 창백하리만치 하얗고, 마치 특별 주문한 것처럼 그 작은 손가락에 딱 달라붙어서 충성을 맹세하는 듯하다. 왼쪽 손목에 찬 좀 큼직한 손목시계로 시선을 던질 때 마침 플랫폼에 발차를 알리는 종소리가 울려 퍼진다. 문 닫힘 램프에 불이 들어온 것을 확인하자, 그녀는 한 번 살짝 고쳐 앉으며 자세를 바로잡더니 운전 레버를 힘껏 움켜쥐었다. 나도 시계로 눈을 돌렸다. 17시 43분. 신주쿠역에 도착한 뒤로 그녀는 물 한 모금 마실 여유도 없이, 또다시 몇천 개나 되는 인간의 생명을 싣고 달려 나간다.

계기 바늘이 가리키는 눈금이 착착 올라가자 열차는 지하선로의 새까만 어둠 속에서 속도를 높인다. 앞 유리창에 어렴풋이 그녀의 얼굴이 비쳐서 각진 안경 안쪽의 눈동자가 똑바로 앞쪽만을 향해 있는 것을 알 수 있다. 조금 더 그 등 뒤로 다가가보고 싶지만 그러면 내 얼굴까지 비쳐서 그녀의 시야에 들어간다. 또 이 녀석이군, 생각할까. 불쾌한 놈. 그녀는 그래도 도망갈 수 없다. 선로 위에 인생이 있기 때문이다.

대체 어째서 운전사가 되려 했던 걸까. 나이는 스물대여섯. 어디에나 있는 얼굴. 어디에나 있는 키. 어디에나 있는 목소리. 어깨 아래까지 내려오는 머리카락을 검정 고무줄로 뒤에서 하나로 묶었고 장신구도 하나 없이 꼭 맞는 제복으로 온몸을 감싼 탓에 무엇 하나 그녀의 개성은 보이지 않는다. 촌스러운지 유행에 민감한지조차 엿볼 수 없다. 뭘 생각하는 걸까. 그렇게 좁은 상자 안에서, 애면글면 앞쪽만 바라보면서, 목표물이 보이면 반드시 몇 번이고 같은 각도로 전방을 집게손가락으로 가리키며, 듣는 사람도 없는데 "오케이"라고 말하면서. 차고로 돌아가면 동료가 있는 걸까. 동료와는 유쾌하고 즐겁게 지내는 걸까. 웃기도 하는 걸까. 우는 날도 있을까. 전철을 좋아하나. 나는 전철조차 잘 모른다.

하쓰다이, 하타가야를 지나쳐 지하 선로를 단숨에 빠져나간다. 완만한 경사로로 접어들면 아득히 밀러서 작은 빛이 나다닌다. 그 빛은 순식간에 부풀어 올라 내 눈을 날카롭게 쏘아대지만, 그녀는 주춤하는 기색도 없이 빛 속으로 돌진하고 이윽고 양쪽으로 도심의 시가지가 확 펼쳐진다. 그녀는 레버를 서서히 잡아당기고 곧이어 사사즈카역이 보이기 시작한다. 방금 전까지는 굉음으로 달렸지만 마지막은 노能일본의 전통 가면극의 사뿐한 걸음걸이처럼 스윽 스윽 매끄럽게 변해서 소리도 없이 멈춘다. 승하차 위치에서 손톱만큼도 어긋남 없이 정차하자 열차는 휴우 한숨을 내쉬듯 문을 연다.

밀치락달치락 사람들이 나고 들지만 운전석에는 석고상처럼 움직이지 않는 그녀의 등이 있다. 아득한 앞쪽에서 저녁 해가 빛나며 하늘을 가득 물들이려 한다. 그녀는 다시 레버에 힘을 싣는다.

다이타바시, 메이다이마에, 시모타카이도, 열차는 순조롭게 앞으로 나아가고 하치만야마를 지난 무렵에는 승객도 어지간히 줄어서 차내의 긴박감이 누그러진다. 쓰쓰지가오카역에 도착했을 때는 저녁 해가 먼 산 끝자락에 발을 걸치고 방금 전까지 쨍쨍했던 힘도 잃어가고 있었다. 그녀는 정차하자마자 플랫폼에 서서 두 손을 몸 옆에 딱 붙인 채 획획 통과해가는 준특급열차를 배웅했다. 뒤로 묶은 머리카락이, 그것만 그녀에게서 독립한 생물인 양 가련하게 바람에 휩쓸려 살랑살랑 나부꼈다.

다시 그녀는 운전석에 앉아 레버에 손을 걸치고 "출발", 그때였다. 갑자기 왜소한 노인 하나가 내 눈앞으로 튀어나와 운전석으로 통하는 문을 쾅쾅 두들기며, 움켜쥔 손잡이를 철컹철컹 난폭하게 비틀어 열려고 했다. 무슨 일이지? 차내에 긴장감이 흐른다. 그녀는 뒤를 돌아봤다. 의자에서 벌떡 일어나 안쪽 걸쇠를 풀고 문을 열자마자 노인은 고함을 질러댔다.

"너무하잖소. 아까 탄 전차가 후다역에서 정차한다고 했는데 안 하더라니까. 이건 후다까지 몇 정거장 남았나?"

만약 그 말이 사실이라면 지금쯤 도쿄는 대혼란에 빠져 있을 테지만, 미친 듯이 화를 내는 건 그 노인 혼자뿐인 듯했다. 그녀는 한순간 기가 눌린 듯 입을 다물었으나 곧바로 머릿속으로 손가락을 꼽으며 숫자를 세는 듯한 표정을 짓더니 "세 정거장입니다"라고 조용히 대답했다.

"세 정거장?"

"네."

노인은 아, 그래? 하며 스스로 문을 닫고 물러났다.

그녀도 아무 일 없었던 양 다시 자리에 앉아 레버를 밀어 올렸다. 열차는 스르륵 출발한다. 손목시계를 봤더니 열차는 정각에 정확히 출발하는 데 성공했다.

아무 일도 일어나지 않았다.

솔직히 나는 살짝 김이 빠졌다. 패닉 따위와는 인연이 없는 평화로운 차내로 되돌아와 그녀의 일은 오늘도 완벽하게 이어진다. 하지만 다시 그 등으로 시선을 던졌을 때 나는 무의식중에 한 걸음, 아니 두 걸음쯤 앞으로 나아가 처음으로 그녀의 바로 뒤에서 물끄러미 바라보았다. 단정하게 쓴 짙은 남색 모자와 묶은 머리카락 사이로 엿보이는 그녀의 귀가 타오를 듯 붉은빛을 띠고 있었던 것이다. 붉은빛은 귀뿐만 아니라 목덜미까지 번져서 조용한 증기를 피어 올리는 듯했다. 녹표물이 보이자 평소와 꼭 같은 움직임으로 손가락을 세우고 "오케이"라고 말했지만, 아주 살짝 목소리가 갈라져서 그녀는 작게 헛기침을 했다. 눈앞에는 그 귀와 같은 색을 띤 저녁놀이 번져 있었는데, 나는 그녀가 하늘보다 아름답다고 생각했다.

해피엔딩일지도 모르는

― 서평 · 영화평

〈남편들〉에 대해

거의 5년마다 이 작품(각본·감독 존 카사베츠)을 다시 보는데 그때마다 느끼는 감정이 다르다. 처음 봤을 때는 피터 포크, 벤 가자라, 그리고 존 카사베츠라는 황금 트라이앵글이 내뿜는 땀과 기름과 토사물이 뒤섞인 듯한 농후한 매력에 녹아웃당했다.

절친한 친구의 장례식 다음 날 아침, 한겨울 뉴욕 거리를 상복 차림의 중년 남자 셋이 농구하는 시늉을 하며 달려 나가는 초반 장면을 볼 때마다 '영화로만 할 수 있는 표현이란 바로 이거야' 하고 벼락을 맞는 듯한 기분을 변함없이 맛본다. 이 장면에 담긴 만큼의 '말로 표현할 수 없는' 육체성을 산문으로 옮기기란 불가능하지 않을까. 카사베츠는 인간의 육체와 관계가 언어 없이 이야기하는 것을 하이쿠 시인처럼 포착하는 데 명수다.

20대 시절에는 발랄한 오프닝, 따스함이 감도는 라스트신과도 어우러져 이 세 사람이 거듭 저지르는 엉뚱한 일을 익살맞고 희귀한 여행으로서 즐겼던 것 같지만, 다시 이 작품을 보니 '구제불능이지만 미워할 수 없는 세 바보 중년'으로는 정리해버릴 수 없는, 어떤 피하지 못할 무게를 느끼고 말았다.

재발견한 대사가 하나 있다.

카사베츠가 연기하는 거스가 셋이서 비행기를 타고 놀러 간 런던의 카지노에서 야단법석을 떨며 툭 던지는 한마디. "우리 너무 시끄럽잖아. 미국인 티가 풀풀 나네." 실은 미국 영화에서 이런 객관성 있는 대사를 발견하기란 어렵다. 미국인은 온 세상에 자랑하는 수출품인 미국 영화 속에서 미국인을 좀체 비판하지 않기 때문이다.

세 사람은 끊임없이 자기가 하고 싶은 말만 줄줄이 늘어놓고, '나는 자유다'라는 것을 증명하기 위해 독선과 못된 장난과 공격성을 분출한다. 모든 '우리 이외'의 것에 대해 관용적인 지식인 같은 웃음을 띠면서도 속으로는 업신여기고, 알량한 것이라 단정 짓고, 축적된 자기 내부의 불안이나 과실은 계속 외면한다. 계속 외면하려면 밖으로 나와 돌아다니는 수밖에 없다.

그들이 연발하는 "사랑해"라는 말은 모조리 공허해서 실체가 없고, 그들이 커뮤니케이션이라 믿고 있는 것은 단 한 번도 제대로 된 대화로서 성립하지 않는다.

멍청함과 넘치는 인간미로 코팅해가며, 카사베츠는 냉철하게 '남편이 된 남자들'이라는 생체를 구경거리로 삼아 또다시 미국의 모습을 남김없이 그려낸다.

언제나 못 견디게 매력적이면서도 오싹하리만치 미쳐 있다. 이야말로 미국 그 자체다. 그것을 9·11 테러보다 30년도 더 전에, 광란과 함께 과묵하게 필름에 새겨 넣은 카사베츠의 눈에는 지금의 세계가 어떻게 비칠까.

방탕한 생활 끝에 돌아온 거스(=카사베츠)를 정원 앞에서 맞이해주는 카사베츠의 친자식의 표정으로 이 영화는 구원받지만, 화면에 아내 지나 롤랜즈가 모습을 보이지 않은 것은 세상의 남편들에 대한 카사베츠의 최소한의 배려일 터다. 거기서 기다리는 건 따뜻한 해피엔딩일지도 모른다는 희망을 품을 여지를 남겨줬으므로.

「진짜 사나이」

　'이창동'이라 하면 실로 우는 아이도 뚝 그치는 영화감독이다. 21세기 한국 영화산업의 약진은 눈부셔서 거액의 예산을 투입하여 완성한 플롯과 대규모 액션으로 묘사하는 할리우드 스타일의 엔터테인먼트 영화도 장기로 삼는 한편, 강렬한 개성을 발휘하여 칸이나 베니스 영화제의 VIP로 올라서고 있는 작가도 적지 않다. 그중에서도 이창동 감독의 이름에는 각별한 울림이 있다. 어떤 권위가 평가하든 어차피 영화는 보는 사람 각자의 취향에 좌우되지만, 이창동의 작품만은 신기하게도 '좋아' '싫어'로는 말할 수 없는 경지에 있는 것 같다.

　1997년 〈초록물고기〉 이후 〈박하사탕〉(1999), 〈오아시스〉(2002), 〈밀양〉(2007), 〈시〉(2010) 등 비교적 느긋한 속도로 작품을 발표해왔다. 어느 것이나 미친 듯한 소란에 기대지 않고, 고요하고 평온한 척 점잔 빼지 않으며, 명주실처럼 얇은 실이 배의 모공으로 소리도 없이 몰래 들어와 오장육부가 얽매인 끝에 몽롱하게 하늘의 부름을 받는 듯한 작품군이다. 확고부동한 걸작뿐이지만 볼 때는 틀림없이 엄청난 체력이 필요한 영화이기도 해서 감상 후의 편안한 잠자리는 보장 못한다.

이창동 감독은 영화 일을 하기 전에는 교사와 소설가로 활약했다는데, 「진짜 사나이」『녹천에는 똥이 많다』(문학과지성사, 1992)라는 단편소설은 일본에서 번역본이 나온 몇 안 되는 작품 중 하나다.

1980년대 민주화운동이 한창일 때 명동에서 데모 참가자로 오인받은 소설가 '나'가 경찰 호송차 속에서 한 초라한 노동자와 만나는 장면으로 소설은 시작된다.

사정과 신분을 밝히고 풀려난 '나'는 집으로 돌아가는 도중 '선생님'이라는 경칭으로 그에게 불려 세워진다. 함께 들어간 식당에서 이야기를 들어보니 그 역시 데모 참가자가 아니었다. 무엇 하나 지성다운 것을 익히지 못한 채 고향의 괴로운 소작농 일을 버리고 가족을 이끌며 서울로 올라온, 그저 선량하기만 한 남자라는 사실을 알게 된다. 데모는커녕 세상이 뜨겁게 흥분하는 민주화의 의의조차 모른다고 이야기하는 그를, '나'는 당신 자신의 생활을 향상시키기 위해서라도 함께 노력해야 한다고 지극히 조심스럽게 타이른다.

인간은 타인으로부터 받는 경의를 결코 무시하지 못한다. 무명 소설가인 '나'는 그가 낮은 자세로 자신을 대하는 것에는 송구스러워하면서도 무의식중에 그에게 '지知'를 전하는 역할을 자진했다. 마찬가지로 그 역시 지식인스러운 '나'로부터 '당신도 사회의 담당자 중 하나다'라는 경의를 받음으로써 어떤 변화를 일으켰다. 두려

위하면서도 그는 새로운 길로 이끌려간다. 그 뒤 그는 민주화운동의 소용돌이 속으로 몸을 던져 수동적이었던 태도가 주체성과 전능감全能感에 찬 태도로 변하고, '투쟁'이나 '민주주의'라는 말에 빠져들게 되었다. 그를 다시 만날 때마다 몸을 움츠리며 스스로를 비하하던 예전의 모습은 간데없고 사고나 생활, 그리고 인간성마저도 곤충이 허물을 벗듯 변모해갔다. 어느 틈에 그는 '나'를 '선생님'이라고 부르지 않게 되었다. 곧이어 굶주린 가족을 내팽개치고 한 집 가장으로서의 임무조차 잊은 채 실체를 동반하지 않는 관념의 세계로 매몰되어가는 그 변용 앞에서, '나'는 그저 딱딱하게 굳은 몸으로 못 박힌 듯 서 있을 수밖에 없다.

학자, 작가, 언론인, 예술가, 이른바 '글쟁이'라 불리는 '지'의 담당자를 자임하는 사람들에게 사회의 가장 밑바닥을 떠도는 생활자는 늘 작품이나 연구의 모티프이자 탐구심을 부추기는 대상이기도 하다. 빈곤, 착취, 가혹한 노동에 시달리는 생활이야말로 사회의 실상을 드러내는 순수한 '진짜'이며 '지'나 '정의' 등의 본질은 바로 그들을 위해 존재한다고, 모든 지식인의 뇌에는 그렇게 새겨져 있기 때문이다. 그러나 그 둘 사이를 가로막는 도랑은 글쟁이들의 희망적인 관측보다 훨씬 깊다. '나'가 잘되라는 뜻으로 던진 '지'의 물방울 하나가 뜻하지 않게 그의 생활을 붕괴하고 그를 제어 불능의 괴이한 존재로 변화시켜나가는 이 이야기는, 인류가 가장 자랑할 만한 예지叡智라는 것의 함정을 보기 좋게 드러낸다. 관찰자로서 철책 밖에 서는 일밖에 할 수 없는 '글쟁이'들의 취약한 아킬레스건을 얇은 칼로 소리도 없이 찢어발기는 것 같다. 철책 안과 밖, 어느 쪽이 부자유한 감방인지는 아무도 모른다.

소설가 이창동의 기교에 빠지지 않는 평이하고 간결한 문체는 그의 영화 터치, 아니 영화를 만드는 성실한 자세와도 통하는 느낌이다. 팬으로서는 더 많은 문장을 접하고 싶은데, 과거에 쓴 소설의 일본어 번역판도 누군가가 꼭 출판해줬으면 한다. 잠들지 못하는 밤은 각오한 바다.

'무서움' 위에서 이루어지는 식사

Q. 독자의 상담

많은 사람들이 맛있는 음식을 먹을 수 있다면 좋다고 생각합니다. 얼마나 많은 생명이 희생되었을까요? '잘 먹겠습니다'의 의미를 다시 가르쳐주는 책을 추천해주세요. (고베시 미용사 아지치 아키코, 50세)

A. 추천하는 책

제가 다닌 중학교 교실에는 오후가 되면 가슴이 콱 막힐 듯이 묵직한 냄새가 흘러들어와 그때마다 허겁지겁 창문을 닫았습니다. 바람이 불어오는 쪽에는 도축장이 있어서 소나 돼지의 뼈를 태우는 거라고 들었습니다. 저도 고기를 몹시 좋아하지만 그렇게 창문을 닫은 채 많은 것을 모르고 살아온 듯합니다.

질문하신 것을 계기로 저도 책을 몇 권 읽었습니다. 먼저 다큐멘터리 연출가이자 작가인 모리 다쓰야 씨의 『생명을 먹는 법』EAST PRESS, 2011. 귀여운 소와 돼지의 일러스트를 곁들여 '우리'가 연간 먹는 고기의 양과 일본의 식육사食肉史, 도축 방법을 소개합니다. 이만큼 육식에 푹 젖어 있으면서도 우리가 식육의 현장을 눈에 띄지 않는 장소로 멀리 떨어트려놓은 채 생명을 박탈당하는 동물과 그 일을 도맡는 사람 양쪽에 대한 죄책감과 기피감을 깡그리 잊어버리려고 하는 구조를 조용히 파헤칩니다.

소설가 사가와 미쓰하루 씨의 『소를 잡다』가이호출판사, 2009는 10년 동안 도축장에서 일했던 작가가 쓴 극명한 기록입니다. '도살'의 순간은 처절하며, 그것은 결코 우리가 바라는 만큼 편안하지 않아 보입니다. '생명을 감사히 먹는다'라고 하면 아름답게 들리지만, 실은 그 전 단계에서 우리를 대신해 날붙이로 생물의 숨통을 끊는 일을 담당하는 사람들의 신념과 기술이 있다는 것을 깨닫게 됩니다.

마지막은 사진집입니다. 사진가 모토하시 세이이치 씨의 『도살장』헤이본샤, 2011. 등줄기가 쭉 펴지는 긴장감. 역시 무서운 부분도 있었습니다. 하지만 인간의 식食이란 그런 '무서움' 위에서만 이루어진다는 것을 겨우 알게 된 듯한 기분도 듭니다. 세 권 모두 먹으며 살아가기 위해서는 반드시 읽어야 한다고도 여겨지는 책입니다.

누군가가

만들어주는 식사

— 산문

언어와 사귀다

저는 실언이 많은 인간입니다.

'해도 될 말과 안 될 말이 있다'라는 문구가 있는데, 어린 시절부터 그 '해서는 안 될 말'을 툭툭 내뱉어버리는 성품이라 제 어머니는 "너의 말은 사람을 상처 입히는 흉기가 돼"라며 몹시 걱정했습니다.

그러나 '쓰기'라는 것을 배운 뒤로는 그 서투름과 무방비함이 조금 완화된 것 같습니다. 뇌 속에서 발생한 전기신호를 바로 아래의 입으로 곧장 주르르 내뱉기보다, 조금 거리가 있는 손가락 끝을 통해 잠자코 글로 지어나가는 편이 얼마쯤 '뜸이 들어서' '배려 있는' 언어가 완성되는 느낌입니다. 문자로 기록하면 자신이 무심코 내뱉는 '해서는 안 될 말'도 조금은 객관성을 가지고 바라볼 수 있어서 왜 내가 그것을 표현하는가, 표현하지 않고서는 못 견디는가를 생각하며 남에게 어떻게 전할지도 곱씹어볼 수 있습니다.

남이 쓰는 글에도 흥미를 가지게 되었습니다. 소설 등의 세계에서는 인간에게 내재된 어둠이나 독毒 역시 즐거운 모험이나 아름다운 연애와 비슷한 정도로 인기 있는 주제입니다. 일반적으로는 '해서는 안 될 말'이라도 쓰는 사람의 솜씨에 따라 웃을 수 있는 것이 되기도 하고 고립된 마음에 다가와주기도 한다는 사실을 강하게 실감했습니다. 만약 '읽기'나 '쓰기'라는 행위가 없다면 제 안에서 생겨나는 '해서는 안 될 말'은 내부에서 뭉게뭉게 연기를 피어올려 스스로 중독될지도 모릅니다. 점차 제게는 '쓰는 것'이 곧 '생각하는 것'이 되었습니다. 펜이나 연필을 쥐어야 비로소 자신이 무엇을 생각하는지 알게 됩니다. 딱 중학교에 들어간 무렵부터 시작된 습관인 것 같습니다.

그 시기에는 어딘가에서 대충 읽은 글을 금방 흉내 내어 썼습니다. 나쓰메 소세키를 읽으면 '나는'은 '여余는'이 되었고, 다자이 오사무를 읽으면 '사랑을, 해버렸는걸'. 그런 중학생의 문장이 어디 있나요. 중학생이 신상 스니커즈를 신거나 명품 가방을 걸치는 느낌입니다. 어울리지도 않는데 우쭐거리는 것은 본인뿐. 지금이니 그런 저 자신도 어지간히 귀엽지만, 당시는 일주일만 지나면 얼굴에서 불이 날 정도로 부끄러워져 구깃구깃 뭉쳐서 내버렸습니다. 하지만 그런 발돋움을 하다 보면 무엇이 정말로 자기 마음에 드는 스니커즈인지, 가방인지를 취사선택해나가게 됩니다. 자신의 생활 용도에 꼭 맞춰서 좋다고 생각한 것을 소중하게 오래 쓰다 보면, 희귀한 단어나 옛날에 쓰던 말이라도 어느 틈에 그 사람의 것이 되지 않을까요. 그리고 그 언어는 그대로 '그 사람다움'이 되어갑니다.

그 사람이 쓰는 언어야말로 그 인물이라 해도 과언이 아닙니다. 사람은 무엇을 보고 어떤 환경에서 자랐으며 누구와 사귀어왔는가가 어휘나 말투로 드러납니다. 외국에서 살다 온 사람은 일본어를 쓰는 가운데서도 그 특징이 배어나옵니다. 지방 출신 사람이 쓰는 표준어와 도쿄에서 자란 사람이 쓰는 도쿄 말은 다릅니다. 취미가 많은 사람, 적은 사람, 가정이 있는 사람, 혼자 사는 사람, 사소한 요소라도 반드시 쓰는 언어 속에 특징이 군데군데 박힙니다. 각본을 쓸 때는 대사로 캐릭터를 구분해서 쓰는데, 한 작품 속에서도 같은 말투를 쓰는 사람은 하나도 없습니다. 형제라도, 부부라도, 살아가는 장소나 성격에 따라 언어에 차이를 둡니다. 그렇게 씀으로써 각본을 건네받은 배우들은 자신에게 주어진 역할의 특성을 파악합니다.

저는 영화감독의 제자가 되었지만, 스스로의 커뮤니케이션 능력이 불안하기도 해서 역시 홀로 서재에서 일할 수 있는 각본가가 되려고 마음먹은 시기가 있었습니다. 음지에서 조용히 있어도 각본 속에 매력적인 세계, 매력적인 인물을 만들면 분명 돈을 대주는 사람도 나올 것이고 힘이 되어주는 스태프나 배우도 찾을 수 있으리라 생각했기 때문입니다. 감독을 하게 된 뒤로도 제 기획의 매력을 말로 온전히 전할 자신이 없어서, 영화에 참여해주는 사람 하나하나의 마음을 움켜쥐기 위한 러브레터라는 생각으로 각본을 쓰고 있습니다. 러브레터는 상대를 반하게 만들 목적의 글이므로 결코 독선적이어서는 안 됩니다. 이 이야기와 인생을 함께하면 반드시 즐거워질 거야, 이 이야기에는 반드시 내가 필요해, 이 이야기를 놓치면 반드시 후회할 거야. 각본을 받은 상대가 그렇게 믿게 만들기 위해 저는 대사 한 마디 한 마디, 지문 한 줄 한 줄에 심혈을 기울입니다. 거기에 쓰는 언어는 이제 스스로를 해방시키기 위한 것이 아니라 이 글을 읽는 '누군가'를 위한 것이라고 생각한 순간부터 저는 자신이 프로가 된 기분이 들었습니다. 이렇게 책사처럼 그럴싸한 말을 늘어놓기는 했지만, 속마음을 털어놓자면 그 사랑에 푹 빠져 있는 사람은 역시 다른 누구도 아닌 저 자신입니다. 자신이 멋대로 생각해내어 끈덕지게 품어온 슬픈 짝사랑의 상대가 되어줄 동료가 필요해서, 기를 써서 권모술수를 꾸며내고 연금술을 배워 책상에 달라붙어 있을 뿐입니다.

언어는 왜 존재하는가. 당연한 이야기지만 그것은 타자와 서로 이해하고 어울리기 위해서입니다. 누구에게도 이해받지 못하는 닫힌 마음을 홀로 공책에 휘갈겨 써서 해방시켜주는 것도 언어지만, 타자에게 전하고 싶다는 의지가 피어오를 때 비로소 언어는 연마됩니다. 혼자 틀어박혀 사색하는 것처럼 보여도 인간은 그 사색의 언어 저편에 있는 손이 닿지 않는 타자를 공상합니다. 결국 세계에 타자가 없다면 언어도 없지 않을까요.

타진 요리

나는 술맛을 모른다.

높은 사람이나 재력가를 따라 숨은 맛집이니 회원제니, 그런 가게에도 발을 들여놓으며 이건 어디어디의 쌀을 얼마만큼 도정했다든가, 어느 시기의 포도를 몇 시에 따서 무슨 통에서 숙성했다든가, 습도나 온도는 어떠어떠하다든가 하는 말을 들으며 공손하게 잔에 입을 갖다 대고는 "와아. 정말이네요. 향이 말이죠!"라고 시치미 떼며 분위기를 맞출 때도 있지만 실은 아무것도 모른다. "잘 모르겠는데요"라고 대답해서야 마음을 담아 대접하고 있는 가게 사람에게도, 술을 만든 사람에게도, 높은 사람에게도 너무한 처사이니 "향이 말이죠!"라고 대답할 뿐이다. 뭘 알아서 그러는 게 아니다. 대화가 술 이야기에서 적당히 벗어날 때쯤에는 꿀꺽꿀꺽 바닥까지 비우고 "저기요, 생맥주 주세요"라고 말한다.

맥주로 넘어가면 안심한다. 대부분의 가게에서는 고상한 취향이나 지식 없이도 맥주라면 잠자코 내어준다. 잠자코 마실 수 있다. 얼마나 맛있는 맥주인가에 대해 해설을 늘어놓지 않아도 마실 수 있다. 그게 맛있다. 맛을 설명하지 않고 맛있는 것을 먹고 마실 수 있는 행복.

좋아하는 사람, 중요한 승부를 해야 하는 상대와 엄청나게 맛있는 음식을 먹는 행복을 나는 알지 못한다. 한번에 그렇게 몇 가지 일을 동시에 소화해내지 못한다. 좋아하는 사람이나 중요한 사람과의 이야기에 푹 빠지고 그 매력에 홀랑 넘어가서 지나치게 맛있는 음식이나 술은 오히려 방해가 된다. 향이라든지 색조라든지 구운 정도라든지 어디어디 산産이라든지…… 성가시다. 나는 지금 눈앞의 상대와 진검승부를 펼치고 있다. 데니즈비교적 저렴한 패밀리 레스토랑 체인점의 맥주로 충분하다. 딩동. 저기요, 이거 한 잔 더요.

돈이나 품을 들인 맛있는 식사나 술 같은 건 어울리지 않는 인간이다. 온종일 일을 하고 집으로 돌아와 밤 11시 반부터 앞치마를 걸치고 직접 만든 간소한 식사와 함께 발포주일본 주세법에서 정의한 주류 중 하나. 맥아 사용 비율이 67퍼센트 미만이거나, 그 이상이라도 국가가 정한 원료 이외의 것을 쓰는 알코올음료를 발포주라 하여 맥주와 구분한다(오늘은 특별히 열심히 했다 싶을 때는 연말 선물로 받은 에비스삿포로맥주에서 나온 프리미엄 맥주나 프리미엄 몰츠산토리에서 나온 프리미엄 맥주)를 목구멍 뒤로 넘기는 순간이 '아, 술이 맛있다, 음식이 맛있다'라고 느끼는 최고의 순간이다. 술과 음식에 대해서만 생각한다. 나머지는 그날 있었던 스포츠 경기의 결과 정도. 실로 쓸쓸한 이야기지만, 기쁠 때보다 외로울 때가 맛만 그저 가만히 스며드는 느낌이다. 나에게는 지금 이것밖에 없는가, 라고도 생각한다. 인간은 곤경에 빠졌을 때도 포함해서 정말로 마음이 소란할 때는 맛있거나 맛없는 게 그다지 중요하지 않다. 맛있는 음식, 맛있는 술을

분에 넘치게 추구하는 듯한 재력가들도 마음은 쓸쓸할지 모른다.

한밤중에 돌아와 부엌에 서다니 성실하네요, 라는 소리를 들을 때도 있지만 성실하다는 말을 들을 정도의 요리는 하지 않는다. 일 때문에 흥분해서 집으로 돌아온 뒤, 5분이라도 부엌에 서서 움직이면 그때까지와는 다른 뇌의 부분이 가동되는 느낌이 들어서 마음이 편안해진다. 헬스장 운동이나 조깅이 습관화되어 있는 사람들도 같은 느낌 아닐까. 냄비는 하나나 두 개만 사용한다. 가장 설거짓거리가 적게 나오는 음식은 뚜껑을 열면 그대로 식탁에 차릴 수 있는 타진 요리고깔처럼 생긴 뚜껑이 달린 모로코 등지의 냄비인 타진에 고기와 채소를 넣어서 저수분으로 만드는 요리라는 사실을 깨달은 것은 3년 전. 대파 하나를 통째로 얇게 어슷썰기해서 연근 슬라이스, 삼겹살, 버섯, 순무, 경수채 등 냉장고 속 자투리 재료와 함께 타진에 때려 넣고 올리브유, 청주, 소금, 유자후추고추와 유자 껍질, 소금을 갈아서 숙성시킨 조미료 등을 뿌려서 뚜껑을 덮은 뒤 약한 중불로 찌기만 하면 된다. 전부 눈대중. 경수채나 연근 등은 아삭한 식감을 살리고 싶다면 때려 넣는 타이밍을 마지막 즈음으로 미룬다. 모양새는 절망적. 하지만 틀림없이 맛있다. 함께 일하는 동료가 맛이 좋다고 알려준 '아사히폰즈아사히식품에서 나온 폰즈 간장. 폰즈는 감귤류의 과즙에 초산을 더한 조미료이며, 여기에 간장을 섞은 폰즈 간장도 대개 '폰즈'라고 줄여서 부른다', 눈이 시리게 푸릇푸릇한 스페인산 올리브유, 교토 헨코야마다제유참깨 제품 제조업체의 '참깨고추기름', 요코하마 만진루광저우 요릿집의 '샹라추이', 현지 촬영차 방문한 후지요시다 우동의 '매운 양념' 등 각지의 조미료나 향신료를 온갖 방법으로 뿌리고 350밀리리터의 황금색 물을 느긋하게 마시며 하루를 마무리

한다. 한밤중이니 위장 상태와는 상의가 필요하다. 남으면 다음 날 아침 다시 데워서 보온병에 담은 뒤 회사에서 몰래 숨어 도시락으로 먹어도 좋다. 여하튼 모양새가 절망적이니까. 하지만 남몰래 먹는 도시락은 몇 살이 되어도 이게 또 맛있다. 근사한 테라스에서 먹는 2500엔짜리 코스 런치보다 역시 더 맛있다.

긴자 스윙

영화는 혼자서는 못 만드니까 성가실 거라고 생각해서 대학 시절에는 사진을 찍었다. 20세기가 끝날 무렵. 돈도 없고 교유 관계도 없으니 긴자 같은 데 갈 용건도 없었지만 가부키자긴자의 가부키 전용 극장 뒤쪽에 있는 출판사가 카메라 어시스턴트를 모집해서 아르바이트로 다니던 시기가 있었다. 사진의 길에서 살아갈 마음을 먹은 것은 아니었으나 그 마음을 확인하기 위해서라도, 라는 생각이었을 테지.

나는 그곳에서 성인이 된 이후 처음으로 남자에게 얻어맞았다.

촬영에는 35밀리 카메라와 6×6센티 120 필름필름 규격의 일종. 앞의 숫자는 코닥에서 필름을 만들면서 붙인 모델명이며, 일반적으로 널리 쓰는 필름은 135 필름(=35밀리 필름)이다을 쓰는 핫셀블라드라는 스웨덴제 고급 중형 카메라120 필름, 220 필름을 쓰는 카메라가 쓰였다. 핫셀블라드는 필름 한 통당 누를 수 있는 셔터 수가 고작 열두 번. 하지만 카메라맨은 철컥철컥 셔터를 누른다. 열두 번 같은 건 눈 깜짝할 사이다. 그래서 필름을 넣는 탈착식 매거진필름을 로딩하는 케이스이 예비로 네 통 준비되어 있고, 촬영하는 틈틈이 잇따라 새로운 필름을 장전하는 것이 어시스턴트의 일이었다.

　그러나 이 120 필름은 단순한 두루마리처럼 생겨서 35밀리 필름처럼 톱니바퀴에 맞물리게 넣는 퍼포레이션(필름 양 가장자리에 뚫어놓은 구멍)도 없기 때문에 감아 넣는 데 품이 든다. 필름을 꺼내고 정리하고 장전하는 일을 동시에 진행하면서 셔터 소리를 귀로 듣다가 한 장이 남은 시점에 "마지막이에요"라고 구두로 전하는데, 자신이 세면서도 그 카운트다운이 공포스러웠다. 필름 끝이 감는 축의 홈에 잘 끼워지지 않는다. 잘못 끼워 넣으면 필름을 감는 도중 각도가 틀어지고 만다. 외국인 모델이 성질을 내거나, 조명이 쓰러지거나, 뭐라도 괜찮으니 트러블이 생겨서 셔터를 누르는 손이 멈추면 좋을 텐데, 하고 진심으로 바랐다. 6, 5, 4, 3…… 이제 어느 매거진이 촬영이 끝난 것이고 무엇이 빈 것인지 모르겠다. 그때 카메라맨이 핫셀블라드의 렌즈를 교환하라고 말했다. 나는 현기증이 날 것 같은 기분을 느끼며 묵직한 렌즈를 배운 순서대로 본체에 끼워 넣었다, 라고 생각했다. 하지만 내 손안에서는 날 리 없는 괴상한 소리가 났다. 봤더니 본체와 렌즈가 명백히 비뚤어진 각도로 합체되어 있다. 으악! 비명이 터지려는 것을 참으며 살금살금 탈착 버튼을 연거푸 눌러봐도 꼼짝도 안 한다. 이윽고 그렇게 멈춰달라고 빌었던 셔터 소리가 멈췄다. 사태를 눈치챈 카메라맨이 그만둬, 라고 작게 외치며 내 손에서 죽어가는 작은 새를 구해내듯 핫셀블라드를 집어 들었다. 됐으니까 너는 필름을 넣어, 라고 들은 내 뇌는 이미 녹아내리고 있었던 걸까. 뚜껑을 연 매거진의 내용물을 보고 '이런' 싶었다. 본 적도 없는 상태. 잘못 넣었나 보다. 다시 넣어야 해. 허겁지겁 속에서 필름을 있는 힘껏 끄집어냈다. 그리고 그 순간 '아, 이건 촬영이 끝난 거다'라고 알아차렸다. 아시는 대로 필름을 밝은 곳에서 끄집어내면 한순간에 모든 것이 무無로 돌아간다. 나는 잠자코 손을 멈췄다. 멈춘 순간 내 머리는 옆에서 올라오는 커다란 손바닥에 가격당했다. 경쾌한 리듬의 기타 팝 배경음악만이 스튜디오에 허무하게 울려 퍼졌다.

카메라맨은 인도의 거대 석불과 닮은 뚜렷한 윤곽의 무서운 얼굴이었고, 후배나 여자에게 잘 보이려 하지 않는 강직함과 섬세하고 결벽한 분위기가 뒤섞인 마흔가량의 남자였다. 사람을 때린 것도 한두 번이 아니지 않을까. 그러나 내 옆머리는 얻어맞기 직전 그 스윙에 미약하게 브레이크가 걸린 것을 느꼈다. 바로 뒤 숨을 멈춘 채 그 얼굴을 올려다봤을 때, 이런 식으로 때린 것은 이 사람도 처음이 아닐까 생각했다. 그 정도로 절망적인 얼굴을 하고 있었다. 마치 세상으로부터 배신당한 것처럼. 어쩌면 여자에게 손찌검을 한 적도 없었을지 모른다. 그런 짓을 한 것 자체가 굴욕적이라고 생각하는 표정이기도 했다. 그럼에도 그 손을 멈출 수 없었던 것이다. 카메라맨에게 찍은 필름이 망가지는 것은 그런 일인가.

모델은 같은 조명 아래에서 같은 옷으로 꿈틀꿈틀 같은 포즈를 취하고 있다. 찍은 필름 가운데 한 통이 못쓰게 되었더라도 다시 찍을 기회는 있다. 그렇게도 생각하지만, 그러나 일이란 그런 사고방식으로 하는 것은 아닐지도 모른다. '다시'가 있다고 생각하지 않고, '이것밖에 없다'고 생각하며 한다. 그렇게 여기지 않으면 셔터 하나하나에 목숨을 걸 수는 없을지도 모른다. 그런 것을 처음으로 생각한 일이었다.

나는 그날 입이 쥐어뜯긴 것처럼 있었고 나중에 합류한 선배의 도움을 받으며 하루를 마무리했다. 새벽 2시 반. 그 뒤 긴자에도 이런 가게가 있었나 놀랄 정도로 초라한 술집에서 아침까지 셋이서 마셨다. 절반은 장대한 설교, 절반은 "그렇게 때리고 말았지만 그건 너에게 전망이 있다고 생각했기 때문이야"라는 식의 민망한 듯한 해명이 이어졌다. 선방 있는 인간이 그런 실수를 할까. 나는 내심 생각하며 허벅지 사이에 두 손을 끼우고 네, 죄송합니다, 네, 죄송합니다, 하며 듣고 있었다. 거대 석불과는 반대로 남자 선배는 티베트의 고승 같은 생김새에 다정한 성품이었다. 카메라맨이 화장실에 간 사이 "누구나 실수는 하기 마련이야. 나도 어지간히 했는걸. 그때마다 죽고 싶었지. 역시 오늘의 니시카와만큼은 한 적 없지만 말이야"라며 웃어주었다. 고마워서, 견딜 수 없어서, 나는 또다시 네, 죄송합니다, 하며 작아졌다.

그 일로부터 15년쯤 지나 나의 영화 홍보차 잡지 취재를 받았을 때, 사진을 찍어준 카메라맨이 그 당시의 선배였다. "기억하세요?"라고 들은 순간 모든 것이 되살아나 나는 엎드려 고개를 숙였다. "그때는 정말로 죄송했습니다." 선배는 "뭘요, 뭘요" 하고 고개를 흔들면서 웃었다. 그때의 실수가 원인은 아니었지만, 결국 사진의 세계로 들어설 각오가 서지 않아서 나는 반년 남짓으로 그 아르바이트도 그만뒀다. 일찌감치 다른 쪽으로 방향을 돌린 나와는 반대로, 그대로 그 길에서 가만히 버티고 서서 독립한 선배를 보니 또다시 고개를 들 수 없는 기분이었다. 선배는 고승 같은 얼굴도 다정한 분위기도 그대로였지만, 나를 이제 이름만으로는 부르지 않았다. "살짝 웃는 얼굴로 부탁드립니다"라기에 카메라를 보면서 웃는 표정을 지었다. 도저히 웃을 수 없는 심정이었지만, 여기서 제대로 웃는 얼굴을 찍게 해주지 않으면 선배의 일을 망치게 된다고 생각했다. 나는 렌즈 앞에서 모든 것을 잊고 웃었다.

영화 속의 꽃

　꽃의 아름다움을 영화로 포착하기란 지극히 어렵다고 생각한다. 두말할 나위 없는 그 아름다움이 함정이다. 눈으로 봤을 때 아름답다고 느끼는 대상을 찍으면 그대로 이야기가 되는가 하면, 실은 그렇지 않다.

　영화는 시간을 세로축으로 삼아 이야기의 '운동'을 포착하여 만사를 이야기한다. '좋아한다'라는 개념 하나만 해도 그저 이런저런 생각만 하는 게 아니라, 소리를 내어 발화한다든가 눈짓을 한다든가 얼굴을 붉힌다든가 하는 어떤 운동을 동반하지 않으면 관객에게 그 '좋아한다'는 감정은 전해지지 않는다. 아무리 심오한 테마라도 주인공이 책상 위로 팔짱을 끼고 말없이 생각에 빠져 있기만 해서는 언제까지고 영화가 되지 않는다. 운동은 '움직임'과 '소리'로 표현되는데 꽃에는 그 '움직임'과 '소리'가 없다. 아름다움이 너무도 정적인 것이다.

　배우 가운데도 '꽃'과 닮은 사람이 있다. 용모 단정해서 육안이나 사진으로 보면 눈부시기만 한데, 영상에 담아보면 어딘가 피가 흐르지 않는 무생물처럼 찍혀 있다. 예쁜 영상은 찍을 수 있어도 '영화'가 태어난다고는 장담할 수 없다. 하지만 그럼에도 영화를 찍는 자들은 꽃에 매혹되어 바람을 기다리고 꽃잎을 흩뿌리고 카메라를 움직여서 필사적으로 꽃에 운동성을 띠게 하려 한다. 구로사와 아키라도 작은 시내에 어마어마한 분량의 동백꽃을 띄워서 〈쓰바키 산주로〉를 연출했다.

　나에게 영화 속에 등장하는 꽃은 죽음의 냄새를 풍기는 것이라는 인상이 강하다. 들판에 핀 꽃이라 하면 떠오르는 비토리오 데 시카 감독의 〈해바라기〉에서는 제2차 세계대전 말기 얼어붙을 듯 추운 소련 전선에서 쓰러져 죽은 병사들의 사체 위로 펼쳐진 끝없는 해바라기 밭이 한없이 밝은 태양 빛을 받고 있다. 원래 꽃송이가 큰 해바라기를 방불케 하는 터프한 미모의 소피아 로렌이 사라진 남편을 찾기 위해 빛바랜 망령처럼 그 대지를 걷는다. 이 외에도 〈3-4X10월〉(기타노 다케시 감독)에서 본 극락조화 꽃밭. 난폭하게 잡아 뽑아 만든 극락조화 꽃다발 속에, 오키나와 야쿠자로 분한 비트 다케시기타노 다케시의 예명가 미군 기지에서 입수한 기관총을 숨겼다가 무수한 총탄을 난사하고 곧이어 자신도 복수의 피로 물들어 숨이 끊어진다. 극락조화의 끈질기리만치 강한 생명력이 도리어 사람의 허무와 타나토스를 짙은 침묵으로 선명히 이야기한다. 잘린 꽃가지 하면 떠오르는 것은 나쓰메 소세키 원작의 〈그 후それから〉(모리타 요시미쓰 감독)에 등장하는 새하얀 백합꽃. 분명 정사 장면이 한 군데도 나오지 않는 영화였지만, 어두운 비가 내리는 저녁 한 우산 아래에서 미치요가 가져온 백합꽃에 다이스케가 코끝을 살짝 갖다 대

는 장면에는 용서받지 못하는 남녀의 저승길 여행 같은 괴로움 속에 숨 막힐 듯한 욕동欲動이 가득하다. 상상력 풍부한 중학생이었던 나는 백합 꽃잎을 살짝 쥐는 마쓰다 유사쿠다이스케 역 배우의 커다란 손을 보며 "으으음" 하고 흥분했다.

　꽃은 아름다움뿐만 아니라 좋든 싫든 생명의 순환을 예감케 하는 무서움을 품고 있기도 하다. 사랑스럽게 피었나 싶으면 말도 없이 꽃잎이 지고, 흐불흐물 추하게 시들어서 썩은 냄새를 풍기는 것도 잊지 않는다. 배우로서는 지나치게 정적일지도 모르지만, 한편으로는 모든 사물과 인간이 끊임없이 움직이며 돌아다니는 활극 속에서 그 고요함이 때로 시간을 멈추고 생명의 위태로움과 시간의 변화를 필름에 새겨 넣는 느낌도 든다. 아무런 행동도 하지 않고, 무엇 하나 쓸데없는 말을 하지 않는 채 '그저 그곳에 있는' 것이 사실 배우에게 가장 어려운 연기이며, 가장 그 장면을 독차지하는 기술이라는 말도 듣는다. 꽃들을 속이 텅 빈 인형으로 찍는 것도 무위인 채로 삼라만상을 이야기하게 만드는 것도 결국은 연출가의 솜씨에 달렸다는 뜻인가. 앞으로의 숙제로 마음에 새겨두고 싶다.

주머니 속 비밀

나는 어린 시절 곰팡이 빵을 만들었다. 급식으로 나와서 다 못 먹고 몰래 남긴 핫도그빵이 유치원 원복 치마 주머니 속에서 소리도 없이 곰팡이 슬어 있었다. 곰팡이를 알아차릴 때쯤에 집에서 몰래 버렸다. 빵을 다 못 먹는 것은 '수치'였다. 남들과 같지 않다는 증거처럼 여겨졌다.

초등학교에 진학한 무렵의 나는 비교적 '뛰어난 녀석'이어서 시험도 수업 때 손을 드는 것도 어려워하지 않았다. 자네들은 무얼 그리 힘들어하는가, 라고조차 생각했다. 그런데도 핫도그빵 하나를 못 먹는 것이다. 급식을 늦게 먹는 아이는 쉬는 시간에 뒤쪽으로 밀어 둔 책상에 끼여서 낙타처럼 우물거렸다. 그래도 안 되면 반 친구 모두가 "힘내라! 힘내라!" 하고 손장단을 치며 응원한다. 만능 스포츠맨인 Y 군이 어느 날 표고버섯을 앞두고 갑자기 그 낙타가 되었다. 턱을 괸 Y 군이 졸개격인 아이들에게 놀림당하는 장면을 본 나의 결론은 좀도둑질이 아닌 '좀숨김질'이었다. 마치 소매치기라도 하듯 순식간에 주머니 속으로 밀어 넣는 것이다. 빵 봉지나 휴지로 감싸지도 않는다. 아이들의 세계는 감시 사회다. 그 작은 동작이 목숨을 위태롭게 만든다.

평소에도 너저분함이 문제시되던 G 군이 책상 속을 선생님께 검사받자 요구르트 상태가 된 삼각 우유와 함께 역시 곰팡이가 핀 빵이 나왔다. 반 전체가 비명을 질렀지만 G 군의 빵은 비닐봉지에 담겨 입구가 묶여 있었다. 어머나, G 군은 의외로 꼼꼼하네요, 나는 생각했지만 선생님께도 옆에서 새된 비명을 내지르는 미도리에게도 그 뜻을 전할 수는 없었다.

남을 잘 돌보는 미도리는 몸집 작은 나를 여동생처럼 대했다. 어느 날 비누로 손을 씻고 있었는데 먼저 다 씻은 미도리가 갑자기 내 주머니에 손을 찔러 넣었다. 나는 전기에 감전된 것처럼 허리를 뒤로 뺐지만 미도리는 "손수건, 손수건" 하며 휙휙 공격해왔고, 그 손에 푹신한 것을 꽉 쥐고는 뽑아냈다.

"이거…… 빵이야……?" 미도리는 숨이 끊어질 듯했다. "오, 오빠 거야~앗" 나는 울상을 지으며 딱 하나 있는 오빠를 팔았다.

하지만 미도리는 그 뒤로도 변함없이 나를 잘 돌봐주며 친하게 지냈다. 3학년이 되자 내 식욕은 갑자기 왕성해졌고 빵을 다 못 먹어서 괴로워했던 일도 잊어버렸다. 하루에 한 번 남의 눈을 피해서 비밀을 만드는 습관으로부터의 해방은 나를 쾌활하게 만들었지만, 반대급부로 선생님의 이야기나 교과서 내용에 점점 안개가 끼는 듯한 느낌을 받게 되었다. 하루 다섯 끼로도 배가 고파서 엉덩이에 튼살이 생긴 중학교 시절의 성적에 대해서는 이제 여기서는 말하고 싶지 않다.

가장 오래 한 아르바이트

참을성 없는 성격이라서 학창 시절 아르바이트도 오래 한 적이 없다. 체인점 커피숍은 손님이 커피를 주문하면 "블랜드 원 플리즈"라고 말해야 하는 규정이 있었다. "아버지가 쓰러졌어요" 하며 3개월 만에 그만뒀다. "'원 플리즈'가 싫어서요"라고는 말하지 못했다.

백화점 지하에서 6시간 동안 돈가스 튀김옷을 입히는 아르바이트는 1년. 후쿠오카가 본사인 회사로 남자 사원은 하카타 사투리로 나를 야단쳤다. "너 이 자식, 뭐 하는 거야? **살** 테다!" 혼란 통에 동거를 신청하는 건가? 당황했지만 '살다<ruby>くらす</ruby>'란 '후려갈기다<ruby>ぶん殴る</ruby>'라는 뜻의 사투리라는 것을 깨달았다.

가장 오래 한 것은 나카노에서 주인 혼자 경영하는 요릿집 종업원 일이었다. 왜 그만두지 못했는가 하면 종업원 식사가 맛있었기 때문이다. 회 정식, 닭고기튀김 정식, 임연수어 정식, 방어 무조림 정식, 돈가스 달걀덮밥 정식, 참치 다타키_{참치를 표면만 구워서 얇게 썬 음식} 정식. 부탁하면 1000엔짜리 정식을 일이 끝난 뒤 마음대로 골라도 되었다. 스물두 살의 혀는 이렇게 맛있는 식사는 달리 없다고 느꼈다.

주인은 나를 혼낸 적이 없었다. 혼낼 정도의 일을 시키지도 않았지만 원래 너그러운 사람이었다. 아니, 그렇다기보다 무언가에 고집이 있는 것처럼도 보이지 않는 사람이었다. 가게는 청결했고 일도 정성스럽게 했지만 장삿속이 없어서 손님이 안 오는 날도 도마 끝에 손을 짚고 나와 두서없이 이야기를 나누며 실실 웃었다.

실실 웃으면서도 나는 그 무렵 취직할 가망이 없어서 갖은 고생중이었다. "영화 일을 하고 싶어"라고 말하면 회사 면접관도 친구도 쓴웃음을 지었다. 같은 책을 읽고 같은 영화와 사진과 음악을 접해온 친구가 갑자기 JR! 미쓰비시상사! 메이지유업! 등 현실감 그 자체인 회사에 합격 통보를 받아 온다. 나 혼자만 풋내 나는 청춘을 붙들고 늘어져 있는 듯해서 바보 같다고도 생각했다.

하지만 주인만은 "아무 걱정할 필요 없어"라고 말했다. 나는 무책임하시네요~ 하며 웃었지만, 주인은 "걱정할 필요 없으니까 그렇지"라며 유유히 대답했다. 나는 또 웃었으나 그렇게 말해주는 사람이 한 명 있는 것만으로 어떻게든 버틸 수 있었다.

채용되지 않은 제작회사 면접에서 만난 고레에다 감독에게서 온 부재중 메시지를 들은 것도 그 가게의 개점 전 어두운 계단이었다. "프리랜서로라도 좋다면 영화를 도와주지 않겠어요?" 황급히 달려 내려가 보고했더니 "거봐"라고 주인이 말했다. 금방 바빠져서 나는 아르바이트를 그만뒀다. 마지막 날에는 가장 좋아했던 방어 무조림을 대접받았다. 바이바이, 주인은 주방 안에서 손을 흔들어줬다.

몇 년 전 나카노에 볼일이 있어서 불쑥 들렀더니 가게는 사라졌다. 같은 가게 이름으로 알아봤지만 어디에도 보이지 않았다. 주인은 어떻게 지내는지 물어볼 사람도 없다. 하지만 신기하게 쓸쓸하지도 않다. 무슨 일이 일어났어도 이상하지 않지만 어째서인지 주인만은 아무 걱정할 필요 없는 듯 여겨지는 것이다.

누군가가 만들어주는 식사

　3년 전 나는 아이가 있는 친구들의 집에서 신세를 지고 다녔다. 새 영화를 위해 어린아이가 있는 생활을 관찰하려 했던 것이다. 부모들은 어떤 리듬으로 사는지, 또 외부인이자 아이를 길러본 경험이 없는 나는 무엇을 느끼고 그들과 어떻게 어울릴지를 알기 위한 체험 취재였다. 생활 스타일은 '되도록 평소대로' 해달라고 부탁했고, 거창한 음식 말고 보통 먹는 메뉴를 만들어달라고 해서 함께 대접받았다.

　남편 홀로 지방으로 부임을 가서 두 초등학생을 도맡아 기르는 어머니가 만든, 롤빵에 햄, 양상추, 달걀을 끼운 예쁜 색깔의 아침 식사. 자영업을 하는 맞벌이 부부 중 집에서 일하는 아버지가 르크루제 냄비로 지은 밥과 배추 돼지고기조림, 연근 간장볶음, 거대한 주름 장식 같은 **미역귀**를 통째 삶은 초무침. 신칸센으로 통근하며 백화점에서 일하는 어머니가 차려준 포장 만두에 수제 샐러드와 국. 일과 가사와 육아 사이사이에 부모들은 앉을 틈도 없이 식사를 마련한다.

아이들은 깨작깨작 무기력하게 음식을 입으로 가져갔지만 나는 어느 집의 어떤 메뉴든 이렇게 맛있는 것이 또 있을까 감격했다. 한창 자라날 시기의 아이들을 제쳐두고 하나 더, 하나 더 하며 젓가락을 뻗으려 하는 스스로를 필사적으로 억눌렀다. 어째서일까. 부모의 사랑이라는 조미료? 그들의 아이도 아닌 내가 그것을 느끼나?

학생 때 상경해서 몇 년이 지난 무렵, 본가에서 놀러 온 어머니를 체인점 술집에 데려간 적이 있다. 무엇이든 좋다고 해서 고등어 초절임, 부추 달걀볶음, 돼지고기 김치볶음, 두부튀김 등 어느 술집에나 있는 메뉴를 주문했더니 어머니는 그것을 끈질기리만치 "맛있어"라고 말하며 먹었다. 내심 그럴 정도인가 싶었지만 결혼한 뒤로 어쩌다 하는 친정 나들이 때 말고는 세끼 식사 메뉴를 고민하지 않는 날이 없었던 어머니는 그저 말없이 앉아 있기만 하면 남이 음식을 차례차례 만들어서 가져다주는 '맛'을 음미하듯 즐겼던 게 아닐까.

20여 년이 흘렀다. 나는 돌봐야 할 가족도 없으니 식사 준비로 어머니처럼 고심했던 것도 아니지만, 그럼에도 내가 무엇을 어떻게 먹을지에 대해 한 번도 생각하지 않고 마무리되는 날은 드물다. 슬슬 밥 먹자, 라는 말을 듣고 자리에 앉으면 누군가가 만든 식사가 뜨거운 김을 피우며 차려져 있는 것의 안도감에 의표를 찔린다. 프로급 솜씨가 아닌 편이 좋다. 썰어놓은 채소가 가지런하지 않거나, 넣어야 하는 조미료를 까먹었거나, 그편이 인간미가 있어 더욱 맛있다. 가게와는 달리 살짝 모자라기도 한다. 그러나 그 분량을 가족과 서로 나누며 식사를 끝내는 것 역시 좋다. "이제 그만 먹을래에~" 하고 몸을 비비 꼬며 생선을 반쯤 남기는 아이들에게 "그런 복에 겨운 소리를 할 수 있는 것도 지금뿐이야"라며 외부자 주제에 설교를 늘어놓기도 하면서 정말로 행복한 나날을 보냈다.

남자가 가끔 하는 요리

딱 한 번 남자에게 언성을 높인 적이 있다. 카레 루^{roux}에 딸린 '퐁 드 보'라는 것이 원인이었다.

그날 나는 집에서 마무리지어야 할 일이 겹쳐서 발을 동동 구르고 있었다. 밥 먹을 시간조차 아까웠다. 그 와중에 당시 사귀던 사람이 찾아왔다. '앗!' 나는 생각했다. 그러자 '앗!'이 전해졌는지 상대는 다정하게 미소 지으며 말했다. "좋~았어! 오늘은 내가 만들게!" 별안간 눈앞이 캄캄해졌다.

남자가 가끔 하는 요리. 재료비 낭비는 그렇다 치자. 조미료가 있는 곳을 일일이 묻는다. 냉장고 내용물의 유통기한을 따지고 든다. 손을 벤다, 국물을 튀긴다, 태운다, 도구 탓을 한다. 그리고 맛있는지 어떤지 몇 번이고 묻는다. 나는 최대한 웃는 얼굴로 이렇게 대답했다. "엄청 간단한 거라도 돼." 상대는 눈을 빛냈다. "좋~아! 그럼 카레로 할까!" 내 미소는 굳어버렸다. 카레 말입니까. 그건, 당신들이 전력을 다해 만드는 메뉴잖아?

모든 게 걱정한 대로 흘러갔다. "아팟!" "뜨거!" "뭐야 이건!" 하는 목소리가 드문드문 부엌에서 들린다. 당연히 일할 형편이 아니다. 하지만 2시간이 지나자 카레 냄새가 슬슬 피어오르기에 나는 안심했다. 이제 끝난다. 나머지는 먹는 것뿐, 그렇게 생각하자마자 울려 퍼지는 비명. "퐁 드 보가 뭐야!"

그 카레 루에는 별도 포장된 작은 수프가 딸려 있었다. 재료를 물에 넣고 푹 끓일 때 첨가하라고 쓰여 있다. 하지만 이미 루까지 잘라 넣어버렸다. 나는 "지금 넣어도 마찬가지야" 하고 위로했지만 그 말이 지뢰를 밟았다. 마찬가지라고? 뭐가 마찬가지야? 너는 뭐든 아무래도 좋은 사람이야. 양파를 갈색으로 볶지 않아도, 소고기라도 돼지고기라도 카레가 아니라도, 내가 아니라도. 사람의 마음이나 노력이나 고집 같은 건 흥미 없지. 이제 됐어. 안 먹어도 돼. 카레는 내가 집에 싸 가지고 갈래.

나는 진심으로 짜증이 났다. 퐁 드 보 자식. 네 탓이다. 일도 마무리 못 지었다. 부엌은 엉망진창. 보글보글 끓어오르는 카레를 냄비째 전철로 가져간다며 고집부리는 남자. "아, 귀찮아서 정말!" 나도 모르게 뱃속에서 말이 굴러 나왔다. 아뿔싸 싶었다. 상대도 깜짝 놀란 표정이다. 귀찮다고 말해버리면 모든 관계는 거기까지다. 단 한 마디라도 최후통첩이 되기에 충분했다.

카레는 역시 둘이서 먹었다. 갓 만든 질척질척한 카레. 맛없어? 묻는 상대에게 맛있어, 대답했다. 그게 이미 맛있는 카레가 아니라는 사실은 서로가 잘 알고 있었다. 음식을 둘러싸고 다투게 되면 관계도 끝장이다. 그래서 그런 싸움도 유례없는 추억으로 남아 있지만, 그날 내가 쫓기던 일이 무엇이었는지는 기억나지 않는다. 스스로를 희생할 정도의 일이 있는가, 내가 만든 카레를 먹을 때마다 멍하니 생각하기도 한다.

밤 전등불의 친구

내 키는 153센티미터다. 작다. 대부분의 옷은 빌려 입은 듯 사이즈가 맞지 않으며 비행기 짐칸에는 손이 닿지 않아서 쩔쩔맨다. 촬영 현장의 남자들과 나란히 서면 홀로 우주인 포로 같아서 늘 덜 자란 사람처럼 위축된 마음을 품어왔지만 이것도 내 탓이라는 것을 안다. 어릴 때부터 밤에 자지 않았던 것이다. 밤새도록 라디오를 듣거나 작가 기분을 내며 살금살금 영화평을 써보거나 음악 테이프를 만드는 등 될 수 있는 한 안 자려 했다. 그 무렵은 잔다는 행위를 의식불명에 빠져 인생을 낭비하는 헛된 시간으로 단정해서 소풍이나 수학여행 때도 버스나 이불에서 흰자위만 드러내며 자고 있는 옆 친구를 흔들어 깨워서 왜 자는 거야, 왜 자는 거야, 하고 비난하고는 했다. "안 자면 키가 안 크니까!" 그 시절 누군가가 이렇게 말해줬다면 좋았을 텐데.

하지만 나는 지금도 밤에 자지 않는다. 피부의 적. 그래도 안 잔다. 밤이 좋으니까.

햇빛은 아름답지만 시간의 경과를 잔혹하게 드러낸다. 동쪽에서 얼굴을 내민 신선한 빛이 머리 꼭대기로 올라가 정오를 알리고, 또 기울어서 짙은 그림자를 늘여간다. 펜을 쥐는 날에는 그 변화가 성가시다. 자, 대낮이다, 봐라, 밤이야, 벌써 날이 저문다, 어이, 어디까지 했어, 하며 느린 펜을 재촉하는 느낌이다. 너는 중학생의 엄마냐! 그에 비해 밤은 부드럽다. 밋밋하게 어두운 채 무대배경 그림처럼 풍경이 정착된다. 나는 아무 말도 하지 않을게. 좋을 대로 이용해. 이런 넉넉한 품을 느낀다. 누구에게도 메일이 오지 않는다. 뉴스도 들어오지 않는다. 좋~아, 귀찮게 하는 녀석이 없는 사이에 마음껏 써볼까. 이렇게 혼자서 반짝반짝 눈을 빛내기 시작한다. 이런 시간에 깨어 있는 사람은 무언가 잘못된 일을 하는 인간뿐인 것 같다. 번쩍번쩍 활기찬 번화가가 아니라 고요하고 가만한, 버림받은 듯한 불빛 아래가 좋다. 외롭지 않으면 글이 안 써진다.

그러나 홀로 마흔씩이나 되면 밤은 저절로 고요해진다. 친구들의 생활 리듬도 아이를 따라 변하고, 집안일에 육아에 일까지 하니 밤중에는 가족 모두가 기진맥진 쓰러지는 모양이다. 하늘이 밝아올 때까지 책상에 달라붙어 있거나 영화를 보거나 음악을 듣는 건 더더욱 덜 자란 사람의 증거 같은 기분도 든다.

그 무렵 내가 사는 맨션 2층에 불가사의한 커플이 이사해왔다. 낮에도 밤에도 비가 와도 대량의 빨래가 널린 채 창문이 열려 있고, 백열등 아래로는 갈색 상반신을 드러낸 젊은 남자의 몸이 베란다에 걸린 발 너머로 비친다. 얼굴은 보이지 않는다. 내가 아무리 늦게 돌아와도 그들 방의 전등만은 켜져 있다. 그러나 노출에 거리낌 없는 것치고는 친구를 불러들여 시끌벅적하게 노는 모습도 보이지 않고, 벌거벗은 그는 대체로 창문 앞의 낮은 좌탁에 앉아 있다. 지난 번에 창가에 앉은 그가 통화하는 모습을 봤다. 상상했던 것보다 목소리는 카랑카랑했고 동남아시아의 언어 같았다. 유학생인가, 일로 온 사람인가. 그는 무언가를 엄청나게 공부하고 있는 게 아닐까. 그렇게 생각하자 갑자기 친근한 기분이 들었다. 아이디어도 암초에 걸려 횟술을 들이켠 뒤 돌아와도 붉은빛 아래로 가만히 책상 앞에 앉아 있는 그를 보면 오, 하고 있구나 싶어서 에라 목욕이나 한판 하고 나도 다시 힘내보자 하는 마음도 든다.

언젠가 현관에서 우연히 마주쳐도 나는 그를 알아보지 못할 것이다. 인사말도 모른다. 그도 설마 자신이 나를 독려하고 있다고는 생각지 못하리라. 그래도 지금은 내게 둘도 없는 밤 전등불의 친구다. 겨울에는 그 창문도 닫힐까. 그렇다면 그때까지 잠깐 동안이라도.

그것을 잃고

'소중한 것은 잃어버린 뒤에야 비로소 깨닫게 되지'라니 진부한 인생 교훈이다. 그런데 질리지도 않고 나는 신작 영화에 그런 주제를 끌어들여 이야기를 썼다. 20년을 함께한 아내를 갑자기 잃고 그 뒤의 공허함 속에서 홀로 부유하는 남자 이야기다. 자각 없이 너무나 소중한 것을 놓쳐온 나 자신의 회고록이기도 하다. 하지만 이제 말해봤자 소용없는 것에 대해 이야기하지 않고서는 못 견디는 것 역시 인간의 본성일 터다. 그럼에도 누군가가 귀를 기울여주지 않을까 하는 기대를 깨끗이 버리지 못하며.

나는 물건에 대한 집착이 적은 편이지만 업무용 공책만은 10년 동안 같은 제품을 썼다. 산겐자야의 문방구에서 찾아낸 지클라세Gclasser라는 회사의 '단색 링노트'다.

나의 경우 한 작품을 만드는 데 2~3년이 걸린다. 같은 공책을 가방에 넣어서 들고 다니므로 오염이나 손상에 강한 폴리프로필렌 가공의 두꺼운 검정색 표지가 눈에 들어왔다. 취재처에서나 이동 중에도 메모를 하기 때문에 두꺼운 표지가 받침이 되는 링노트가 쓰기 편하다. 또 튼튼한 더블 링에는 볼펜을 끼워 넣을 수 있어서 '지금이다' 싶은 순간 빼 들고 써나갈 수 있다. 내지가 5밀리미터짜리 모눈종이인 점도 중요했다. 문장뿐만 아니라 스케치나 도면도 기록하기 쉽다. 게다가 고무 밴드가 달려 있어서 표지를 묶을 수 있으니 거칠게 다루어도 가방 속에서 벌어지지 않는다. 그러나 이렇게 써놓고 봐도 딱히 그것이 유난한 특장점이라고는 여겨지지 않는다. 처음 손에 넣었을 때도 편리함에 감동할 정도는 아니었다. 그러나 상품명 하나 인쇄되어 있지 않은 간소하고 예스러우며 소박한 그 물건에 질릴 이유 역시 없었기에 나는 그 뒤로 다 쓸 때마다 사들이게되었고, 정신을 차리고 보니 같은 공책의 산이 생겨 있었다.

그런데 이번에 한 작품을 끝내고 지클라세 홈페이지에 오랜만에 들어갔더니 눈을 의심하게 만드는 문구가 날아들었다. "생산 종료." 나는 황급히 제조사에 전화를 걸었다.

"그 공책 말예요. 단색 링노트. A5 사이즈에 검정색이요!" 전화기에 대고 소리쳤지만 고객 담당 아주머니는 "네? 단색이요? 어디 보자, 색깔은 검정이요? A5 사이즈 말이지요? 네에, 바로 확인해볼게요"라며 전화기에서 멀어졌다. 일부러 확인하러 가야 할 정도로 그 생산 중지가 사내에서 하찮은 일이라는 데 나는 충격을 받았다. 헛된 짓이라는 것을 알면서도 돌아온 아주머니에게 매달렸다.

"10년 동안 써왔거든요. 정말로 이제 안 만드나요?"

"진심으로 감사드립니다. 유감스럽지만 생산 종료예요."

"엄청 곤란하거든요. 저기, 진짜로요."

"호호호. 정말 죄송합니다."

아주머니는 분명 한 번도 그 공책에 무언가를 써본 적이 없을 것이다.

나는 작업실을 뛰쳐나가 휘적휘적 거리를 누볐다. 하하하. 그런 녀석이 뭐람. 지금이 딱 적기야. 얼마든지 대체물은 있는걸. 더 좋은 게 있을 거야. 그렇게 생각하며 이토야, 도큐핸즈, 로프트 등 생각나는 대로 매장을 돌아다녀봤지만 조건을 두루 갖춘 물건은 하나도 발견하지 못했다. 링노트는 표지가 부드럽거나 고무 밴드가 없거나 줄이 쳐져 있었다. 사이즈도 크거나 작았다. 결국 훨씬 비싼 공책을 충동구매했다. 작업실로 돌아와 첫 페이지에 한 줄 썼을 때 너무도 다른 손의 느낌과 펜의 감촉에 미래가 새까맣게 먹칠되는 느낌이었다. 옆에 놓인 손때 가득한 3년분의 공책에 이마를 비벼댔다.

원망스러워서 이렇게 공적인 자리에서 조그맣게 항의를 계속한다. 그러나 세계는 그리 간단히 뒤집히지 않으며 잃어버린 것은 돌아오지 않는다. 미련을 울부짖으면 울부짖을수록 사랑은 멀어지는 법이다. 나는 같은 공책을 계속 찾아다니는 한, 분명 두 번 다시 전과 같은 편안함으로 글을 쓰지 못할 것이다. 너는 공책을 잃어도 쓸 수 있는가. 혹은 쓸 것이 있는가. 그런 것을 어딘가의 누군가에게 시험받는 듯한 기분이 드는 가을이다.

　저번에 도쿄의 어느 극장에서 대담 행사를 마치고 돌아가는 길에 한 남성이 "기억하시나요?"라며 조심스레 말을 걸어왔습니다. 스와 씨 작품의 초호 시사회에서 만났는데요, 그 남성은 말했습니다. '스와 씨'란 스와 노부히로 감독인데 저는 20년 전 딱 한 번 조감독으로 작품에 참여했지만 남성의 얼굴을 찬찬히 살펴봐도 전혀 기억을 불러낼 수 없었습니다. 저는 허둥지둥하면서도 "그간 격조했습니다" 하고 적당히 분위기를 맞추었지만, 그 사람은 제가 자신을 떠올리지 못했다는 것을 눈치챘는지 "같이 야구도 보러 갔는데요"라고 덧붙였습니다. 깜짝 놀랐습니다. 내가 남성과 야구를 보러 갔다니? 제가 응원하는 히로시마 도요 카프_{일본 프로야구 센트럴리그에 소속된 구단으}로 _{히로시마시가 연고지다}는 작년에 25년 만의 우승을 거머쥐었지만 저의 20대 시절에는 만년 B급의 밑바닥을 기어 다니고 있었으니 그 참상을 되도록 시야에 넣지 않으려고 오로지 일에 몰두했습니다. 좀처럼 야구장에 발걸음을 하지 않았고, 간다 해도 친구들과 고향의 구舊 히로시마 시민구장에서 분명 게임 내용은 아랑곳없이 마시며 떠들기만 했을 텐데. 그러나 남성이 일부러 거짓말을 하러 왔다고도 생각할 수 없습니다. 함께 일했던 동료끼리 다 같이 도쿄 도내의 야구장에라도 놀러 간 적이 있었을지도 모릅니다. 그러나 상상하건대 그런대로 즐겁고 추억에 남을 만한 그런 일조차 제 기억에는 손톱만큼도 존재하지 않았습니다.

남성은 저의 우물쭈물한 반응을 보고 명백하게 낙담한 표정을 지었습니다. '잊힌다'는 것은 슬픈 일입니다. 사신에게는 삶의 방식을 바꾸어놓은 중요한 기억이 다른 누군가에게는 존재조차 하지 않는 시간이 되었던 경험은 제게도 있습니다. 잊어버리는 쪽도 기억하는 쪽도 저의가 있어서 그런 것은 아닌 만큼 슬픈 일입니다. 그건 그렇다 쳐도 저는 어느 틈에 이리도 건망증이 심해진 걸까요. 어린 시절에는 비교적 사람이나 사건에 대한 기억력이 좋았을 텐데, 지금은 어제 본 영화의 줄거리조차 제대로 설명하지 못합니다. 인생을 만드는 것은 사실이 아니라 기억입니다. 기억하지 못하는 영화는 안 본 영화와 같은 게 아닐까요. 여기서 이 일화를 쓰는 이유도 약간의 속죄하고픈 기분 때문입니다. 분명 이런 사소한 만남(재회?)도, 내버려두면 저는 또 어느 틈에 잊어버릴 듯한 기분이 들기 때문입니다.

영화를 만든다는 것은 어마어마한 수의 사람과 만나는 일이기도 합니다. 어마어마한 수의 사람과 만날 수 있다는 것은 매우 많은 가능성을 품고 있어서 숱한 발견이나 감격도 존재하지만, 저의 뇌가 그 모두를 기억하지는 못합니다. 바로 어마어마한 수의 사람과 만나기 때문에 관계는 어딘가 표층적이 되기도 해서, 한 사람 한 사람과 농밀하게 사귀고 감정을 주고받는 일이 어려워진다고도 할 수 있습니다. 지식이나 사건을 머릿속에 박아 넣으려 해도 그때 정동情動 일시적이고 급격하게 생기는 강한 감정이 동반되지 않으면 기억에는 정착시키기 힘들다고도 합니다. 감정 없는 경험은 '기억'이 되지 않아서, 아무리 많은 사람과 만남을 거듭해봤자 숫자를 자랑할 수는 있어도 역시 인생이라 부를 수 있는 시간은 되지 않는 게 아닐까요.

저는 이번에 한 편의 영화 만들기에 겨우 마침표를 찍는 지점까지 왔습니다. 2011년 연말, 이 앞의 영화를 만들던 무렵 어렴풋이 떠오른 아이디어를 얼마간 머릿속에 재워둔 뒤 조금씩 생각을 쌓아 올리고, 취재를 빙자하여 작은 아이가 있는 친구들의 집 이곳저곳에 머무르고, 펜을 쥐고 소설로 이야기를 엮고, 자금을 모으기 위해 기획서로 요약하고, 영화 각본으로 다시 쓰고, 캐스팅을 하고, 오디션을 열고, 로케이션헌팅스튜디오가 아닌, 촬영에 적당한 장소를 찾는 일을 하고, 의상을 정하고, 대본 리딩을 하고, 리허설을 하고, 촬영을 하고, 편집을 하고, 포스터를 찍고, CG를 만들어달라고 하고, 음악을 만들어달라고 하고, 연주를 해달라고 하고, 정음整音을 해달라고 하고, 오프닝 타이틀을 만들어달라고 하고, 엔딩크레디트를 만들어달라고 하고, 효과음을 만들어달라고 하고, 필름 더빙을 하고, 영상 색보정을 하고, 초호 시사회를 하고, 영어 자막을 만들어달라고 하고, 포스터를 만들어달라고 하고, 전단지를 만들어달라고 하고, 예고편을 만들어달라고 하고, 사운드트랙을 만들어달라고 하고, 팸플릿을 만들어달라고 하고, 잡지와 신문과 웹사이트의 취재를 받고, 누군가와 대담하고, 행사를 하고, 텔레비전에 나가고, 라디오에 나가고, 지방 도시를 돌고, 첫날을 맞이하여 무대 인사를 하고, 관객과의 질의응답을 하고, 해외 영화제에 참가하고, 국내 영화 시상식의 초대를 받고, 블루레이 디스크 판촉 취재를 받고, 그리고 마침내 지금, 작품은 완전히 저의 손에서 떠나가고 있습니다. 정신 차리고 보니 2017년 봄을 맞이하는 중입니다. 아이디어가 떠오른 때로부터 5년 반. 잘도 하나의 소재에 그렇게까지 질리시 않고 매달릴 수 있구나 싶어서 스스로도 놀랍지만, 저는 자식이 없는 대신인지 영화를 만드는 일을 점차 제 아이를 키우는 일처럼도 생각하게 되었습니다. 아이에 비유한다면 5년 반이라는 시간도 그리 길지는 않겠지요. 성장을 눈앞에서 지켜보는 과정에 나날이 기쁨과 고민과 걱정은 깊어질 뿐, 간단하게 질릴 만한 것도 아닙니다.

하지만 영화 만들기의 장점은 저 말고도 키워주는 사람이 다양하게 존재하는 것이라고도 생각합니다. 따지고 보면 원래는 저 혼자 멋대로 가진 아이이기는 합니다만, 정말 외톨이로 애써야 하는 시기는 아이디어를 짜고 스토리를 만들어 시나리오로 쓰기 시작할 때까지의 기간입니다. '배'가 아닌 '머리'를 앓으며 영화의 원형을 어떻게든 세상에 낳고 나면 그 뒤로는 온갖 국면에서 온갖 어른들이 저마다 자기 아이라고 믿으며 함께 키워줍니다. 다양한 장인과 전문가 들이 그때그때의 과제에 한마음으로 고민하니 제가 고독하게 막다른 길에서 헤매는 일은 없습니다. 때로 기르는 부모들이 낳은 부모보다 열심인 경우도 있습니다. 수많은 사고방식과 경험을 가진 어른들을 접하고 부대끼며 길러짐으로써 영화 자체도 제 손바닥 안에서 감싸여 있던 때보다 훨씬 터프하고 개방적인 것이 되어가는 기분입니다.

각본이 끝나면 준비, 준비가 끝나면 촬영, 촬영이 끝나면 편집, 편집이 끝나면 음악 제작, 이렇게 하나가 끝나면 곧바로 다음 공정이 기다리고 있어서 어제까지 제가 마주했던 싸움의 여운에 잠길 틈도 없이 성격도 기술도 완전히 다른 인종과 전혀 다른 근육이나 뇌 부위를 써서 새로운 과제에 몰두합니다. 폭포 수행을 견딘 뒤 스카이다이빙을 하고, 사자 우리에서 생활한 다음 부도칸일본 부도칸日本武道館의 준말로 도쿄에 있는 경기장 무대에서 노래해야 하는 격이랄까요. 감정이 동요되지 않을 리 없지만 너무나 많은 일이 있어서 끝나고 보면 아무것도 기억나지 않는 경우도 있습니다.

2010년에 제68대 요코즈나최고 등급의 스모 선수 아사쇼류제키'제키'의 정식 명칭은 세키토리. 스모 계급의 하나로 주료十両 등급 이상의 선수를 일컫는다. 사람 이름 뒤에서는 연음법칙으로 인해 '제키'로 발음될 때가 많다가 은퇴했다는 화제에서 출발하여 7년 동안 '영화에 얽힌 x에 대해'라는 제목으로 산문을 써왔지만, 영화에 얽힌 무언가를 쓴다면 제가 할 수 있는 것은 영화론이나 영화평이 아니라 한없이 개인적인 제작 체험에 대해 기록해나가는 일이리라 생각했습니다. 더 말하자면 저의 체험 자체보다 제가 만난 누군가에 대해 되도록 많이, 극명하게 써두자고 생각했습니다. 과거의 글을 다시 읽어보면 저의 고민에 장황하게 독자를 대면시키는 듯한 문체도 많았지만, 그와 비슷한 분량을 영화를 만드는 사람들의 매력에 대해서도 기록하지 않았나 자부합니다. 나머지는 지나

버린 일을 차례차례 잊어가는 저 자신을 위함이기도 했습니다. 제게도 영화만 남은 것이 아니라, 누군가와의 '인생'이 거기에 있었다고 생각하고 싶습니다.

영화 만들기가 끝나면 그때까지 질릴 정도로 깊게 관계를 맺어온 사람들과도 얽혀 있어야 할 이유가 사라져서 자연히 얼굴을 마주하는 빈도는 줄어들고 공통 화제도 떨어집니다. 분명 언제 연락하든 괜찮을 테지만 연락하기 위한 변명거리를 찾는 도중 왠지 모르게 연락을 포기하는, 서로에게 멀고도 그리운 관계로 차츰 정착되겠지요. 쓸쓸하지만 그렇지 않으면 다시 시작할 수 없습니다.

아이도 무사히 보금자리를 떠나고 저도 다시 외톨이가 되었습니다. 누구 하나 이걸 해라 저걸 해라 말해주지 않으니 의욕이 생기지 않지만, 이제부터 혼자 보내는 시간이 저의 가장 큰 승부처라고도 여기며 이제까지와는 또 다른 방식을 시도하면서, 다시 한 번 영화라는 것을 향해 가보려 합니다. 지금까지 영화에 얽힌 것에 관해서도 다양하게 써왔지만 다시 0부터의 과정을 반복할 터이니, 읽는 사람도 '또 이건가' 생각할 법한 글을 쓰지 않을까 걱정도 되므로 여기서 일단 펜을 내려두려 합니다. 그러나 실제로 새로운 영화 만들기가 시작되면 저 스스로도 '또 이건가'가 아니라는 사실을 깨달을지도 모릅니다. 깜짝 놀랄 만한 사람들과의 가슴 설레는 발견이 있다면 또 어딘가에서 펜을 쥐려 합니다. 그때까지 여러분, 모쪼록 좋은 영화를 보고 좋은 인생을 보내세요.

오랜 시간 모든 것에 대해 정성껏 귀를 기울여주신 담당 편집자가코 씨, 넉넉한 품으로 제가 일하는 방식을 받아들여주신 편집장 다카나카 씨께 진심으로 감사드립니다.

2017년 봄

니시카와 미와

우리가 자신에 대해서 포기만 하지 않으면

특정 직업 앞에 '여女'를 붙여 표현하는 것을 이상하게 생각하지 않던 때도 있었다. 1980년대에 태어난 나는 표면상으로는 남녀가 평등하다는 교육을 받았지만 명절이면 엄마를 비롯한 여자 어른들이 남자들이 남긴 반찬으로 밥을 마시듯 먹는 것을 목격했던 세대다. 나 역시 남자 사촌들이 드러누워 만화영화를 보는 동안 언니와 설거지를 해야 했다. 학교에서 장래희망을 조사하면 여자애들은 수줍은 글씨체로 '간호사'나 '선생님'이라고 썼다. '축구선수'나 '파일럿' '기업가'는 내가 아는 한 남자애들의 대답이었다. 그 시절 우리가 생활 반경 안에서는 물론이고 미디어에서조차 여성 축구선수나 파일럿, 기업가를 거의 접하지 못했기 때문이다. 보지도 못한 것을 장래희망으로 삼기란 힘들다. 여의사, 여검사, 여경찰 등 '여'가 접두사로 붙는 직업을 희망한다는 것은 곧 그 세계의 소수자가 된다는 뜻이다. 어지간한 소명 의식이 없는 한 일부러 가시밭길을 걸으려고 하는 사람은 없을 것이다.

어린 시절의 내게는 영화감독 역시 그런 직업 중 하나였다. 아버지가 어딘가에서 주워온 비디오비전을 내 방에 두고 이런저런 영화를 보며 여러 날을 보냈지만, 나는 내가 '영화 관련 일을 할 수도 있다'는 생각조차 감히 해보지 못했다. 무라카미 하루키는 에세이집 『이윽고 슬픈 외국어』에서 소설 쓰기 수업 도중 뭔가를 쓸 수 있는 때가 오지 않으면 어떡하느냐고 묻는 학생에게 영화 〈시민 케인〉에 나오는 음악학교 교사의 대사를 인용했다고 말했다. "Some people can sing, others can't." 이 대사는 재능에 관한 은유였지만, 어떤 사람들은 자신에게 재능이 있는지 여부를 판정할 수 있는 기회조차 가지지 못한다. 나 역시 영화뿐만 아니라 여러 분야에서 스스로를 당연하다는 듯 'others'의 자리에 놓았다. 열망한 적이 없으니 딱히 좌절도 없었다. 무기력한 부전패. 그러나 분명 나의 친구들 중에서도 여러 명이 내가 모르는 사이에 'some people'의 자리에 자신을 놓고 도전과 절망을 거듭했을 것이다.

일본에서도 사정은 크게 다르지 않았던 모양이다. 지금은 타고난 영화감독으로 보이는 니시카와 미와 역시 "영화 현장도 내가 자진해서 갈 수 있는 세계라고는 솔직히 생각하지 못했다"고 한다. "당시 한 현장에 여성 스태프는 한 손으로 꼽을 정도밖에 없었다"라고. 동성 롤모델이나 동료가 없는 현장은 육체적 고단함과는 별개로 정신적으로 힘들 수밖에 없다. 그러나 바닥을 발로 쿵쿵 구르며 컵스카우트에 항의 전화를 했던 이 소녀는 영화판에서도 끈질기게 살아남았다. "너는 정말로 이곳을 네 자리로 삼을 수 있어?"라고 묻는 "베일 듯한" 시선에 작품으로 꾸준히 답하고 있는 셈이다.

내가 분노를 삭이며 설거지를 하던 명절날로부터도 꽤 많은 시간이 흘렀다고 생각한다. 여전히 수많은 직업군에서 여성은 소수로서, 약사로서 존재하지만 우리는 이제 직업 앞에 '여'를 붙이는 것이 이상하다는 사실쯤은 안다. 물론 이런 변화는 우리가 만족할 만큼 혁명적이거나 빠르지 않다. 여성들에게는 여전히 롤모델이 턱없이 부족하고, 여러 현실적 제약 앞에 자신의 일을 중도 포기하는 사람이 내 주변에도 숱하게 있으니까. 그러나 변화는 분명 일어나고 있다. 만약 영화감독을 꿈꾸는 소녀가 지금 내 앞에 있다면, 나는 그 아이에게 임순례, 변영주, 노덕, 이경미, 윤가은 등의 이름을 줄줄 읊어줄 수 있기 때문이다. 이 책을 내밀며 니시카와 미와를 소개해줄 수 있기 때문이다.

이 느리지만 확실한 변화를 역방향으로 되돌리지 않으려면 해야 할 일이 있다. '여자지만 잘할 수 있어'가 아니라 '나도 똑같이 잘할 수 있어'라고 스스로 생각할 것. 되든 안 되든 'some people'의 자리에 자신을 놓아볼 것. 처음부터 자신은 'others'라며 지레 포기하지 말 것. 과거 바닥을 발로 쿵쿵 구르며 컵스카우트에 항의 전화를 했던 소녀들에게 현재의 우리가 진 빚을 갚으려면 거기서부터 출발해야 한다고 나는 생각한다(물론 항의도 계속되어야 한다!).

소녀들의 롤모델이 되어줄 수 있는 멋진 여성의 책을 옮긴 것이 번역가로서 큰 기쁨이었다. 니시카와 감독의 말처럼, "자신에 대해서도, 타인에 대해서도, 포기만 하지 않으면 우리는 또 어디까지든 갈 수 있을지도 모른다".

2019년 6월
이지수

영화에 얽힌 x에 대해

「x=성원」_ 〈제이노블〉 2013년 4월 호

「x=찍다」_ 〈제이노블〉 2013년 7월 호

「x=기원」_ 〈제이노블〉 2014년 1월 호

「x=작업하는 장소」_ 〈제이노블〉 2014년 4월 호

「x=합숙」_ 〈제이노블〉 2014년 7월 호

「x=여자들」_ 〈제이노블〉 2014년 10월 호

「x=아이들」_ 〈제이노블〉 2015년 1월 호

「x=봄」_ 〈제이노블〉 2015년 4월 호

「x=미남 배우」_ 〈제이노블〉 2015년 7월 호

「x=아이들 2」_ 〈제이노블〉 2015년 11월 호

「x=미래」_ 〈제이노블〉 2016년 1월 호

「x=고독」_ 〈제이노블〉 2016년 5월 호

「x=사랑」_ 〈제이노블〉 2016년 7월 호

「x=음악」_ 〈제이노블〉 2016년 10월 호

「x=주연」_ 〈제이노블〉 2017년 1월 호

〈아주 긴 변명〉

〈아주 긴 변명〉 팸플릿 2016년 10월 14일 발행

유리창 너머의 하늘 — 소설

「유리창 너머의 하늘」_ 〈yom yom〉 2010년 7월 호 시세이도 TSUBAKI 「일본의 여성은, 아름답다」

해피엔딩일지도 모르는 — 서평·영화평

「〈남편들〉에 대해」_〈Coyote〉 2013년 12월 15일 발행 「특집·카사베츠를 향한 여행」
「진짜 사나이」_『한국·조선의 지知를 읽다』 노마 히데키 편저, 2014년 2월 20일 출간
「'무서움' 위에서 이루어지는 식사」_〈요미우리신문〉 2014년 5월 18일 「책 소믈리에」

누군가가 만들어주는 식사 — 산문

「언어와 사귀다」_〈중학교 국어교육 상담실〉 2014년 9월 8일 발행 「언어와 마주하다」
「타진 요리」_〈asta〉 2015년 4월 호 「늦은 밤의 안주」
「긴자 스윙」_〈긴자백점〉 2015년 12월 1일 발행
「영화 속의 꽃」_〈소게쓰皐月〉 2015년 12월 1일 발행
「주머니 속 비밀」_〈아사히신문〉 2016년 7월 2일 「작가의 구복口福」
「가장 오래 한 아르바이트」_〈아사히신문〉 2016년 7월 9일 「작가의 구복」
「누군가가 만들어주는 식사」_〈아사히신문〉 2016년 7월 16일 「작가의 구복」
「남자가 가끔 하는 요리」_〈아사히신문〉 2016년 7월 23일 「작가의 구복」
「밤 전등불의 친구」_〈브레인〉 2016년 11월 호 「오늘 밤도 창에 불이 켜져 있다」
「그것을 잃고」_〈주간 분슌文春〉 2016년 12월·1월 호 일본제지연합회 「종이와 나」

후기를 대신하여

〈제이노블〉 2017년 4월 호